Habilidades Especiales

LAS TÉCNICAS DE LA CIENCIA DEL ZHINENG QIGONG

DR. PANG MING

Traducido por Mariana de la Vega

Habilidades especiales
Las técnicas de la ciencia del Zhineng Qigong

Autor: Dr. Pang Ming
ISBN: 978-607-8688-82-1
Primera edición en México: Aroha, 2023

© Dr. Pang Ming
© Aroha
© Grupo Editorial Neisa

© Wei Qi Feng y Patricia Fraser (traducción del chino al inglés)
Traducción a partir de la edición original de agosto de 1994

© Mariana de la Vega V. (traducción del inglés al español)
Revisión por Flavia González R. y Adriana Pineda M.

© 2023 NUEVA EDITORIAL IZTACCIHUATL, S. A. de C. V.
Fuente de Pirámides No. 1, Int. 501-B,
Lomas de Tecamachalco, Naucalpan de Juárez,
C. P. 53950, Estado de México, México
www.neisa.com.mx

Corrección de estilo: Erika Lizet Ventura
Ilustraciones realizadas por: Yalu Abigail Pak Guilbert
Maquetación: Cecilia Neria
Impresión: Litográfica Ingramex S. A. de C. V.

Queda prohibida la reproducción parcial o total de esta obra por cualquier medio o procedimiento sin la autorización del titular.

Impreso en México

Contenido

Prefacio 9
El Dr. Pang Ming 11
Las enseñanzas del Dr. Pang sobre las habilidades especiales 15
Introducción 23

PRIMERA PARTE. HABILIDADES ESPECIALES 29

CAPÍTULO I. DESCRIPCIÓN GENERAL DE LAS HABILIDADES ESPECIALES 31

Sección I. Resumen de las habilidades especiales 31
   ¿Qué son las habilidades especiales? 31
   Clasificación de las habilidades especiales 33
   Universalidad de las habilidades especiales 36
   Niveles de las habilidades especiales 42

Sección II. Los mecanismos de las habilidades especiales 47
   Cómo se desarrollan las habilidades especiales 48
   Cómo usa la gente las habilidades especiales 56
   La relación entre las habilidades especiales innatas y las habilidades especiales del *qigong* 67
   Cómo usar las habilidades especiales con eficacia 72

Sección III. La relación entre las habilidades especiales y las habilidades comunes 73
   La relación entre las habilidades especiales y las habilidades comunes en la historia del ser humano 73
   La relación entre las habilidades especiales y las habilidades comunes en el desarrollo de la persona 76
   Las habilidades comunes son el fundamento de las habilidades especiales 78

El desarrollo de las habilidades especiales se basa en las habilidades comunes **80**

CAPÍTULO II. USO Y DESARROLLO DE LAS HABILIDADES ESPECIALES **83**

Sección I. Usar ampliamente las habilidades especiales **83**
Punto de vista del *qigong* tradicional de las habilidades especiales **83**
Extender el uso de las habilidades especiales **84**
El valor de las habilidades especiales en muchos campos **86**
Uso de las habilidades especiales para la evolución de la ciencia del *qigong* **98**

Sección II. Desarrollar por completo las habilidades especiales **101**
Desarrollo completo de las habilidades especiales de las personas **101**
Reglas para el desarrollo de las habilidades especiales **105**
El valor de desarrollar y de aplicar ampliamente las habilidades especiales **111**

SEGUNDA PARTE. LA MEDICINA DEL ZHINENG QIGONG **123**

La medicina occidental **125**
Medicina tradicional china **126**
La medicina del Zhineng Qigong **127**

CAPÍTULO III. DIAGNÓSTICO CON ZHINENG QIGONG **131**

Sección I. Diagnóstico con Zhineng Qigong **131**
Definición y particularidades del diagnóstico con Zhineng Qigong **131**

Clasificación del diagnóstico con Zhineng Qigong **132**
Condiciones para el diagnóstico con *qigong* **138**
Ventajas y desventajas del diagnóstico con *qigong* **146**
Manera correcta de concebir el diagnóstico con *qigong* **147**

Sección II. La práctica del diagnóstico con *qigong* 149

Diagnóstico con *tou shi* y su práctica **149**
Diagnóstico con *gan zhi* y su práctica **160**
Diagnóstico con *gan ying* y su práctica **167**
Comprender a cabalidad el diagnóstico con *qigong* **170**

CAPÍTULO IV. TRATAMIENTO CON ZHINENG QIGONG 175

Sección I. Descripción general del tratamiento con el *qi* externo 175

Historia del tratamiento con el *qi* externo **175**
Pruebas científicas del tratamiento con el *qi* externo **177**
Mecanismo y principios que rigen el tratamiento con *qi* externo **178**
Comprensión del tratamiento con *qi* externo **181**
Clasificación del tratamiento con *qi* externo **185**

Sección II. Tratamiento con *qi* externo propuesto por el *qigong* tradicional 186

Tratamiento con *qi* externo que combina cuerpo, *qi* y consciencia **186**
Tratamiento con *qi* externo que combina *yishi* y *qi* **188**
Tratamiento con la consciencia **197**

Sección III. Tratamiento con el *qi* externo propuesto por el Zhineng Qigong 201

Introducción **201**
Fundamentos teóricos del tratamiento con el *qi* externo en el Zhineng Qigong **202**

Métodos de tratamiento con el *qi* externo en el Zhineng
Qigong **206**

Sección IV. Organizar un campo de *qi* y dar tratamiento con el campo de *qi* 218
Introducción a la organización del campo de *qi* **219**
Historia de *zu chang* **226**
Métodos para la organización de un campo de *qi* **228**
Usos de la organización de un campo de *qi* **229**

Puntos de energía **236**
Publicaciones relacionadas en inglés **245**
Los traductores **249**
Glosario **251**

Prefacio

Habilidades especiales fue el quinto libro escrito específicamente para los cursos de capacitación de maestros de dos años de duración impartidos en el Centro Huaxia. Este libro ofrece una explicación y una clasificación sistemática de las habilidades especiales, incluidas la teoría, las técnicas y los métodos. Describe con claridad la teoría sobre el diagnóstico y el tratamiento con *qigong* y revela métodos y habilidades hasta ahora conservados en secreto. Si se siguen las teorías y recomendaciones de este libro, se puede aprender, sin necesidad de tener un maestro, a desarrollar habilidades especiales rápidamente.

El Zhineng Qigong se esparció a los países de habla inglesa hace aproximadamente veinte años. Cada vez más gente aprende la ciencia del Zhineng Qigong a nivel mundial. Esto significa que algunas personas que poseen habilidades especiales han aprendido Zhineng Qigong y que cada vez más practicantes están desarrollando esas habilidades. Sin embargo, normalmente estas personas tienen una comprensión limitada sobre estas habilidades. Debido a una falta de bibliografía científica clara sobre las habilidades especiales, estas personas suelen tener visiones religiosas o supersticiosas sobre ellas. Eso crea una ilusión sobre la práctica que tiene un impacto directo sobre su perfeccionamiento del *qigong*. Este libro tiene la intención de ofrecer información clara y científica sobre el tema, y de servir como una guía. En él se describen las habilidades especiales como una función de *yiyuanti* (意元体), un potencial humano, es decir, una habilidad que los seres humanos deberían poseer y que no la otorgan los dioses, fantasmas u otros seres. La explicación científica sobre las habilidades especiales es importante para que las personas evolucionen a un nivel más elevado y sientan su Ser verdadero.

En años recientes, un número cada vez mayor de científicos ha comenzado a investigar las habilidades especiales a nivel mundial. Han probado su existencia y sus funciones, pero no han podido describir sus mecanismos y leyes. Aun así, reconocen el valor de investigarlas con el fin de mejorar la vida humana y la cultura en general. A partir de la década de 1990, el Zhineng Qigong se ha centrado en la investigación científica con el fin de demostrar la efectividad generalizada de las habilidades especiales y de incrementar la comprensión a nivel científico de estas habilidades entre el público en general. Muchos practicantes e investigadores científicos occidentales de Zhineng Qigong se han sumado a esta investigación. La traducción de este libro puede ayudar a estas personas a comprender y desarrollar mejor las habilidades especiales y así profundizar en su investigación.

No debemos tenerles miedo a las habilidades especiales. Si las usamos en nuestra práctica y para ayudar a otros, no sufriremos ningún daño y, en cambio, mejoraremos nuestro gongfu de forma más rápida y seremos capaces de ayudar a otras personas.

La traducción del chino al inglés de este libro comenzó en el año 2013, casi veinte años después de su publicación. Hemos eliminado algunas partes del texto que eran relevantes únicamente para el público chino en ese momento y una pequeña porción de material de los antiguos clásicos que no es importante. Hemos utilizado corchetes para marcar adiciones que hemos considerado importantes y útiles para los lectores occidentales. Los paréntesis se usan para ofrecer el término en chino y su nombre o significado en español. También se respetaron los paréntesis del texto original. Hemos incluido caracteres chinos junto con su transcripción fonética (pinyin) para aquellos términos de mayor importancia. Hemos utilizado terminología china en los casos en los que se ha considerado necesario, como por ejemplo, el uso frecuente de la palabra "yishi" (意识) en lugar de su equivalente más cercano en español "consciencia".

Agradecemos a todos aquellos que ayudaron en la traducción de este libro del chino al inglés, en particular a Chen Jue Lei y a Margaret Macky. Esperamos que este libro traiga beneficios importantes a todos los practicantes. Todo comentario sobre el mismo es bienvenido.

Wei Qi Feng y Patricia Fraser

El Dr. Pang Ming

El Dr. Pang Ming, conocido también como Pang He Ming, nació en el pueblo de Ding Xing, provincia de Hebei, China. Es un reconocido médico y científico de *qigong*. Ha ocupado cargos importantes en la Asociación de la Ciencia del Qigong de China y fue presidente de la división del Zhineng Qigong de la misma. Fue presidente honorario de la Asociación de Qigong de Pekín, así como director y secretario de los Centros Huaxia de Capacitación y Sanación de Zhineng Qigong, y de su Departamento de Investigación Científica. El Dr. Pang Ming tiene un profundo conocimiento sobre el tema y trabaja con gran rigor, precisión y pragmatismo. Es el fundador de la ciencia del *qigong*.

En su juventud, el Dr. Pang aprendió y se nutrió del *qigong*, de la medicina tradicional china (MTC) y de las artes marciales. Más adelante, estudió medicina occidental en Pekín, mientras aprendía medicina tradicional china. Después de graduarse, trabajó en una clínica en Pekín donde se aplicaba medicina occidental y MTC en combinación. A finales de la década de 1950, el Dr. Pang comenzó a investigar el budismo: leyó los clásicos budistas, siguió a los maestros budistas de alto nivel y practicó *qigong* budista. En la década de 1960, se enfocó primordialmente en las artes marciales y, en la década de 1970, practicó el *qigong* daoísta. Estudió con diecinueve maestros del más alto nivel de *qigong* y artes marciales. Sus conocimientos de MTC y de medicina occidental constituyeron una buena base para su investigación de los clásicos del *qigong* y, a su vez, sus logros en el *qigong* han creado condiciones favorables para el desarrollo de sus técnicas de diagnóstico y tratamiento. Así, fue capaz de curar muchas enfermedades graves en la clínica donde trabajaba.

En febrero de 1979, el Dr. Pang asistió a una conferencia nacional sobre MTC y medicina occidental organizada por el Ministerio de Salud de China, donde ocupó el cargo de consejero sénior del director de MTC del Ministerio. En julio de ese mismo año, fue el principal organizador de la primera Conferencia sobre Qigong en China. También fundó y ayudó a la consolidación de la Asociación China de la Ciencia del Qigong, la primera organización importante del *qigong* chino. Durante la década de 1970, se centró en mejorar su nivel de conocimiento de la ciencia del *qigong*, a la vez que se unió a diversas organizaciones de *qigong* y promovió sus actividades. A inicios de la década de 1980, el Dr. Pang reformó el *qigong* chino tradicional y creó el Zhineng Qigong, y así introdujo al público en general a la teoría y los métodos de esta ciencia. En la primavera de 1981, dictó el primer curso nacional de capacitación sobre el método para enviar *qi* externo para sanación, organizado por la Asociación de Qigong de Pekín. Al mismo tiempo, cooperó con varios científicos para que llevaran a cabo experimentos para demostrar la existencia del *qi* externo como una sustancia. Esto inauguró una nueva era para el *qigong*.

A finales de 1984, el Dr. Pang comenzó a usar la organización del campo de *qi* para el tratamiento de enfermedades y, en 1986, introdujo los métodos de sanación con el campo de *qi* de manera más amplia. La organización de un campo de *qi* llevó las técnicas del *qi* externo a un nivel superior. Al mismo tiempo, comenzó a dictar conferencias sobre la teoría del *hunyuan qi*, la teoría de la consciencia, la teoría del Daode y las teorías detrás de la creación del campo de *qi* y del tratamiento con *qi* externo. Poco después, llegó a explicar de manera científica las alucinaciones y el fenómeno que se presenta en un cierto nivel de práctica del *qigong*, cuando *yishi* produce resultados tanto verdaderos como falsos que entran en conflicto. Esto creó los cimientos para que la ciencia del Zhineng Qigong se desarrollara correctamente, lo que se consideró una enorme contribución para la ciencia del *qigong* en general.

A inicios de la década de 1990, el Dr. Pang ofreció conferencias y detalló en su libro *La Teoría de la Totalidad Hunyuan*[1] su teoría sobre los

---

[1] También traducida como *Teoría de la Completud Hunyuan* en español.

tres aspectos de la materia: la materia física, la energía y la información. Consciente de la necesidad de llevar a cabo investigación científica sobre el Zhineng Qigong para llevarlo a un nivel científico, el Dr. Pang alentó a los practicantes del Zhineng Qigong en toda China a llevar a cabo experimentos con *qi* externo. Se celebraron simposios anuales en Huaxia de 1992 a 1997. Ahí, se presentaron 4,224 artículos científicos en temas de agricultura, medicina, industria, silvicultura, pesca, educación, etc. Durante este periodo, el Dr. Pang estableció un departamento de investigación científica en Huaxia y dictó cursos para científicos y expertos provenientes de todas partes de China. En 1996, se comenzaron a llevar a cabo experimentos en Huaxia sobre la transformación del *hunyuan qi* en luz, electricidad, magnetismo, calor y otros.

En el 2003, el Dr. Pang creó el nombre de la teoría "Shong" para describir los tres aspectos de la teoría de la materia. Desde entonces, la investigación científica sobre el Zhineng Qigong continúa en diferentes partes de China. En junio de 2016, se llevó a cabo un simposio internacional en Shanghai sobre la teoría de los tres aspectos de la materia.

Aunque se encontraba muy ocupado organizando actividades de *qigong* a inicios de la década de 1990, el Dr. Pang también publicó una serie de libros de Zhineng Qigong (no todos publicados en español): *Essential Elements of Qigong* (Los elementos esenciales del *qigong*), *Textbook of Zhineng Qigong Dynamic Science* (Libro de texto sobre la ciencia dinámica del Zhineng Qigong), *Concise Zhineng Qigong Science* (Ciencia concisa del Zhineng Qigong), *Outline of Zhineng Qigong Science* (Descripción de la ciencia del Zhineng Qigong), *Hunyuan Entirety Theory – The Foundation of Zhineng Qigong Science* (La Teoría de la Totalidad Hunyuan: fundamentos de la ciencia del Zhineng Qigong), *The Essence of Zhineng Qigong Science* (La esencia de la ciencia del Zhineng Qigong), *The Methods of Zhineng Qigong Science* (Los métodos de la ciencia del Zhineng Qigong), *Paranormal Abilities – The Techniques of Zhineng Qigong Science* (Habilidades especiales: las técnicas de la ciencia del Zhineng Qigong), *Overview of Traditional Qigong* (Descripción general del qigong tradicional), *History of Qigong Development in China* (Historia del desarrollo del qigong en China), *Qigong and Human Culture* (El qigong y la cultura humana), etc.: un total de seis millones de caracteres chinos. En 2012 publicó *Summary of Zen Buddhist Theories and Methods* (Resumen de las teorías y los métodos del budismo zen) y en 2015 *Summary of Inner Cultivation in Confucianism* (Resumen del cultivo interno en el confucianismo).

El Dr. Pang fundó el Centro Huaxia de Zhineng Qigong en 1988. Este centro después se transformó en un centro de capacitación, en centros de sanación y en un departamento de investigación científica. Para 1998, 600 personas trabajaban en Huaxia. Más de 310,000 estudiantes estudiaron en este centro en un periodo de más de diez años; de ellos, 2,000 eran estudiantes extranjeros. De 1992 a 1998, un promedio de 4,000 estudiantes asistió al centro cada mes, siendo el máximo alcanzado 7,100. Las clases comunes eran el Curso de Capacitación de Instructores (24 días), el Curso de Capacitación de Maestros (3 meses), el Curso de Sanación con Qigong (3 meses) y el Curso de Capacitación de Maestros de dos años.

El Dr. Pang dictó cursos sobre la ciencia del *qigong* en alrededor de treinta provincias de China. Asimismo, fue invitado a dar conferencias y a enseñar *qigong* en Hong Kong, Macao, Taiwán, Singapur, Malasia e Indonesia.

Con base en la Teoría de la Totalidad Hunyuan, el maestro Pang creó métodos sistemáticos simples, fáciles de aprender, seguros, altamente efectivos y acordes con las leyes de la actividad vital humana. En mayo de 1997, el Ministerio del Deporte y la Salud de China publicó un libro sobre los métodos físicos chinos para la buena salud, en el que clasificó al Zhineng Qigong como el más efectivo.

Aunque fue el director del Centro Huaxia y el fundador del Zhineng Qigong, el Dr. Pang nunca se promovió a sí mismo. Siempre trató a todos los instructores y estudiantes como iguales, y se vio a sí mismo como un trabajador de la ciencia del *qigong*. En repetidas ocasiones enfatizó la importancia de evitar la glorificación individual. Se convirtió en modelo de los nuevos tipos de relaciones en las organizaciones del *qigong*. Vivía con humildad, siempre recto, trabajando con rigor y esmero.

Las enseñanzas del Dr. Pang sobre las habilidades especiales

Cómo desarrollar bien las habilidades especiales. *25 de abril de 1996.*

Muchas personas, cuando recién empiezan a aprender la Teoría de la Totalidad Hunyuan del Zhineng Qigong, sienten que no pueden comprenderla y que nunca han experimentado lo que describe. Esto sucede porque esa teoría describe las leyes del mundo y de la vida desde el estado de las habilidades especiales y la gente común no tiene esas habilidades o no sabe mucho sobre ellas.

Las habilidades especiales son atributos humanos que cualquier persona puede poseer. Sin embargo, como antes no se les comprendía o reconocía y nuestras mentes no tienen información sobre ellas, no las utilizamos activamente. En la vida diaria, solo fortalecemos las habilidades comunes. No nos preparamos para tener habilidades especiales ni buscamos fortalecerlas, por lo que están inhibidas, como si estuvieran dormidas. Si queremos desarrollarlas, necesitamos despertarlas. ¿Cómo? Uno de los requisitos es comprenderlas desde la teoría. Otro es intentar despertarlas constantemente [como si despertáramos a un niño] y usarlas, usarlas, usarlas. Si hacemos esto, nuestras habilidades despertarán y se fortalecerán.

En la mayoría de la gente, las habilidades especiales están en estado latente. Se necesita contar con las condiciones idóneas para que se vuelvan una realidad. La condición más importante es siempre enviar instrucciones desde la consciencia más profunda, el nivel del Ser verdadero, para despertar las habilidades especiales y usarlas. Esa es la clave.

En este proceso, puede suceder que en ocasiones las habilidades especiales se presenten de manera espontánea y, al mismo tiempo, puede no suceder nada cuando usted se prepara y desea que aparezcan. Esto ocurre con casi todos los alumnos, sobre todo en las primeras etapas de su desarrollo. En la medida en que van desarrollándose estas habilidades, usted podrá prepararse conscientemente para usarlas.

Cuando usted centra su *yishi* intensamente y piensa «Debo desarrollar mis habilidades especiales», las habilidades comunes dominarán su pensamiento, lo que bloqueará las habilidades especiales, ya que las facultades de *yishi* están fijas en la idea de «Debo...». Esta es la razón por la que las habilidades especiales tienden a emerger de manera natural y espontánea al inicio.

Los conceptos también incluyen información de la totalidad. El problema es que el pensamiento lógico de la gente común únicamente se da a un nivel superficial de la consciencia, de manera que la actividad conceptual no puede entrar a la consciencia profunda y combinarse con las características de la totalidad. Como ya sabemos cómo funcionan las habilidades especiales, la actividad conceptual se conectará de manera natural con la información de la totalidad. Las habilidades especiales aparecerán de inmediato una vez que se fusionen por completo.

Cuando desarrolle sus habilidades, debe comprender claramente desde lo más profundo de su corazón que son una función natural de *yiyuanti*. Las habilidades de algunas personas se manifiestan primordialmente como sensaciones corporales. Es importante que sepa que dichas sensaciones son simples manifestaciones de cambios ajenos al *yiyuanti*. Si se apega a ellas creará bloqueos para el conocimiento de su Ser verdadero: el *yiyuanti*.

Cuando desarrolle sus habilidades especiales, experimentará un estado de *huang huang hu hu, kong kong dang dang* y deberá entender y reconocer desde lo más profundo que este estado es la existencia real de la totalidad, no algo imaginado por *yishi*. Si siempre experimenta este estado en *yishi*, podrá poco a poco fusionarse con él, volverse uno con él. Las habilidades especiales emergerán desde ese estado.

La pausa que existe entre un pensamiento y otro es muy corta cuando usamos la consciencia desde las habilidades comunes. Lo que se experimenta con las habilidades especiales es que esa pausa es suficiente para que las habilidades especiales funcionen, para que la información se reciba y se envíe hacia lo más profundo. Por ejemplo, usted piensa en detener un reloj mientras habla con alguien y el reloj se detiene.

La práctica para obtener las habilidades especiales necesita hacerse con «el corazón puesto en ello, pero sin el corazón puesto en ello». «Sin el corazón puesto en ello» significa que usted no tiene la intención; se encuentra en un estado muy tranquilo, sereno. En este estado, la actividad común de la consciencia se calma, desaparece. Sin embargo, las habilidades especiales pueden no aparecer en este estado porque somos puros y homogéneos por dentro, pero sin el propósito o intención de reflejarlo por fuera. Los budistas zen denominan esta condición como *ku chan* (planta muerta). Una vez que logre serenarse y entrar en un estado muy puro, deberá tener una intención que guíe a *yishi* para usar sus habilidades.

Necesitamos estudiar la Teoría de la Totalidad Hunyuan. Una vez que la comprendamos, podremos utilizar *yishi* en forma activa para experimentar su información. De esta forma, la teoría nos guiará para alcanzar el estado de totalidad hunyuan.

Como hemos dicho, existe un espacio para el pensamiento en imágenes, un espacio para el pensamiento conceptual y un espacio para el pensamiento verdadero en *yiyuanti*. Esto nos puede ayudar a comprender mejor la teoría. De hecho, no son espacios separados, únicamente un espacio que va más allá del tiempo y el espacio: *yiyuanti* mismo.

Hemos dicho también que las habilidades especiales están dormidas porque no las hemos despertado. Si usted las llama, despertarán. Puede despertarlas en cualquier momento sin necesidad de llevar a cabo procesos complicados. Dictamos esta conferencia sobre esta teoría como una forma de despertar esas habilidades especiales. Algunas personas logran despertarlas de inmediato mientras hablo y pueden incluso empezar a usarlas y demostrar su existencia. Al usarlas continuamente, se pueden despertar y perfeccionar.

No olvide hacer la práctica física al desarrollar sus habilidades especiales, ya que sigue siendo necesario fortalecer el cuerpo con el fin de construir la base para mejorar el *qi* y *shen*, puesto que los tres se influencian entre sí.

Las habilidades especiales son el alma de la ciencia del Zhineng Qigong. *12 de septiembre de 1998.*

La característica más importante del Zhineng Qigong es el uso de las habilidades especiales para conocer y cambiar el mundo. Para comenzar, necesitamos comprender con claridad la teoría: las habilidades especiales de *yishi* no conocen límites y van del mundo micro al mundo macro. No existe distinción entre lo difícil y lo fácil en las habilidades especiales. Eso solo es un juicio dentro de un marco de referencia. Si hacemos esa distinción, algunas de las funciones de *yiyuanti* se bloquearán y no funcionarán correctamente. Necesitamos ahora desarrollar el potencial de *yiyuanti*, lo que requiere que superemos el pensamiento restrictivo que domina a *yishi* y limita sus habilidades.

La clave para usar las habilidades especiales es que *yishi* necesita estar vacío, consciente, puro, relajado y enfocado. Una vez que *yishi* entre en un estado de vacío y de consciencia, se utiliza el pensamiento conceptual o en imágenes para permitir que las habilidades especiales de *yishi* emerjan. Si se utiliza el pensamiento conceptual como ayuda, se deberá combinar con una imagen del resultado. Por ejemplo, cuando se utilice *yishi* para romper una aguja, se puede visualizar el proceso de la aguja rompiéndose o se puede simplemente pensar: «Aguja, ¡rómpete!», pero *yishi* debe combinarse con el resultado, con la imagen de la aguja ya rota.

Muchos practicantes no aprecian la importancia de relajar *yishi*. Cuando eliminan un tumor dicen en voz alta: «Tumor, ¡desaparece, desaparece, desaparece!» y usan la fuerza física, la boca, la garganta, los pulmones, el abdomen. Todos esos movimientos involucran la fuerza física. No incrementan el poder de la consciencia; más bien, lo desvían y disminuyen su fuerza. El poder de *yishi* es muy importante para las habilidades especiales. *Yishi* debe penetrar el objeto y fusionarse por completo con él, como uno.

Las habilidades especiales son la función de totalidad de *yiyuanti*. Así, cuando las utilice, *yiyuanti* necesita ser *xu jing ling ming*; se necesita incluso olvidar la idea de usar las habilidades especiales. El poder de *yishi* se dispersará y disminuirá si usted piensa: «Lo tengo que lograr».

La práctica de los métodos simples para desarrollar las habilidades especiales mejora la claridad y la pureza de *yiyuanti*. Estos métodos actúan directamente para mejorar la capacidad que tiene *yishi* de controlar el cuerpo y el *qi*, y de mejorar su capacidad de recibir información. De esta forma, la práctica de estos métodos es una parte esencial del Zhineng Qigong. Los practicantes de Zhineng Qigong que deseen desarrollar sus habilidades especiales necesitan romper con el marco de referencia distorsionado y fijo de *yiyuanti*, paso a paso.

Para comprender cabalmente la Teoría de la Totalidad Hunyuan, necesitamos experimentarla desde el nivel de las habilidades especiales. Es una práctica de mayor nivel en comparación con la práctica de las habilidades comunes. Todo el mundo necesita esforzarse para lograrlo. Sin las habilidades especiales, no podemos acabar de comprender la Teoría de la Totalidad Hunyuan ni movernos de un estado de fijación y apego a otro de experiencia profunda de la totalidad hunyuan. Si desea mejorar sus habilidades de sanación, debe incrementar el poder de penetración de la consciencia y, para eso, necesita desarrollar sus habilidades especiales.

Por lo general, nuestro *yiyuanti* se combina principalmente con el hunyuan *qi* del cuerpo. Cuando el cuerpo se mueve, el hunyuan *qi* del cuerpo se transporta a través del sistema nervioso al cerebro donde perturba la claridad de *yiyuanti*, más en unas personas que en otras. La función de totalidad de *yiyuanti* se desarrolla mientras no existan perturbaciones. Si estamos casi libres de perturbaciones, *yiyuanti* permanecerá relativamente claro y tendrá poderes de penetración fuertes. Si hay perturbaciones considerables, significa que *yiyuanti* se ha combinado con el hunyuan *qi* del cuerpo y ha perdido claridad, por lo que se reducen sus poderes de penetración. Por esta razón, algunas personas sienten el *qi* fuertemente, pero no tienen buenas habilidades de sanación. Únicamente cuando *yiyuanti* está claro y puro, y deja de lado en forma gradual la influencia del hunyuan *qi* del cuerpo, se vuelve más fino y su poder de penetración más fuerte.

Las habilidades especiales son necesarias para la evolución del Zhineng Qigong. Se necesitan para que la práctica de cada persona alcance un nivel más alto y para que el *qigong* alcance un nivel científico.

Estudio profundo de la ciencia del Zhineng Qigong desde el nivel del Ser verdadero. *28 de julio de 1998.*

Las teorías fundamentales de la física estudian el sonido, la luz, la electricidad, el magnetismo, el calor y otras formas de energía. *El hunyuan qi* es diferente de estas formas de energía y sus campos de energía. Existen tres tipos de materia en el universo: en primer lugar, está la materia física; en segundo, la energía y los campos de energía; y en tercero, el *hunyuan qi* (la información). Para que la teoría del *hunyuan qi* del Zhineng Qigong sea relevante para las teorías científicas modernas, necesitamos demostrar que el *hunyuan qi* puede transformarse en todo tipo de energía: sonido, luz, electricidad, magnetismo y calor. El éxito de los experimentos de ese tipo confirmará los tres aspectos de la teoría de la materia o teoría tripartita de la materia de la ciencia del Zhineng Qigong.

Se han llevado a cabo experimentos científicos en los que el *hunyuan qi* se ha convertido en energía. Estos trabajos son de gran importancia para demostrar los tres aspectos de la teoría de la materia. Pero deben desarrollarse más las habilidades especiales para mejorar el nivel de la ciencia del Zhineng Qigong. Es muy probable que cuando realice experimentos de este tipo y la maquinaria o los equipos demuestren la presencia de electricidad, luz o magnetismo, usted no la perciba. Pero si continúa haciendo experimentos científicos, poco a poco percibirá su presencia y su *yiyuanti* percibirá cada vez más incluso la energía más fina.

Aunque algunas personas poseen habilidades especiales, están muy lejos de alcanzar el nivel micro. No pueden imaginar ni experimentar dichos niveles sutiles de existencia porque no se les ocurre intentar percibirlos. Únicamente si llevan a cabo experimentos en forma constante y toman nota de su estado de consciencia al momento en que aparece la electricidad, el magnetismo, la luz o el calor, entonces *yiyuanti* poco a poco penetrará los microcampos de electricidad, magnetismo, luz o calor. Los poderes de observación de *yishi* se volverán cada vez más sutiles.

Una vez que posea habilidades especiales, úselas para mejorarse a usted mismo y para explorar la ciencia del Zhineng Qigong, pero no haga alarde de ellas. Si conserva una actitud correcta, no gastará *qi* y sus habilidades se incrementarán. El uso de las habilidades especiales para alimentar el ego consume mucho *qi* y daña *shen*.

Cuando el Ser verdadero es el guía de su vida diaria, es más fácil alcanzar un estado de totalidad elevado. En un inicio, el estado del Ser verdadero que experimentará es *huang huang hu hu, kong kong dang dang*. Conforme vaya mejorando, poco a poco sentirá un estado de su Ser verdadero en la vida diaria.

Cuando reconozcamos por completo nuestro Ser verdadero, sentiremos que el *hunyuan qi* está en todas partes en el universo, y que el *hunyuan qi* de todo en el universo se está moviendo y cambiando constantemente. Y que cambia en forma natural, sin distinción de lo bueno o de lo malo.

Introducción

La Teoría de la Totalidad Hunyuan es el fundamento de la teoría de la ciencia del Zhineng Qigong. Explica que el universo está compuesto de niveles diferentes de *hunyuan qi*. Todos los niveles de *hunyuan qi* del universo están constantemente haciendo hunhua (混化), es decir, se están fusionando y transformando, como una totalidad. La Teoría de la Totalidad Hunyuan se enfoca principalmente en la teoría del *hunyuan qi* humano, la teoría de la consciencia (yishi 意识) y la teoría de Daode (道德). La Teoría de la Totalidad Hunyuan debe ser el principio rector de la práctica del *qigong*, el taichí, el yoga, las artes marciales y las demás disciplinas de este tipo.

Hun significa fusionar y hua transformar. Juntos describen el estado y el movimiento de todos los niveles del *hunyuan qi* del universo. *Hunhua* puede ser tanto un verbo como un sustantivo.

El *hunyuan qi* original (*yuanshi hunyuan qi* 原始混元气) es el nivel fundamental del *hunyuan qi* en el universo. Es muy puro, uniforme y homogéneo. Lo podemos encontrar en todos los rincones del universo y dentro de todo. Constituye la fuente y el origen de todo cuanto existe. Todo proviene de él y se nutre y soporta en él.

El *hunyuan qi* original se integra con el *qi* de todas y cada una de las entidades que existen en la naturaleza, desde los planetas, los cometas, hasta las montañas, el agua, las plantas y los animales, incluso los átomos y las células. Todo esto es *hunyuan qi* natural. Sin embargo, en el Zhineng Qigong, el *hunyuan qi* natural se refiere principalmente al *hunyuan qi* original. Esto deberá tenerse en cuenta a lo largo de este libro.

El *yiyuanti* (意元体) es el *hunyuan qi* homogéneo y puro del estado de totalidad de las células del cerebro humano y las células nerviosas de todo el cuerpo. Tiene la capacidad de reflejar la información del mundo externo y de reflejarse a sí mismo. Puede enviar información para afectar todos los niveles del *hunyuan qi*. Por ejemplo, el *yiyuanti* puede reunir *hunyuan qi* para generar distintos tipos de energía o para crear una forma física. Puede también dispersar la forma en *hunyuan qi* original, por ejemplo, al hacer que desaparezca un tumor.

La información que recibe *yiyuanti* se conecta para convertirse en un sistema de conocimientos. La gente depende de esto para reconocer el mundo y actuar en él. A este sistema de conocimientos lo denominamos el "marco de referencia". Es un patrón cognitivo que usamos como estándar para juzgar, medir y comparar todas las cosas, y es la guía que determina todo lo que hacemos en la vida.

Yishi (意识), o la consciencia, es el contenido y el movimiento de *yiyuanti*. Cada vez que la información que se encuentra en el marco de referencia de *yiyuanti* se activa y crea movimiento, eso es *yishi*. Y cada vez que *yiyuanti* refleja esta información, la procesa o la envía, esa es la actividad de *yishi*, la actividad de la consciencia. Esta actividad incluye las sensaciones y el pensamiento motor, el pensamiento en imágenes, el pensamiento lógico, el pensamiento que nos permite sentir y observar, y el pensamiento de las habilidades especiales.

En el Zhineng Qigong la palabra "información" tiene un significado distinto al que se le atribuye en el conocimiento común. Se refiere a las estructuras de tiempo y espacio. Todo cuanto existe tiene su propia información, su estructura completa de tiempo y espacio. La experiencia profunda y el conocimiento teórico del *qigong* nos pueden ayudar a comprender esto.

La información se compone de información natural y de información de la consciencia; la información de la consciencia puede ser la de las habilidades comunes o la de las habilidades especiales. La información de todos los seres vivos es una mezcla de información inherente y adquirida. En la práctica del *qigong*, usamos principalmente *yiyuanti* para recibir información que nos sirve para comprender las leyes del universo y de la vida humana, y para enviar información con el fin de conscientemente elevar a un nivel más alto la vida de cada persona y de todos los seres humanos.

La ciencia del Zhineng Qigong establece que existen tres tipos de existencias en el universo: la materia física, la energía y la información.

INTRODUCCIÓN

La materia física se refiere a la existencia desde el nivel de los átomos hacia arriba. La energía se refiere al concepto expresado por la ciencia moderna, que incluye el sonido, la luz, la electricidad, el magnetismo, el calor, la gravedad y la radiación. El tercer tipo es la información: las características de la totalidad de tiempo y espacio de todo cuanto existe. Se necesita experimentar esto personalmente para poder comprenderlo.

El presente libro introduce la teoría del Zhineng Qigong sobre las habilidades especiales, así como las técnicas para obtenerlas y usarlas. Incluye el diagnóstico y el tratamiento de enfermedades con Zhineng Qigong, así como la forma de obtener rápidamente habilidades especiales para poder usarlas. Al seguir las instrucciones incluidas en este libro, los lectores podrán comprender los métodos sin necesidad de tener un maestro que los guíe.

PRIMERA PARTE

HABILIDADES ESPECIALES

CAPÍTULO I
Descripción general de las habilidades especiales

SECCIÓN I
Resumen de las habilidades especiales

Las habilidades especiales (*chao chang zhi neng* 超常智能) constituyen el medio fundamental utilizado en la ciencia del *qigong* (气功) para explorar la naturaleza humana y el mundo en el que vivimos. Estas habilidades pueden ser innatas o pueden obtenerse a través de la práctica del *qigong*. Se pueden usar para comprender las leyes de la totalidad que gobiernan a los seres humanos y a la naturaleza. También para mejorar el estado de totalidad de los seres humanos y de la naturaleza. Las habilidades especiales surgieron en cierta etapa de la evolución de los seres humanos y son una condición necesaria para que los humanos alcancen su verdadera naturaleza libre y de consciencia plena.

La medicina del *qigong* utiliza las habilidades especiales para diagnosticar y tratar enfermedades. Pero este es solo un aspecto del uso de las habilidades especiales. Incluimos en este libro una explicación sobre estas habilidades ya que no se utilizan ampliamente y mucha gente no está familiarizada con este concepto.

¿Qué son las habilidades especiales?

Las habilidades especiales son una especie de inteligencia, son habilidades que van más allá de las habilidades comunes que poseen las personas normalmente. Por lo general, usamos los órganos sensoriales para recibir información del mundo que nos rodea. El cuerpo responde a esta información utilizando sus funciones motoras. Luego, conocemos y analizamos esta información utilizando el pensamiento lógico.

La estimulación que se recibe vía los órganos sensoriales humanos tiene dos características importantes:

- Por un lado, los órganos sensoriales reciben únicamente información parcial. Por ejemplo, los ojos solo pueden recibir la luz visible. Los oídos solo pueden recibir el sonido que se encuentra dentro de un rango particular. La lengua y la nariz pueden percibir solo algunos de los elementos químicos de los objetos. La piel solo puede sentir algunas de las características de la información física de un objeto.
- Por otro lado, los sentidos reciben la estimulación únicamente cuando ésta llega a cierto nivel. Por ejemplo, el oído humano por lo regular puede sólo oír sonidos de ciertos decibeles.

El pensamiento o cognición humana está limitada por nuestra capacidad de recibir información y por nuestros patrones habituales de pensamiento. Los patrones (redes neuronales) que se crean durante el desarrollo del cerebro humano afectan las funciones cognitivas y analíticas. Pueden fijar asociaciones y juicios sobre la información que recibimos, lo que limita nuestra capacidad intelectual. Sin embargo, aunque estos patrones parecen ser relativamente fijos, están abiertos al cambio y a desarrollarse.

Además, en investigaciones recientes se ha demostrado que el oído, la vista y el pensamiento humanos pueden operar a un nivel de alta precisión y sutileza. También se ha identificado que tenemos la capacidad de recibir información por otras vías además de los órganos sensoriales. Estos niveles más altos de capacidad cognitiva pueden desarrollarse a través de la práctica del *qigong* y se denominan "habilidades especiales".

Existen cuatro tipos de habilidades especiales:

1. La habilidad especial de recibir información, que incluye ver a través de los objetos (*tou shi* 透视), ver a grandes distancias (*yao shi* 遥视), microvisión (*xian wei shi* 显微视), ver al interior de la

tierra (*di xia shi* 地下视), oír a larga distancia (*yao ting* 遥听) y conocer directamente (*gan zhi* o *yi shi gan zhi* 意识感知).
2. La habilidad especial de enviar información incluye usar *yishi* (意识 consciencia) para mover objetos, escribir, usar objetos para penetrar o atravesar otros objetos, y para hacer sanación utilizando el *qigong*.
3. El pensamiento especial (*te yi si wei* 特异思维) incluye la comprensión súbita o la iluminación sobre un tema y el conocimiento instintivo sin deducción lógica; por ejemplo, saber la respuesta a un problema matemático complicado sin necesidad de hacer cálculos.
4. Las súper habilidades fisiológicas incluyen ser capaz de evitar que un cuchillo penetre en el cuerpo, ser capaz de levantar un objeto extremadamente pesado, caminar sobre fuego, no necesitar alimento para sobrevivir, dejar de respirar y detener el latido del corazón.

Todas estas son habilidades especiales. Este capítulo tiene por objetivo explicar las dos primeras. Los mecanismos del tercer tipo de habilidades especiales son complicados y difíciles de explicar, y el cuarto tipo de habilidades especiales lo podemos encontrar principalmente en el *qigong* de las artes marciales y en el *qigong* duro.

Clasificación de las habilidades especiales

Para poder comprenderlas mejor, hemos clasificado las habilidades especiales con base en sus diferentes aspectos.

Cómo se obtienen las habilidades especiales
Habilidades innatas
Las habilidades especiales innatas se presentan desde el nacimiento, no se obtienen a través de un entrenamiento especial o mediante la práctica del *qigong*. Se han documentado muchos ejemplos de estos

casos. En 1979, se descubrió que Tang Yu utilizaba los oídos para leer. Más adelante, se descubrió que varios adolescentes poseían habilidades especiales. Algunos podían distinguir diagramas o palabras usando los oídos, manos o dientes, en lugar de los ojos [ya sea que vieran una palabra en la mente o que la supieran sin necesidad de ver]. Algunos tenían *tou shi*, esto es, podían ver a través del cuerpo humano, podían ver objetos enterrados o encerrados en cajas selladas. Algunos podían ver a grandes distancias. Algunos podían usar *yishi* para mover objetos (ya sea que se observara el movimiento de los objetos o los objetos desaparecían por un periodo corto de tiempo y reaparecían en otra parte). Algunos escribían con *yishi* (escribían palabras en una hoja de papel o en la pared utilizando *yishi* en lugar de una pluma o lápiz). Algunos usaban *yishi* para reconectar fragmentos rotos de un objeto, para hacer que florecieran las plantas, para crear calor y fuego, algunos para mover objetos a través de paredes, etc. Estos tipos de habilidades especiales normalmente comienzan como el reconocimiento de objetos sin necesidad de usar la vista y luego avanzan y se fortalecen para convertirse en otros tipos de habilidades especiales. Sin embargo, las habilidades especiales innatas desaparecen poco a poco si no se nutren.

Habilidades que se obtienen a través de la práctica del *qigong*

La habilidad especial más básica y usual que se obtiene a través de la práctica del *qigong* es la de enviar *qi* externo para tratar enfermedades o para realizar experimentos científicos. Además, ver el *qi*, *tou shi* y varios *gan zhi* (recibir información directamente en *yishi*) se usan normalmente para diagnosticar enfermedades. La práctica del *qigong* puede desarrollar habilidades como saber el futuro, saber el pasado, enviar *qi* para mover objetos a distancia y otras.

Habilidades que resultan de un accidente o incidente

Algunas personas desarrollan habilidades especiales a través del contacto con una carga eléctrica o un campo magnético fuerte. Algunas las obtienen cuando sufren de una enfermedad o accidente grave. La gente muchas veces atribuye este fenómeno al poder de los seres espirituales.

Cómo funcionan las habilidades especiales
La habilidad especial de recibir información
Se refiere a la habilidad de recibir información que va más allá del funcionamiento normal de los órganos sensoriales. Incluye ver a larga distancia; oír sonidos distantes; ver cosas que están enterradas; ver micro objetos, por ejemplo, células de sangre; reconocimiento especial, como por ejemplo, sentir los polos magnéticos sur y norte, saber la dirección de una brújula, saber la forma y la frecuencia de ondas eléctricas; recibir información sobre la actividad de la consciencia de otras personas.

La habilidad especial de enviar información
Esto se presenta cuando *yishi* logra hacer un cambio sin necesidad de intervención física. Por ejemplo, usar *yishi* para desaparecer tumores cancerosos, curar huesos rotos, mover objetos o hipnotizar personas.

La habilidad especial de pensamiento
Esta habilidad se presenta cuando la gente sabe directamente la respuesta a un problema matemático o lógico sin necesidad de usar el pensamiento deductivo o lógico. Otro ejemplo es cuando alguien hace un juicio preciso sobre una situación complicada, sin necesidad de analizarla ni de utilizar el pensamiento lógico. También está el caso de conocer el futuro o el pasado. La inspiración también se considera una habilidad especial de pensamiento que la gente común no es capaz de controlar de manera consciente.

Funciones corporales especiales
Como ejemplos de este tipo de habilidad podemos mencionar a la gente que puede soportar temperaturas extremadamente bajas o altas; gente que no sangra al ser penetrada con un cuchillo; gente que brinca grandes alturas; todos los tipos de *qigong* duro.

Fuente del *qi* que se utiliza

El propio *qi* de la persona
Las habilidades especiales que se obtienen de forma innata o se desarrollan a través del *qigong* tradicional se basan en *jing* y en el *qi* de la persona que las usa.

Hunyuan qi natural
Las habilidades especiales del Zhineng Qigong, como crear un campo de *qi* o enviar *qi* externo, se basan en el *hunyuan qi* natural.

Energía física
El practicante usa *yishi* para transformar una corriente eléctrica a su propio *hunyuan qi* del cuerpo; también pueden usar este *qi* para sanar a otros o para hacer otras cosas.

Universalidad de las habilidades especiales

Las habilidades especiales son una función inherente de los seres humanos
La gente puede pensar que las habilidades especiales son algo muy extraño y misterioso. De hecho, son una función inherente de los seres humanos. Pero la gente no es capaz de usarlas libremente porque no comprende a profundidad las leyes naturales que las rigen. La Teoría de la Totalidad Hunyuan señala que el *yiyuanti* humano (意元体) cuenta con las funciones de recibir y enviar tanto información común como especial, lo que significa que las habilidades especiales son universales. La gente normalmente piensa que solo los individuos extraordinarios poseen habilidades especiales, pero no es así.

Varios experimentos han demostrado que se pueden desarrollar habilidades especiales con un entrenamiento específico. La Universidad de Beijing realizó un experimento a un grupo aleatorio de 40 niños de diez años. Se les dio entrenamiento específico (el grupo de estudio estaba compuesto de niños que tenían la habilidad de "percibir" diagramas sin usar la vista). El 60% de los niños del grupo de estudio desarrolló la habilidad especial de percibir figuras sin usar los ojos. Este resultado demuestra que se pueden desarrollar las habilidades especiales con el entrenamiento correcto; sin embargo, algunas personas cuentan con esta función de *yishi* sin necesidad de recibir entrenamiento. La Universidad de Princeton llevó a cabo una serie de experimentos para probar las capacidades de *yishi* en personas comunes. Los voluntarios que participaron en los experimentos incrementaron levemente la temperatura de un termistor (resistor térmico) y también alteraron ligeramente la ubicación de un espejo.

Se concluye entonces que las habilidades especiales son de hecho una capacidad humana en potencia. Se diferencian de las funciones comunes en que *yishi* no se basa en los órganos sensoriales y puede directamente interactuar con el mundo exterior, aunque por lo general esta capacidad permanece latente.

Las habilidades especiales son bien conocidas

La existencia de las habilidades especiales se conoce desde la antigüedad. Varios libros chinos antiguos contienen recuentos de ellas, en especial los textos daoístas y budistas. Cuando las habilidades especiales se desarrollan por primera vez, consumen *shen* (神 consciencia) y *qi* si no se usan correctamente, de manera que es importante que no se utilicen con demasiada frecuencia o el *qigong* de la persona se verá afectado. Los libros budistas y daoístas contienen un buen número de registros de casos de habilidades especiales. A continuación, reproducimos registros que datan de tiempos anteriores a los textos religiosos.

a) Registros de reconocimiento sin usar la vista
Lie Zi: Zhong Ni

Lao Zi tenía un estudiante de nombre Kang Cang Zi, quien había aprendido algunas habilidades de Lao Zi para ver con los oídos y escuchar con los ojos. Un funcionario de la ciudad de Lu Guo que había escuchado de esto, tenía mucha curiosidad e invitó a Kang Cang Zi a que visitara la ciudad, y le ofreció muchos obsequios costosos a su llegada. El funcionario le preguntó a Kang Cang Zi sobre sus habilidades especiales. Kang Cang Zi dijo: "No he intercambiado las funciones de mis ojos y oídos; escucho y veo sin necesidad de usarlos". "Entonces, ¿cómo lo haces?", contestó el funcioario. Kang Cang Zi siguió diciendo: "Combino el cuerpo con la mente, combino la mente con el *qi* interno, combino el *qi* con la consciencia pura y, finalmente, combino mi consciencia con el vacío de la naturaleza. De esta forma, puedo percibir los cambios más sutiles, cerca o lejos de mí. ¿Cómo los percibo? ¿Con los ojos, la nariz, los oídos, las extremidades, los órganos internos? No lo sé, solo sé que puedo percibir las cosas".

Lie Zi: Huang Di

Después de nueve años de practicar *qigong*, la mente se vuelve clara, pura. Las personas dejan de distinguir entre bueno y malo, correcto e incorrecto, ellos y otros. En esta etapa, no existe diferencia entre objeto y sujeto, de manera que las funciones de los ojos, oídos, nariz y boca se intercambian.

b) Registros de visión a larga distancia
Han Fei Zi: Jie Lao

Un día, Zhan He estaba hablando con sus estudiantes sobre el daoísmo. Entonces, escucharon una vaca mugir. Un discípulo dijo: "Hay una vaca negra afuera, pero su frente es blanca". Zhan He dijo: "Tienes razón, es una vaca negra, pero su frente no es blanca, tiene un pedazo de tela blanca puesta alrededor de sus cuernos". Fueron hacia afuera para ver y descubrieron que sí era una vaca negra con una tela puesta alrededor de los cuernos.

Xun Zi: Jie Bi

Cuando una persona alcanza el estado de "xu" (虛 vacuidad) y "jing" (静 calma), se le llama "da qing ming" (大清明 gran claridad). En este estado, el *yishi* de la persona puede iluminar todas las cosas visibles, y describirlas y explicarlas de manera precisa. No solo esto, puede también ver cosas que se encuentran a gran distancia, y saber el pasado y el futuro cuando medita en una habitación.

c) Registros de tou shi (ver a través de los objetos)
Su wen: Ba Zheng Sheng Ming Lun

Qi Bo dijo que existen dos tipos de doctores. Por un lado, los doctores comunes que no poseen habilidades especiales, como *tou shi*. Simplemente preguntan qué está mal, toman el pulso y prescriben un tratamiento con base en los síntomas. Diagnostican y dan tratamiento con base en la teoría de la medicina tradicional china, pero no tienen una imagen clara de la situación completa de ese cuerpo humano.

Por el otro, están los doctores que poseen habilidades *tou shi*, de manera que pueden experimentar la enfermedad dentro de un cuerpo humano sin preguntar, pero no pueden diagnosticar la enfermedad ni decirle al paciente cómo supieron que tenía una enfermedad. Otros no ven la situación, pero pueden saberla directamente con claridad, como un dios.

d) Registros sobre predicción
Huai Nan Zi: Jing Shen Xun

Si la gente puede hacer que sus ojos y oídos estén claros y sin perturbaciones por estímulos externos, hacer que su *qi* y *yishi* estén vacíos y en paz, entrar en un estado de despreocupación y carente de deseos, hacer que el *jing* y el *qi* de sus cinco órganos esté pleno y bien retenido, sin fijar su consciencia en cosas específicas, entonces pueden percibir y conocer el pasado y el futuro.

e) Registros de habilidades a larga distancia
Huai Nan Zi

Pu Qie Zi puede detener pájaros en pleno vuelo. Zhan He puede atrapar peces que nadan en aguas profundas. Esto es gracias a que han alcanzado un nivel alto de *qigong*.

f) Registros de invulnerabilidad (ilesos de heridas de cuchillos o espadas)
Lie Zi

Hei Luan era muy valiente y fuerte. Podía pelear contra cientos de hombres al mismo tiempo. Sus músculos y huesos eran muy fuertes y duros, mucho más poderosos que los de la gente común. Era imposible cortarle la cabeza con una espada o dispararle una flecha a su pecho. Incluso si la espada o flecha estaban dañadas, su piel salía ilesa.

g) Otras habilidades especiales
Zhuang Zi

Lie Zi le preguntó a Guan Yi: "Cuando el nivel de *qigong* de una persona es lo suficientemente alto, puede nadar debajo del agua sin respirar, caminar sobre fuego sin sentir el calor y el dolor, volar en el cielo sin miedo. ¿Cómo pueden hacer eso?" Guan Yi contestó: «Porque han alcanzado un nivel de *qigong* puro, diestro».

h) El mecanismo de las habilidades especiales
Guan Zi

Si las personas logran mantenerse atentas, sus oídos y ojos sin perturbación por factores externos, entonces pueden percibir las características de objetos distantes.

Si las personas pueden reunir *qi*, entonces pueden fácilmente comprender cómo funcionan todas las cosas. Si pueden reunir *qi* juntas y enfocar la mente, pueden predecir el futuro sin utilizar herramientas de adivinación. Si pueden detener los pensamientos distractores, entonces pueden alcanzar cualquier cosa sin ayuda de nadie. Si las personas pueden pensar en silencio sobre algo de forma regular, pueden de pronto comprenderlo. Esto puede parecerles a algunos que son poderes fantasmales o divinos. De hecho, es el resultado del funcionamiento de su *jing* y *qi* en un estado de intensa calma. En otras palabras, si una persona mantiene el cuerpo en una postura erecta y recta, su sangre y *qi* en calma y en silencio, su *yishi* enfocado y sus oídos y ojos sin perturbación por factores externos, pueden saber las características de objetos distantes. Si se enfocan en algo que no conocían, pueden recibir información para comprenderlo.

Huai Nan Zi

La sangre y el *qi* son elementos básicos del cuerpo humano que se almacenan en los órganos internos. Si una persona puede llenar los cinco órganos de sangre y de *qi*, sin que el *qi* fluya hacia afuera, sus órganos estarán repletos de *qi* y sus deseos se verán disminuidos, de manera que sus oídos y ojos estarán claros y puros, lo que llamamos "ming". Si logra que los cinco órganos sigan al corazón [el ser puro y verdadero], entonces tendrá una actitud de calma y sus emociones estarán serenas, su comportamiento adecuado, su *shen* y *qi* vigorosos. Así, el *qi* y la sangre estarán distribuidos uniformemente y sin bloqueos en todo el cuerpo. De esta manera, este orden perfecto dentro del cuerpo se manifestará en todas las actividades, todo lo que haga estará bien organizado y fluirá con suavidad. La gente que logra esto tiene la capacidad de escuchar y ver con claridad el pasado y el futuro.

En tiempos antiguos, la productividad y el entendimiento de la gente eran bajos, por lo que al fenómeno de las habilidades especiales se le relacionaba con fantasmas y dioses. Sin embargo, los practicantes de *qigong* de la antigüedad rechazaban esas explicaciones y pensaban que dicho fenómeno era el resultado de un *qi* abundante y puro.

Algunas personas podrán decir que estas habilidades especiales solo son leyendas antiguas que no deben tenerse por ciertas. Veamos las investigaciones llevadas a cabo en países occidentales recientemente. Desde el siglo XIX, algunas personas en países de Occidente han intentado investigar los fenómenos misteriosos utilizando un método científico denominado parasicología. Esta disciplina investiga los siguientes fenómenos:

- El poder de la consciencia: cómo la consciencia humana afecta objetos inanimados

- Súper visión: ser capaz de ver objetos que están lejos o escondidos
- Súper audición: ser capaz de escuchar sonidos sin usar los oídos o de escuchar sonidos distantes
- Predicción: la habilidad de predecir el futuro de una fuente de información desconocida
- Telepatía: comunicación de los pensamientos entre personas

Muchos científicos de gran fama, incluido Einstein, investigaron estos fenómenos conscienciales misteriosos. Aunque mucha gente rechazó esta posibilidad, otras investigaciones relacionadas han recibido mayor atención por parte del mundo científico. Por ejemplo, el Instituto Stanford llevó a cabo experimentos sobre la habilidad del cantante Ingo Swann de ver a distancia. Cuando se le daban datos de una longitud y latitud específicas, podía proporcionar información detallada de la ubicación. Podía también ver Júpiter y Mercurio utilizando sus habilidades de visión a distancia, con información confirmada mediante datos de la exploración del espacio.

En conclusión, las habilidades especiales no eran poco comunes en tiempos antiguos, ni lo son hoy en día; podemos decir que son universales.

Niveles de las habilidades especiales

Existen diferentes niveles de envío y recepción de información. La descripción de estos niveles difiere entre habilidades especiales innatas y habilidades especiales adquiridas a través de la práctica del *qigong*, por lo que se estudiarán de manera separada.

Habilidades especiales innatas

Estas habilidades especiales pueden dividirse de forma general en cuatro niveles: la cognición sin vista; mover objetos con *yishi* (*ban yun* 搬运); crear objetos de la nada (*wu zhong sheng you* 无中生有); desaparecer y reaparecer el cuerpo con *yishi* (*chu shen ru hua* 出神入化). Cada uno de estos niveles incluye más niveles detallados.

♦ Nivel uno: La cognición sin vista
Existen cuatro subniveles:

El primer subnivel es el de representar objetos sin vista y el reconocimiento de palabras. Por ejemplo, algunas personas pueden leer un libro con los oídos. Este tipo de habilidad especial se desarrolla fácilmente en la infancia. Puede también convertirse en *tou shi* (ver a través de los objetos).

El segundo subnivel es la visión a larga distancia, la microvisión y la habilidad de ver cosas enterradas. Las diferencias entre los tres tipos se deben a diferencias en el método de entrenamiento.

El tercer subnivel es el del conocimiento directo (*gan zhi*). *Gan zhi* normalmente se da entre personas que tienen algún parentesco.

El cuarto subnivel es el de la predicción del futuro y el conocimiento del pasado. Esta habilidad normalmente comienza a través de los sueños. Puede convertirse en conocimiento preciso, como cosas que sucederán en una fecha específica en el futuro. Las predicciones de Nostradamus son un buen ejemplo. En el siglo XVII, Nostradamus predijo eventos importantes que sucederían en países de Occidente aproximadamente 400 años después. Este nivel incluye tanto el conocimiento que se da en forma natural como el que se busca de manera consciente.

♦ Nivel dos: Mover objetos con *yishi* (*banyun*)
Existen cuatro subniveles:

El primero es el del movimiento invisible, en donde *yishi* mueve un objeto a otro lugar sin que las personas comunes puedan ver o sentir el proceso, y en el que el objeto pierde (temporalmente) sus características físicas y químicas. Este proceso puede incluso no ser detectado por dispositivos, pero una persona con habilidades especiales sí puede darse cuenta.

El segundo subnivel es el del movimiento observable, lo que significa que *yishi* mueve objetos de forma visible o logra unir objetos rotos.

El tercer subnivel es el de cambios a la energía física: mover objetos enormes, promover el crecimiento y maduración de árboles y flores.

El cuarto subnivel es el de lograr cambios químicos en sustancias.

♦ Nivel tres: Hacer que aparezcan objetos de la nada (*wu zhong sheng you*)
En este nivel, se logra formar objetos visibles al hacer que *yishi* reúna *hunyuan qi* invisible. Por ejemplo, puede devolverse una tarjeta rota a su estado original. Esta habilidad especial puede desarrollarse aún más al nivel en el que los objetos se crean de la nada.

♦ Nivel cuatro: *Chu shen ru hua*
En este nivel, una persona puede aparecer y desaparecer libremente.

Habilidades especiales que se obtienen a través de la práctica del *qigong*

A través de la práctica del *qigong* se pueden obtener distintos tipos de habilidades especiales. Estas habilidades ocurren en diferentes niveles.

Enviar *qi* e información
♦ Nivel uno: Alterar parcialmente la forma y la función de un organismo
Por ejemplo, el tratamiento con *qi* externo (*wai qi zhi bing* 外气治病) puede curar tanto una enfermedad funcional como una orgánica. Con este tratamiento, los tumores pueden desaparecer y los huesos rotos soldar. También se le puede dar un impulso al desarrollo de animales, plantas y microorganismos. Este nivel puede parecer similar a la habilidad de hacer que objetos inorgánicos aparezcan de la nada o desaparezcan por completo, pero son distintos.

♦ Nivel dos: Mover objetos (*ban yun*)
Es el movimiento visible de objetos utilizando el *qi* externo. Es similar a las habilidades *ban yun* innatas. Un *qi* externo fuerte puede también alterar la forma, la estructura y la función de los objetos; el *qigong* de las artes marciales avanzadas es un ejemplo de esto. La consciencia enfocada a un nivel elevado puede dirigir la actividad vital de un organismo y también la actividad de la consciencia de otras personas; un ejemplo de esto, es el hipnotismo. Cuando *yishi* y *qi* se combinan bien, son extremadamente poderosos, lo suficiente como para detener el movimiento de las nubes,

detener la lluvia o el agua, y también pueden cambiar los procesos de reacción físicos y químicos.

◆ Nivel tres: Hacer que los objetos aparezcan de la nada o desaparezcan (*you wu xiang sheng* 有无相生)
Existen dos subniveles:

- En principio, *yishi* reúne *qi* para formar una figura que es solo una concentración de *qi* sin forma clara. Puede ser percibida por las personas, pero no tiene forma física. Un ejemplo de este nivel es cuando *yishi* reúne *qi* para emitir luz.
- En el segundo nivel, este *qi* invisible se reúne para que tenga forma física, o se transforman objetos físicos en *qi* invisible.

◆ Nivel cuatro: *chu shen ru hua*
Esta función se refiere a la habilidad de *yishi* de hacer que un cuerpo desaparezca o aparezca.

Recibir *qi* e información
Las habilidades especiales de recepción incluyen la visión, el oído, el olfato y la sensibilidad especiales, y la consciencia especial. Discutiremos principalmente la visión especial y el conocimiento directo (*gan zhi*). Este se divide también en cuatro niveles.

◆ Nivel uno: La función de recibir *qi*
El ver o sentir el *qi* de los animales, las plantas o los humanos. (Los detalles de esto se abordan en la sección de técnicas de diagnóstico del qigong del Capítulo Tres).

◆ Nivel dos: Recibir información de un objeto físico
La visión especial se manifiesta como visión a través de los objetos (*tou shi*), visión remota (*yao shi*), visión a través de la tierra (*di xia shi*), etc.

El conocimiento directo se refiere a sentir objetos sin usar los sentidos (esto también se discute en el Capítulo Tres).

◆ Nivel tres: Recibir información o energía a un nivel muy sutil
Se refiere a recibir información de manera directa a nivel microcósmico (información muy fina), como por ejemplo, sentir la actividad consciencial de otras personas, reconocer las características de partículas microscópicas y ondas electromagnéticas, sentir información muy sutil (más débil, de menor impacto) del pasado o del futuro.

◆ Nivel cuatro: Sentir *yiyuanti* (意元体) o el *hunyuan qi* original (*yuanshi hunyuan qi* 原始混元气)
Esta función puede obtenerse cuando las funciones sensoriales de *yiyuanti* se vuelven muy sutiles de manera que el *yiyuanti* puede sentirse a sí mismo.

Habilidad especial de pensamiento

Esta habilidad especial de pensamiento es un tipo de pensamiento especial de la totalidad. Es diferente al pensamiento lógico cotidiano. El pensamiento especial está íntimamente relacionado con la habilidad especial de recibir información. En muchos casos, el pensamiento especial se da a través de la habilidad especial de recibir información. Por ejemplo, el obtener conocimiento mediante la lectura de la consciencia de otra persona, de la inspiración o del conocimiento del futuro son todas formas de esta habilidad especial de recibir información, aunque algunas veces se diferencian entre sí. El fenómeno de ser capaz de resolver problemas matemáticos complicados se da como resultado de la combinación de una intención consciente de alcanzar un resultado y la integración de toda la información relevante (una reacción de la información de la totalidad). El fenómeno de saber cosas desconocidas (por uno o por otros) es el resultado del trabajo de *yiyuanti* con el *hunyuan qi* específico de esa cosa para crear el reflejo de la totalidad en *yiyuanti*.

Habilidad especial de funciones corporales

◆ Nivel uno: *Qigong* duro

El *qigong* duro se da cuando un practicante puede hacer añicos una piedra con la cabeza, romper una barra de hierro con el pie, ser picado con una lanza en la garganta o ser cortado con una espada sin ser lastimado. Algunos practicantes de *qigong* duro pueden incluso sobrevivir una explosión sin sufrir daño alguno.

◆ Nivel dos: *Qing gong*

Qing gong es la habilidad de un practicante de saltar con facilidad al techo de una casa, correr mil kilómetros en un día o volar.

◆ Nivel tres: No sufrir daño causado por agua y fuego

El practicante puede sobrevivir en el agua sin ahogarse, atravesar fuego sin sufrir quemaduras e, incluso, no sufrir daños si se le vierte aceite caliente encima.

◆ Nivel cuatro: Aparecer o desaparecer libremente.

SECCIÓN II
Los mecanismos de las habilidades especiales

La falta de conocimientos científicos provocó que hubiera poca comprensión de las habilidades especiales en el pasado. Incluso hoy en día, a pesar de toda la investigación que se ha llevado a cabo en el tema, la base o el mecanismo de las habilidades especiales no se ha establecido, lo que significa que mucha gente todavía cree que es un tema de superstición. Este problema impide el desarrollo de la ciencia del *qigong*. El Zhineng Qigong ha estudiado desde hace mucho tiempo este tema y ha desarrollado una descripción preliminar de los mecanismos de las habilidades especiales.

Cómo se desarrollan las habilidades especiales

¿Por qué no son evidentes las habilidades especiales en general?

La teoría de Yiyuanti dentro de la Teoría de la Totalidad Hunyuan ha señalado que el *yiyuanti* es capaz de enviar y recibir información utilizando tanto habilidades normales como especiales. Pero el hecho es que la gente común no puede usar habilidades especiales. Esto se da por cuatro razones.

1. El *yiyuanti* está bloqueado por el *hunyuan qi* del cuerpo

Sabemos que el *yiyuanti* se forma cuando el *hunyuan qi* de las células cerebrales se vuelve lo suficientemente denso y fino. Puede alcanzar una distancia enorme, pero sus funciones se llevan a cabo en la cabeza. El *hunyuan qi* del cráneo y de los tejidos corporales crea una pantalla que bloquea la información del mundo externo, de forma que no puede penetrar el *yiyuanti* fácilmente. Esto protege las características uniformes de *yiyuanti* de toda perturbación. Permite que el mundo subjetivo permanezca independiente del mundo objetivo externo. Significa que el *yiyuanti* no puede conectarse directamente con el *hunyuan qi* externo y que deba hacerlo a través de los nervios sensoriales y motores. Así funciona la gente común.

El *hunyuan qi* de todo objeto es una totalidad hunyuan. El *hunyuan qi* de los objetos que se recibe a través de los órganos sensoriales humanos también tiene características de totalidad. Pero cuando los órganos sensoriales reciben información, cada órgano resalta los aspectos parciales de esa información que le es particular, e ignora toda la demás información debido a que esa información parcial es muy fuerte. Esto significa que la información que se refleja en *yiyuanti* es casi toda parcial. Debido a que el *yiyuanti* recibe información parcial, envía a cambio información parcial a través del sistema nervioso en las actividades cotidianas de la gente. Es por esto que la mayoría de la gente no manifiesta habilidades especiales.

2. Distorsión y fijación (*pian zhi* 偏执) del marco de referencia (*can zhao xi* 参照系)

Otro bloqueo a las habilidades especiales es que el marco de referencia de *yiyuanti* no ha establecido un sistema de información de las habilidades especiales. El cráneo de un recién nacido no está del todo desarrollado y la fontanela (el área de *tianmen*) no se ha cerrado. Esto significa que el *yiyuanti* no está completamente bloqueado por el *hunyuan qi* corporal de la cabeza y puede recibir información externa. Sin embargo, el marco de referencia de *yiyuanti* no ha establecido un patrón del marco de referencia de las habilidades especiales. Esto sucede, entre otras razones, por lo siguiente:

- Los factores heredados del recién nacido común crean un campo de *hunyuan qi* particular que se forma alrededor de la cabeza y que guía el crecimiento y el cierre de la fontanela. Incluso antes de que cierre la fontanela, el campo de *qi* forma un bloqueo entre el *yiyuanti* y la información externa.
- La falta de guía para la información de las habilidades especiales. El *yiyuanti* de los recién nacidos y de los infantes no se ha bloqueado por completo y puede recibir información especial, pero hay una falta total de estimulación repetida de la información de las habilidades especiales, la consciencia y el lenguaje en su vida normal, de manera que no pueden desarrollar un marco de referencia para reconocer la información de las habilidades especiales. Esta inhabilidad se va formando durante la evolución a largo plazo de las especies, o durante los procesos evolutivos a largo plazo de un animal.

Los animales continuaron fusionándose y transformándose (*hunhua*) con el *hunyuan qi* natural durante su desarrollo. Durante un periodo largo, el *hunyuan qi* de la totalidad se desarrolló y reunió constantemente, para formar gradualmente tejidos y órganos sensoriales con funciones específicas. Los tejidos y los órganos sensoriales de los humanos representan el nivel más alto alcanzado en esta larga cadena de desarrollo. Desde los inicios de la historia del ser humano, la gente usaba naturalmente sus sentidos, aunque supieran poco sobre ellos. Más adelante, con el desarrollo de la civilización y la ciencia, la gente pudo saber más y más sobre la estructura y las funciones de estos tejidos y órganos. Con base en este conocimiento, los humanos gradualmente comprendieron, a cabalidad, la totalidad de la vida y la relación entre los seres humanos y el medio ambiente. En este contexto, surgió la cultura de las habilidades humanas comunes.

Las habilidades especiales son diferentes. Se desarrollan junto con la formación de *yiyuanti*. El cerebro animal tiene la capacidad de pensamiento en imágenes, una capacidad básica, pero los animales no han conceptualizado un mundo subjetivo independiente. Su sistema nervioso y actividad vital actúan como uno. Las funciones instintivas de los órganos sensoriales no pueden llamarse habilidad especial.

A través de sus actividades vitales cotidianas, los humanos crearon el lenguaje e incrementaron su nivel de inteligencia. Esto impulsó que se desarrollaran aún más las células nerviosas del cerebro. Gradualmente, el *naoyuanti* de los animales (脑元体) se convirtió en *yiyuanti* (意元体) y se formó el mundo subjetivo independiente de los humanos. El mundo objetivo podía reflejarse y confirmarse mediante el mundo subjetivo de los humanos. A cambio, el contenido del mundo subjetivo de los humanos podía afectar el mundo objetivo y cambiarlo de acuerdo con los deseos de los humanos. Estos procesos se pueden lograr utilizando habilidades comunes, y también a través de las habilidades especiales. El uso de habilidades comunes ha sido común en la historia de la especie humana. Las habilidades especiales se formaron después en el curso del desarrollo del ser humano. Eso explica el porqué de la falta de comprensión de estas habilidades o el que no puedan entenderse fácilmente. Cuando surgen las habilidades especiales de una persona, por la razón que sea, el proceso a través del cual esa persona usa esas habilidades funciona directamente a través de *yiyuanti* y es un tipo de actividad consciente. Cuando la cultura humana estaba menos desarrollada, los humanos no podían comprender este proceso. En consecuencia, se pensaba que las habilidades especiales venían de los dioses; esta es la razón principal por la que surgieron la superstición y la religión en la historia de la humanidad.

Hasta ahora, la ciencia se ha basado principalmente en las habilidades comunes y no podía descubrir las leyes de las habilidades especiales. Si los seres humanos permanecen atrapados dentro de los límites de las habilidades comunes, les será difícil recibir información extraordinaria o especial. Esto dificulta la creación de un marco de referencia de las habilidades especiales y, por lo tanto, su *yiyuanti* no puede enviar instrucciones especiales.

3. El dominio que ejerce la información común afecta la información especial

La teoría de Yiyuanti ha señalado que la información común recibida por *yiyuanti* es una forma de *hunyuan qi* transmitido a través de los nervios sensoriales. Este proceso es un estado *hunhua* especial y durante el proceso *hunhua*, la energía y la información permanecen al descubierto en tanto la materia está oculta. Sin embargo, en un estado de habilidad especial, la información está al descubierto, en tanto la energía y la materia están ocultas. Esto significa que la intensidad de la información de las habilidades comunes es mucho mayor que la de las habilidades especiales. Se capta fácilmente por *yiyuanti* y también logra cambios en *yiyuanti*.

A medida que cambia *yiyuanti*, se llega a un punto en donde el *hunyuan qi* de *yiyuanti* se reúne para formar la materia física. Esto se manifiesta en el rápido desarrollo de las células cerebrales del bebé y sus dendritas y sinapsis. Cuando las conexiones entre las células cerebrales se estabilizan a través de las sinapsis, se forma un patrón de pensamiento fijo y comienza a funcionar, lo que provoca que domine la actividad fija en el *yiyuanti*. Esto afecta el estado uniforme de *yiyuanti* en cierto grado. Es un estado de *yiyuanti* distorsionado y fijo, como se describe en la Teoría de la Consciencia. En ese caso, la información de las habilidades especiales es más escasa y débil, por lo que se ve opacada por la información de las habilidades comunes y no se selecciona y procesa de manera fácil.

4. El *yiyuanti* carece de *hunyuan qi* que lo nutra

Los tres factores mencionados son causas externas que provocan la supresión de las habilidades especiales. Una causa interna es que el *yiyuanti* carece de *hunyuan qi* que lo nutra. Esto se debe a una insuficiencia innata del *hunyuan qi* del cerebro o por la actividad de las habilidades comunes que consumen el *hunyuan qi* del cerebro. Sabemos que las células nerviosas no pueden duplicarse. Esto reduce toda alteración al *yiyuanti* y también reduce el consumo de *hunyuan qi*. Pero las células nerviosas son las responsables de proveer de *hunyuan qi* a *yiyuanti* para los procesos de pensamiento. Si la actividad de pensamiento es dispersa y desorganizada, el *hunyuan qi* de *yiyuanti* se consumirá y la habilidad de *yiyuanti* de reflejar o reaccionar a la información externa, especialmente a la información de las habilidades especiales, se verá disminuida.

¿A qué se debe esto? El *yiyuanti* refleja la información de las habilidades especiales. Para que el *yiyuanti* refleje la totalidad de un objeto, su completud, se requiere la información completa de ese objeto junto con una cierta cantidad de *qi* reunido por la información; esto se fusiona y transforma con el *hunyuan qi* de *yiyuanti* para lograr que se lleve a cabo el proceso de reflexión. Este proceso es más sencillo cuando el *yiyuanti* cuenta con bastante *hunyuan qi* y más difícil cuando no. La información de las habilidades comunes que entra al *yiyuanti* trae energía, de manera que puede fácilmente provocar cambios en el *yiyuanti*. Pero la información de las habilidades especiales penetra el *hunyuan qi* humano para entrar directamente en el *yiyuanti*. Aunque contiene la información completa de los objetos, carece de energía. De esta forma, si el *hunyuan qi* de *yiyuanti* es deficiente, o el *yiyuanti* no puede usar la información de las habilidades especiales para reunir *qi*, la información de las habilidades especiales no puede reflejarse en *yiyuanti*.

Cuando el *yiyuanti* es claro y puro, puede reflejar la información pura de las habilidades especiales. Sin embargo, esto se considera un nivel superior de las habilidades especiales.

Cómo se presentan las habilidades especiales

La teoría de la consciencia señala que las habilidades especiales son una función natural de *yiyuanti*. A través del desarrollo de la humanidad, la gente ha comprendido más y más el carácter de totalidad de todas las cosas. En este proceso, las habilidades especiales se han desarrollado gradualmente. Se manifiestan de tres formas.

1. **Presentación natural de las habilidades especiales innatas**

Las habilidades especiales innatas son una función natural de *yiyuanti*. No son las mismas que las habilidades comunes que se heredan como resultado de la evolución de las especies. Aunque la actividad común de la consciencia se desarrolla después del nacimiento, las funciones de los nervios sensoriales y de los nervios motores, que son la base de la actividad de la consciencia, adquirieron forma física y se volvieron fijas en el curso de la evolución de las especies. La teoría de la localización del cerebro en la psicología y la fisiología modernas apoyan esto.

Las habilidades especiales son una manifestación de la función de totalidad de *yiyuanti* y su actividad. Esta actividad no se ha usado ampliamente a través de la historia del ser humano, por lo que no ha adquirido forma física ni se ha fijado. Es por esto que las habilidades especiales innatas de *yiyuanti* surgen después del nacimiento, únicamente a través del proceso *hunhua* con la información externa de las habilidades especiales. El surgimiento de estas habilidades se da como resultado de dos factores:

- El estatus innato de *yiyuanti*

    La precisión con la que se reflejan los objetos en *yiyuanti* está determinada por su densidad, uniformidad, claridad, etc. Qué tanto se refleja la totalidad de un objeto en *yiyuanti* depende de las cualidades del movimiento de *yiyuanti*, su estado de reunión, conexión, concordancia, etc. El estado de *yiyuanti* innato difiere de persona a persona y no todas las personas pueden desarrollar las habilidades especiales de manera natural.

- Una guía de la información especial en el ambiente que nos rodea

El aprender a usar las habilidades especiales es similar al proceso que se sigue con las habilidades comunes, en el sentido de que ambas deben aprenderse y usarse, practicarse. Se necesita una estimulación constante de la información especial en el ambiente para poder desarrollar la capacidad sensorial y de percepción especiales, además de las habilidades comunes. En el estado de habilidades especiales, cuando se estimula el *yiyuanti* con información y este responde a ella, en ese momento la información de la totalidad hunyuan se refleja en *yiyuanti*. Cuando se forma esa percepción, se alcanza un nivel avanzado de cognición. En otras palabras, ha comenzado a formarse un marco de referencia de las habilidades especiales que se fusiona con el marco de referencia anterior para convertirse en la base del uso de las habilidades especiales. Sin embargo, debido a que el marco de referencia de *yiyuanti* se basa en información de las habilidades comunes, el marco de referencia de las habilidades especiales se basa en el marco de referencia de las habilidades comunes para llevar a cabo sus funciones. El recibir una guía por parte de personas adultas es importante para que los niños desarrollen habilidades especiales.

Los niños no obtienen suficientes estímulos de información de las habilidades especiales en el ambiente, pero si los adultos los guían para que los niños las valoren, las habilidades especiales se activarán y fortalecerán en yiyuanti. Mediante una práctica rutinaria y dirigida, se pueden desarrollar habilidades especiales.

2. Habilidades especiales que se obtienen a través de la práctica del *qigong*

Como ya se ha mencionado, la gente común no cuenta con las condiciones necesarias para el desarrollo de las habilidades especiales, de manera que requieren de práctica para poder reunir esas condiciones y activar las habilidades especiales. Un entrenamiento de este tipo incluye:

- Promover la cualidad de *yiyuanti* y el nivel al que funciona, para mejorar su capacidad de recibir y enviar información de las habilidades especiales.
- Reducir la influencia dominante de las habilidades comunes en *yiyuanti* a través de la práctica [de los métodos de *qigong* y del uso de nuestras habilidades especiales] para disminuir el grado al que la información de las habilidades especiales está dormida.
- Practicar para incrementar la capacidad de *yiyuanti* de permear y fusionarse con el *hunyuan qi* del cuerpo y conectar con la información externa de las habilidades especiales.
- Disminuir el bloqueo de *yiyuanti* del *hunyuan qi* del cuerpo mediante la práctica de los métodos que abren la Puerta del Cielo (*tianmen*) y el tercer ojo (*tianmu*).
- Estudiar la Teoría de la Totalidad Hunyuan y mejorar la comprensión de las características de la totalidad hunyuan, con el fin de aumentar el contenido de la información de las habilidades especiales en el marco de referencia de *yiyuanti*.
- Formar el campo de información de las habilidades especiales de manera que esta información permee mejor y el *yiyuanti* pueda recibirla de manera adecuada.
- Practicar de forma activa y rutinaria , así como usar de manera constante las habilidades especiales, lo que es de suma importancia para poder desarrollarlas, similar a lo que sucede con la práctica del *qigong*. No se impaciente en desarrollarlas o de lo contrario se obsesionará con ellas. Tampoco las ignore, lo que puede provocar que no las obtenga.

3. Desarrollo de las habilidades especiales como resultado de un evento repentino

Algunas personas desarrollan habilidades especiales como resultado de un evento repentino y no de forma innata o a través de la práctica. Existen dos tipos de personas:

- Las que cuentan con una buena base para el desarrollo de las habilidades especiales. No las desarrollan en la juventud, sino que se presentan más adelante a causa de un evento que provoca una reacción de totalidad, tal como un sobresalto muy fuerte. Otras las desarrollan al sufrir un largo periodo sin actividad mental, lo que permite que el *yiyuanti* se alimente y nutra, como por ejemplo, el reposo obligatorio que requieren ciertas enfermedades. Algunos las desarrollan al estar expuestos a información de las habilidades especiales muy fuerte.

  Cuando la causa es un evento repentino, la persona normalmente desarrolla una enfermedad larga, inexplicable, justo después del impacto inicial en *yiyuanti*. Durante este periodo, el nuevo estado integrado de su *yiyuanti* no es compatible con las actividades anteriores de la persona. Cuando la persona logra estar de nuevo en equilibrio, las habilidades especiales comienzan a surgir.

  Algunas veces las habilidades especiales se desarrollan durante un periodo de enfermedad, ya sea que esta se cure o no.

  Cuando se disparan las habilidades especiales por información de habilidades especiales, se hacen evidentes de inmediato. La persona puede o no sufrir una enfermedad.

- Cuando la gente que no tiene una buena base para las habilidades especiales recibe un estímulo fuerte de totalidad, como un campo eléctrico o magnético fuerte, el *hunyuan qi* de su cuerpo puede transformarse de forma que surjan habilidades especiales.

Cómo usa la gente las habilidades especiales

A través de investigaciones prácticas, intensivas, el Zhineng Qigong ha descubierto que existen diferencias psicológicas y fisiológicas evidentes cuando se usan las habilidades especiales, en comparación con lo observado con las habilidades comunes. Mientras que estas diferencias son similares en las personas que desarrollaron las habilidades especiales de forma innata o través de la práctica del *qigong* (o como resultado de un evento repentino), no son idénticas. En el siguiente párrafo se ofrece una explicación de estas diferencias.

Habilidades especiales innatas

Las habilidades especiales innatas normalmente aparecen en la infancia. Durante este periodo, las habilidades comunes no dominan el marco de referencia de *yiyuanti* y este tiene cierta capacidad para experimentar la totalidad. La teoría de Yiyuanti nos dice que la comprensión que se tiene de la totalidad de un objeto a través de las habilidades comunes influencia la experiencia de la totalidad con las habilidades especiales. Cuando se reflejan las características de la totalidad en el estado de habilidades especiales, pueden distorsionarse a causa del marco de referencia común establecido en *yiyuanti*. Esto sucede a menudo con los niños, quienes pueden ver fenómenos extraños que los adultos no pueden ver o no comprenden. Esta reflexión distorsionada puede, no obstante, activar las habilidades especiales.

Las habilidades especiales pueden aparecer de pronto de forma natural cuando *yiyuanti* tiene las cualidades innatas que se requieren para reflejar la información de las habilidades especiales. Las habilidades especiales se desarrollarán con mayor rapidez y fuerza si el niño recibe estímulo constante. Sabemos que el pensamiento lógico se desarrolla gradualmente a lo largo de la infancia. En esa época, el pensamiento lógico todavía no es rígido y el pensamiento dominante es en forma de imágenes. En consecuencia, los niños normalmente experimentan la información de las habilidades especiales en forma de imágenes.

La razón por la que las habilidades especiales innatas surgen en la infancia es que la actividad de la consciencia no está lo suficientemente fusionada con el *hunyuan qi* del cuerpo en ese momento. Esto se manifiesta de dos maneras: los niños son menos diestros y hábiles, y el *hunyuan qi* de su cuerpo está distribuido de forma uniforme. En otras palabras, durante la infancia el *hunyuan qi* del cuerpo contiene menos información de consciencia y no ha desarrollado los atributos del *hunyuan qi* adulto. El *qi* distribuido en forma uniforme no bloquea *yiyuanti* tanto como ocurre con los adultos, por lo que el *yiyuanti* puede recibir de mejor manera la información externa de las habilidades especiales durante la infancia.

Cuando los niños usan las habilidades especiales, normalmente se conectan con los objetos externos de manera directa y usan menos *qi*, ya que su actividad consciencial no está del todo fusionada con el *hunyuan qi* de su cuerpo. Pero el marco de referencia de un niño y sus interacciones con el mundo exterior están ya bastante fundadas en las habilidades comunes. Esto significa que cuando se obtiene la información de totalidad de las habilidades especiales, su reflexión se verá distorsionada por los patrones del marco de referencia común. Por ejemplo, los objetos que se ven a través de *tou shi* (la habilidad de ver a través de los objetos) se ven como si se estuvieran viendo con las habilidades comunes. Y si se rompe un objeto utilizando las habilidades especiales, la superficie rota será similar a la de un objeto roto en una situación ordinaria. Sin embargo, se puede ir reduciendo esa influencia que ejercen las habilidades comunes a través de cambios en el marco de referencia.

Los lectores con frecuencia se preguntan justamente cómo deben usar estas habilidades especiales. De hecho, una vez que cuente con dichas habilidades, es muy fácil usarlas; sin embargo, es difícil describir el proceso de cómo hacerlo. A continuación se presenta una introducción al proceso y los mecanismos para recibir y enviar información de las habilidades especiales.

Recepción de información con habilidades especiales innatas

Con las habilidades especiales, la información se recibe directamente en *yiyuanti*, a través de *tou shi*, visión a grandes distancias o de oír a larga distancia. Esto es distinto de recibir a través de las habilidades comunes, cuando la información se recibe por los órganos sensoriales y se transmite a *yiyuanti* a través de ellos. La información del mundo objetivo que se recibe a través de las habilidades especiales de hecho ya se encuentra establecida en su totalidad en *yiyuanti*. El *yiyuanti* contiene toda la información del mundo objetivo, de manera que cuando alguien reconoce un objeto utilizando las habilidades especiales, lo que sucede es un proceso de selección de la información de dicho objeto desde toda la información almacenada en *yiyuanti*. La información de las habilidades especiales es información de totalidad que no contiene materia ni *qi*, por lo que cuando *yiyuanti* recibe información a través de las habilidades especiales y la reconoce, esa información necesita ser llenada de cierta cantidad de *qi*. Esto puede suceder de dos maneras:

Cognición natural
La cognición a través de las habilidades especiales ocurre naturalmente de dos formas. Existe mucha información interactuando en *yiyuanti*. De pronto, algo resalta, de manera que *yiyuanti* se enfoca en esa información y la intensifica. Cuando esto sucede, la cognición especial ocurre de manera natural.

La cognición especial también puede lograrse recibiendo información poderosa en *yiyuanti*. Esto generalmente se presenta cuando se está en un estado de calma o durante el sueño. [En la mayor parte de los casos, la información está íntimamente ligada a la persona, por ejemplo, el accidente de una persona cercana].

Cognición activa
Durante este proceso, la persona intenta ir más allá de las restricciones del pensamiento común y busca información particular. Se lleva a cabo un proceso de escaneo, ya sea dentro de *yiyuanti* o con enfoque en otra cosa. Estos dos procesos son básicamente los mismos. Además, el proceso de escaneo es el mismo tanto para objetos desconocidos como para objetos conocidos, ya que *yiyuanti* guarda la información completa de cada uno de ellos. Cuando se escanea algo, *yiyuanti* hará *hunhua* naturalmente con el objeto y fortalecerá la información de dicho objeto para conocerlo en su totalidad. Este proceso comienza ajustando *yiyuanti*, para después seleccionar algo y finalmente provocar el cambio en *yiyuanti*. Es por eso que la ciencia del Zhineng Qigong llama a la cognición a través de las habilidades especiales de objetos externos "observación interna".

Envío de información con habilidades especiales innatas

Este es el proceso en el que *yiyuanti* envía información para interactuar directamente con el mundo objetivo. Se basa en, primero, recibir información de habilidades especiales. En un estado de habilidades especiales, *yiyuanti* se conecta con la información de la totalidad de algo, formando un camino de información especial llamado túnel de *yiyuanti*. Una vez que se forma este túnel, *yiyuanti* puede conectarse con un objeto en su totalidad y hacer *hunhua* con él. Puede luego enviar instrucciones y el objeto cambiará de acuerdo con ellas. En ese proceso, la información de totalidad de *yiyuanti* cambiará y también traerá cambios a la información de totalidad del objeto. Este proceso de cambio es muy simple; la clave está en formar un túnel de *yiyuanti*. Por lo general, es más fácil cambiar objetos inanimados. Los organismos vivos con una consciencia más independiente y desarrollada no pueden cambiarse tan fácilmente ya que cuando la consciencia se combina con el *qi*, es más difícil que penetre el *yiyuanti*.

Debe mencionarse que mucha gente puede usar las habilidades especiales para reconocer un objeto, pero no pueden formar un túnel de *yiyuanti* con el objeto al mismo tiempo. Esto se debe a que cuando una persona logra establecer un túnel de *yiyuanti* con algo, su *yiyuanti* hace *hunhua* con el objeto y por lo tanto bloquea la actividad de *yiyuanti* de otros. Así, cuando dos personas forman túneles de *yiyuanti* con el mismo objeto, el objeto no puede seguir las instrucciones de consciencia de cada uno porque las instrucciones no se seguirán exactamente al mismo tiempo. La actividad de la consciencia es extremadamente rápida e interactúa con un objeto inmediatamente después de que se envían las instrucciones, de manera que aun si se envían instrucciones de consciencia idénticas, el resultado puede no ser armónico.

Habilidades especiales que se obtienen a través de la práctica del *qigong*

En el caso de los adultos que tengan el *yishi* y el *hunyuan qi* del cuerpo combinados como uno, la práctica de *qigong* puede ayudarles a desarrollar habilidades especiales. (Existen personas cuya consciencia y *hunyuan qi* del cuerpo están menos conectados o cuyo marco de referencia contiene cierta información de las habilidades especiales. Estas personas pueden desarrollar habilidades especiales a través de la práctica simple del *qigong*, de manera similar a las habilidades especiales innatas, por lo que no se abordarán en esta sección).

Una vez que las personas alcanzan la adolescencia, predomina el pensamiento lógico en *yiyuanti* y el pensamiento a través de imágenes pasa a segundo plano. Se forma un patrón de pensamiento lógico fijo y los nervios sensoriales y motores también estabilizan las conexiones entre *yiyuanti* y el mundo exterior. Como resultado de lo anterior, *yiyuanti* se manifiesta a través de los órganos sensoriales principalmente, y ciertas partes del cerebro están más diferenciadas y limitadas en cuanto a su funcionamiento. Una vez que la actividad de *yiyuanti* se combina con funciones del sistema nervioso específicas, *yiyuanti* se conecta con distintas partes del *hunyuan qi* del cuerpo a través del *hunyuan qi* de las células nerviosas. Esto incrementa el grado al que el *hunyuan qi* del cuerpo humano bloquea el *yiyuanti* y significa que el *yiyuanti* tiene menos capacidad de reflejar las características de la totalidad *hunyuan*.

El *yiyuanti* se vuelve cada vez más dependiente de las terminaciones nerviosas para conectarse con el mundo exterior, lo que fortalece las funciones de los órganos y los tejidos. Esta es la razón por la que el *hunyuan qi* del cuerpo humano tiende a fluir hacia fuera, ya que esta fusión con el sistema nervioso hace que su flujo sea hacia fuera. La habilidad que tiene *yiyuanti* de experimentar el "primer espacio de reflexión" disminuye considerablemente dado que la atención de *yiyuanti* está centrada en el mundo exterior. [El "primer espacio de reflexión" es una función de *yiyuanti* mediante la cual experimentamos las sensaciones corporales y pensamos en imágenes]. Al mismo tiempo, el pensamiento lógico se construye en el "segundo espacio de reflexión". [El "segundo espacio de reflexión" es una función de *yiyuanti* que usa conceptos y pensamiento lógico]. La teoría de Yiyuanti nos dice que la actividad del "segundo espacio de reflexión" de *yiyuanti* es una actividad de información conceptual, en donde cada concepto es una abstracción de una imagen del "primer espacio de reflexión". Por lo tanto, la actividad conceptual contiene menos *qi* y es una totalidad *hunyuan* más sutil. Es un nivel de desarrollo superior y más sutil de las funciones de *yiyuanti*.

Tomando en cuenta lo anterior, ¿cómo podemos desarrollar habilidades especiales a través de la práctica del *qigong*? Cuando practicamos *qigong*, *yiyuanti* se enfoca lo suficiente en nuestro interior y se vuelve más puro y claro, y tiene mayor capacidad de recibir información. Las células cerebrales funcionan de manera más unificada, por lo que su capacidad de percibir la totalidad es mayor. De esta forma, *yiyuanti* refleja con facilidad una totalidad *hunyuan* en forma de imágenes y entiende mejor esta información.

Debido a que los adultos tienen un hábito fijo de abstraer imágenes y volverlas conceptos, la información que se refleja en *yiyuanti* por lo general es un concepto que contiene información de totalidad *hunyuan* y no una imagen de la totalidad *hunyuan*. Esta función de *yiyuanti* de recepción se denomina *gan zhi* (conocimiento directo de algo sin imagen, sonido o sensación). Al momento de desarrollarse las habilidades especiales a través de la práctica del *qigong*, las funciones de recepción y envío se desarrollan en forma independiente, es decir, una función puede presentarse primero que otra o presentarse sin la otra. Esto contrasta con las habilidades especiales innatas, en donde la función de recepción siempre se desarrolla primero.

Las habilidades especiales que se obtienen a través de la práctica de *qigong* se presentan a través de procesos de desarrollo (¿evolutivos?). Las funciones de niveles más bajos se desarrollan de inmediato.

Funciones de recepción especiales
Ver el *qi* (*kan qi* 看气)
Esto sucede cuando se observa el *qi* alrededor de los objetos (o de los seres humanos); se le denomina "ver la luz de *qi*". La Teoría de la Totalidad Hunyuan establece que los objetos están rodeados de un *hunyuan qi* difuso. (Las técnicas modernas han utilizado cámaras especiales para capturar el campo biológico alrededor de los seres vivos). La gente co-

mún no puede ver este *qi* debido al marco de referencia distorsionado y restringido de *yiyuanti*. En contacto con los seres humanos y el mundo natural, el *yiyuanti* recibe la información completa. Pero la gente necesita un marco de referencia para poder dar sentido a lo que existe en el mundo, marco que se crea y refuerza a través de los órganos sensoriales.

Sabemos que los objetos físicos y el *hunyuan qi* que los rodea poseen características ópticas que pueden verse utilizando las habilidades comunes. El espacio que estos objetos llenan se determina por su superficie exterior y la interacción entre la gente común y los objetos se lleva a cabo en esa superficie. Por lo tanto, cuando el *yiyuanti* refleja la información morfológica de un objeto, lo hace con base en sus características ópticas y el espacio que ocupa. Esto ayuda a formar nuestro marco de referencia. Sabemos que el marco de referencia controla en gran medida la actividad de la vida. Podemos decir que en buena parte, la actividad de la vida de las personas se lleva a cabo de acuerdo con su marco de referencia. Dado que la gente común no cuenta en su marco de referencia con la experiencia de observar el *qi*, no ven la luz de *qi* que rodea los objetos.

Una vez que entienda este proceso, entrecierre los ojos, enfoque la mirada y *yishi*, y observe con atención; la luz de *qi* que rodea los objetos se hará visible. La luz de *qi* que rodea las manos es fácil de ver. La luz de *qi* también puede sentirse utilizando el sentido del tacto. La razón por la que la gente común no puede percibir la existencia de esta luz es la distorsión y fijación de su marco de referencia. Pero si intenta sentir el *qi* con atención, podrá sentir su existencia e ir más allá de las fijaciones de su marco de referencia anterior para establecer uno nuevo.

Una vez que haya sido capaz de observar el *qi* de las superficies de los cuerpos, intente ir más allá para observar el *qi* interno. Existen dos maneras de practicar el observar el *qi* interno:

1. Entrecierre los ojos para observar el *qi*

Enfoque la mirada en una parte del cuerpo, entrecierre cada vez más los ojos hasta que vea que el *qi* de la superficie del cuerpo se va concentrando de manera que la superficie del cuerpo comienza a desaparecer, y que el *qi* de la superficie se fusiona con el *qi* debajo de ella. Si presta especial atención y observa hacia el interior, podrá ver el *qi* interno. También es posible distinguir gradualmente las diferencias dentro del *qi* interno.

El punto clave al observar el *qi* es romper la imagen fija del cuerpo físico en el marco de referencia que crea la idea de que no es posible ver al interior de los objetos físicos. Una vez que logre romper esta imagen fija, la diferencia entre el *qi* de la superficie del cuerpo y el *qi* del cuerpo físico desaparecerá y se hará visible la totalidad del *qi*. Sin embargo, no es tan fácil de lograr, requiere de mucha práctica y disciplina.

2. Observe la interfase entre la superficie del cuerpo y el *qi* de la superficie
Enfoque la mirada con toda intención en un solo punto. No parpadee. Si enfoca la mirada lo suficiente, notará los siguientes cambios:

- El *qi* y el cuerpo desaparecerán de la vista, y en su lugar percibirá una especie de niebla u obscuridad donde nada puede verse. Una vez que desaparezca este fenómeno, podrá ver el *qi* interno; algunas personas, incluso, podrán ver las estructuras internas del cuerpo. Esto sucede porque cuando uno fija la mirada con intención, los nervios ópticos y los nervios cerebrales asociados se cansan y dejan de funcionar, o porque al enfocar la vista con intención, las funciones de la totalidad de *yiyuanti* se activan.
- Los objetos observados se vuelven cada vez más claros. Así, puede observarse su *qi* sutil, el movimiento hacia dentro y hacia fuera del *qi* y su *qi* interno. Esto se debe a que ha mejorado la habilidad visual y se fortalece la conexión entre la visión y *yiyuanti*, lo que lleva a que se manifiesten visualmente las habilidades especiales de recepción de *yiyuanti*.

Habilidades de ver a través de los objetos (*tou shi* 透视)
Las funciones especiales de recepción que se obtienen a través de la práctica del *qigong*, por lo general son las habilidades de obtener conocimiento directo (*gan zhi*), en tanto que las habilidades de *tou shi* no

son comunes. Las razones de esto ya han sido abordadas. Las funciones de *tou shi* son el resultado de la combinación de *yiyuanti* con el sistema visual, en donde se fortalecen aspectos de la información de la vista. En un principio, la claridad y precisión de las habilidades de *tou shi* obtenidas a través de la práctica de *qigong* no pueden compararse con las que se obtienen de forma innata, ya que las primeras se producen como resultado de la combinación de *yiyuanti* y el *qi*. Esto significa que las habilidades de *tou shi* obtenidas a través de la práctica del *qigong* están guiadas por el *qi*, en tanto las innatas vienen directamente de *yiyuanti*.

El *qi* humano es similar al de otras formas de vida. Por lo tanto, cuando las habilidades de *tou shi* obtenidas a través de la práctica del *qigong* se usan para escanear algo, son más sensibles al *qi* de los seres vivos que al *qi* de los objetos inorgánicos. De esta forma, el *yiyuanti* refleja principalmente el *qi* de los seres vivos cuando se utilizan las habilidades de *tou shi*. Cuando el *yiyuanti* recibe la información vital, por lo general viene combinada con el *qi*. Sin embargo, si mejora la claridad y la pureza de *yiyuanti* lo suficiente a través de la práctica de *qigong*, la función de *tou shi* también podrá reflejar el *qi* de los objetos inanimados.

La gente que obtiene habilidades de *tou shi* puede, a través de mucha práctica, obtener la habilidad de ver a grandes distancias, de ver a través de la tierra y de ver a nivel microscópico. Existen diversos requisitos para que esto suceda: que *yishi* esté en estado de paz, que las funciones de *yiyuanti* estén integradas en uno, que *yishi* se fusione con el vacío (*xu kong* 虚空) y que busque cosas activamente sin diferenciarlas (por ejemplo, en grandes y pequeñas, debajo y encima de la tierra, dentro o fuera, difícil o fácil, etc.).

Habilidad especial de oír

Existen dos tipos de habilidades especiales de oír: las habilidad de tener un oído común muy agudo y la habilidad especial de oír.

1. La habilidad de tener un oído agudo utilizando las habilidades comunes se desarrolla poniendo especial atención a lo que se

escucha. Por ejemplo, la habilidad de oír que tienen muchas personas ciegas es más aguda que la de la gente común. El *qigong* tradicional de las artes marciales tiene una técnica de entrenamiento que les permite a las personas oír sonidos tenues que se encuentran muy lejos, y también enviar sonidos muy tenues que pueden percibir otras personas que se encuentran lejos que también tienen muy desarrollado el oído. Los practicantes pueden empezar escuchando su propia respiración, luego el latido de su corazón, el movimiento del *qi* que entra y sale de los poros, para que la habilidad de oír se combine con el cuerpo entero. Luego, el *yishi* borra el cuerpo físico y se fusiona con el vacío, punto en el cual pueden oírse sonidos muy tenues, con un oído muy desarrollado, agudo.

2. Oír a larga distancia (*yao ting* 遥听). Esta es una habilidad especial que consiste en tener un súper oído. *Yiyuanti* siente la totalidad *hunyuan* de algo y lo sabe, pero se conecta con el sistema auditivo para que el conocimiento se manifieste a través de sonidos.

La habilidad especial de enviar información

Existen dos formas de enviar información especial: enviar *qi* y enviar consciencia (*yishi*). Estas dos formas no están del todo separadas, sino que interactúan.

Enviar qi

Esto se refiere a enviar información especial en forma de *qi*, asistiéndonos de *yishi*. Esto logra cambios ya que el *qi* afecta el objeto. Existen dos maneras de enviar *qi*: enviar *qi* suave, que se refiere normalmente al *qi* externo que puede usarse para el tratamiento de enfermedades. No es una forma concentrada de *qi*. Es *qi* guiado a través de la consciencia. El capítulo sobre tratamiento con *qi* externo aborda a mayor detalle este tema.

Enviar *qi* fuerte, en donde los practicantes del *qigong* duro y del *qigong* de las artes marciales pueden reunir *qi* externo para tener un efecto fuerte del *qi* sobre los objetos. Este *qi* externo puede variar según las distintas ramas de la práctica, pero en todos los casos *yishi* y *qi* se combinan a niveles muy altos. El *qi* está muy concentrado a través de la consciencia, lo que permite impactos muy poderosos. Este *qi* puede destruir formas físicas o puede mover objetos en un proceso visible sin contacto físico.

Envío de consciencia

Yishi piensa en un objeto y lo hace cambiar. Aunque el proceso es un movimiento de consciencia pura, cuando *yishi* actúa sobre un objeto, el *qi* también se involucra. Los efectos de la consciencia pura se presentan al nivel más básico de la estructura de tiempo y espacio de la totalidad *hunyuan*, de manera que no existen límites espaciales. Los practicantes deben tener un propósito claro al enviar consciencia, de lo contrario, las instrucciones de *yishi* no serán claras y serán menos efectivas.

La relación entre las habilidades especiales innatas y las habilidades especiales del *qigong*

El mecanismo de las habilidades especiales innatas es muy diferente del de las habilidades especiales obtenidas a través de la práctica del *qigong*, de tal forma que mucha gente opina que son dos fenómenos independientes, pero no es así. La ciencia del Zhineng Qigong considera que tienen elementos en común, así como diferencias. Al nivel más bajo, existe una gran diferencia entre los dos fenómenos. Sin embargo, son similares en el tercer nivel en el que el *qi* invisible se transforma en visible (*wu zhong shen you* 无中生有). Los practicantes mejorarán de forma más rápida si estudian la teoría y practican al mismo tiempo. Para comprender esto a mayor profundidad, comenzaremos introduciendo las diferencias entre los dos fenómenos.

Diferencias entre las habilidades especiales innatas y las habilidades especiales del *qigong*

Además de las distintas razones por las que surgen, entre las diferencias entre estos dos tipos de habilidades son:

Diferencias en el proceso de formación

Las habilidades especiales innatas no pueden desarrollarse con base en las habilidades comunes, pero las habilidades especiales adquiridas a través de la práctica del *qigong* sí. Por ejemplo, puede desarrollarse *tou shi* a través de la observación del *qi*; enviar *qi* puede desarrollarse a través de sentir el *qi*.

Diferencias en sus mecanismos

En el caso de las habilidades especiales innatas, *yiyuanti* interactúa directamente con la totalidad *hunyuan* de los objetos. Cuando se obtienen las habilidades especiales a través de la práctica del *qigong*, el *yiyuanti* se combina con el *qi* para interactuar con los objetos externos. La ciencia del Zhineng Qigong sostiene que las habilidades especiales innatas actúan principalmente en el nivel de información, en tanto las adquiridas con la práctica del *qigong* lo hacen a nivel de información y de energía. Cuando se usan las habilidades innatas, el *yiyuanti* se conecta directamente con los objetos, sin límites, de manera que el proceso entero parece llevarse a cabo en *yiyuanti* (como si sucediera dentro del cráneo).

Por su parte, las habilidades adquiridas con la práctica del *qigong* actúan sobre los objetos combinando *qi* y *yishi*, lo que hace que el practicante sienta el proceso fuera del cuerpo. Por ejemplo, cuando una persona que tiene habilidades especiales innatas desea actuar sobre un objeto, simplemente va hacia su interior, hacia *yiyuanti*. Pero cuando una persona que ha adquirido este tipo de habilidades a través de la práctica del *qigong* desea actuar sobre un objeto, en un inicio va hacia el interior para crear un buen estado de *qigong*, y luego *yishi* va hacia afuera para encontrar el objeto.

Diferencias en los objetos

Aquellas personas que tienen habilidades especiales innatas son más sensibles a la forma física de los objetos, especialmente de los objetos inorgánicos. Pero estas habilidades especiales innatas pueden verse fácilmente afectadas por la consciencia humana. Las personas que adquirieron las habilidades especiales a través de la práctica del *qigong* son más sensibles al *qi*, especialmente al *qi* de los seres vivos, de manera que pueden ser fácilmente influenciados por el *qi*. Por lo general, las personas con habilidades innatas pueden cambiar la forma física con mayor facilidad que con la que pueden cambiar el *qi*, en tanto que las que las han adquirido con el *qigong* pueden cambiar el *qi* más que la forma física. Cuando se da tratamiento, las personas con habilidades especiales innatas pueden dispersar materiales extraños, como piedras en la vesícula o municiones, pero les cuesta trabajo eliminar un carcinoma o unas lesiones. En contraste, las personas con habilidades adquiridas a través del *qigong* pueden eliminar un carcinoma o unas lesiones, pero les cuesta trabajo remover materiales extraños.

Diferencias en el proceso de desarrollo

Las habilidades especiales innatas por lo general comienzan con la recepción de información, como por ejemplo, los oídos reconocen palabras (*er duo shi zi* 耳朵识字), luego se desarrolla la habilidad de ver a través de los objetos (*tou shi*), luego la de mover objetos (*ban yun*) y luego la de sanación. (La sanación comienza cuando se es capaz de dispersar materiales extraños del cuerpo, seguida de la habilidad de dar tratamiento a todo tipo de afecciones). Las habilidades especiales adquiridas a través de la práctica del *qigong* comienzan con dar tratamiento con el *qi* externo (*wai qi zhi bing* 外气治病), luego con percibir las enfermedades (*cha bin* 查病), luego *tou shi* y luego mover objetos.

Diferencias en el uso de *yishi*

Las personas que cuentan con habilidades especiales innatas pueden usarlas cambiando a un estado especial de *yishi*. Pero cuando la gente usa las habilidades especiales adquiridas a través de la práctica del *qigong*, no solo necesitan entrar en un buen estado de *qigong* para poder usarlas, también necesitan conectar *yishi* con el objeto y luego regresar a *yiyuanti*. No es tan importante llevar *yishi* hacia dentro cuando se tienen habilidades especiales innatas, pero sí cuando se adquirieron con la práctica del *qigong*.

Similitudes entre las habilidades especiales innatas y las habilidades especiales del *qigong*

En la Teoría de Yiyuanti de la ciencia del Zhineng Qigong, estos dos tipos de habilidades especiales son habilidades especiales de *yiyuanti*, como se describe a profundidad en esa teoría. Esta visión no solo está fundamentada en las teorías del *qigong* tradicional, sino también por experimentos recientes. A continuación, se explican algunos aspectos de esta teoría.

Cómo se manifiestan las dos habilidades especiales

En experimentos realizados sobre los efectos del *qi* externo del *qigong*, los maestros de *qigong* utilizaban *yishi* para enviar *qi* externo a un dispositivo con el fin de provocar movimientos regulares. Este es el fenómeno en el que *yishi* mueve objetos (*ban yun*). Algunos maestros de *qigong* pueden percibir cambios dentro del cuerpo humano sin necesidad de usar equipos o de tocar a la persona, solo viendo el interior del cuerpo. Y algunas personas pueden obtener información del cuerpo de otra persona, sintiéndolo directamente en su propio cuerpo. Estas y otras habilidades especiales tales como la comunicación con *yishi* (*yishi chuan gan* 意识传感), control remoto de la consciencia (*yi shi yao kong* 意识遥控), control remoto, *tou shi* (ver a través de los objetos), predicciones (*yu zhi* 预知) etc. se pueden manifestar en las habilidades especiales innatas y las de niveles avanzados de *qigong*.

Los estados internos son casi idénticos en ambos tipos de habilidades especiales

- El uso de las habilidades especiales requiere de un estado de paz y un enfoque en el objeto. De acuerdo con las descripciones expresadas por niños con habilidades especiales, únicamente cuando piensan con intención en un objeto aparece una "pantalla" en su frente que les permite usar sus habilidades especiales. Los maestros de *qigong* también necesitan enfocarse en un estado de

paz. En los tiempos antiguos, un maestro de *qigong* dijo: "Debes enfocar *yishi*; así, cuando pienses sobre algo, lo conocerás bien".
- Ni los maestros de *qigong* ni los niños con habilidades especiales son capaces de describir cómo llevan a cabo las funciones supersensoriales. Los niños con habilidades especiales siempre dicen: "Aparece o no aparece".
- Una precondición para ambos tipos de habilidades especiales es tener un *hunyuan qi* abundante. Los experimentos han demostrado que los niños con habilidades especiales tienen mejores resultados cuando están contentos y llenos de energía, y que, por otra parte, después de realizar experimentos con habilidades especiales se sienten mentalmente cansados. El contar con suficiente *qi* garantiza que el *qi* y la sangre fluyan bien y que *yishi* esté contento, relajado, lo que significa que el cuerpo y la mente se sienten bien. La habilidad de sentir objetos funciona mejor cuando *yishi* está bien nutrido con *qi* abundante. Por otro lado, el uso de las habilidades especiales merma el *qi* y consume *shen*, y su uso regular disminuye o incluso lleva a la pérdida de estas habilidades. Lo mismo aplica para los maestros de *qigong*; los efectos son los mismos para ambos tipos de habilidades.

La interacción entre el maestro de *qigong* y los niños

Cuando un maestro de *qigong* trabaja con niños que tienen habilidades especiales, hay una interacción obvia entre ellos. Los experimentos han demostrado que los niños con habilidades especiales son capaces de ver el *qi* enviado por el maestro de *qigong*; ni la gente común ni la mayoría de los equipos pueden ver o capturar este *qi*. De forma similar, el maestro de *qigong* puede sentir los procesos de las habilidades especiales de los niños, procesos que no pueden detectarse por dispositivos de medición ni percibirse por la gente común. Además, un maestro avanzado de *qigong* puede estimular, fortalecer o suprimir las habilidades especiales de los niños. En una situación en la que exista mucho ruido, el maestro de *qigong* puede utilizar la consciencia y el *qi* para bloquear los efectos del ruido y ayudar a que el estado de los niños sea más sensible y estable. También puede usar su *yishi* para inhibir las habilidades especiales de los niños. Estas interacciones demuestran que, en esencia, los dos tipos de habilidades especiales son iguales.

Cómo usar las habilidades especiales con eficacia

La práctica diligente es un requisito para el uso eficaz de las habilidades especiales. Las habilidades especiales son un tipo especial de habilidad que requiere una práctica diligente para que puedan usarse a voluntad como las habilidades comunes.

Es necesario contar con *shen* (神 consciencia) y *qi* abundantes para poder usar las habilidades especiales. Debido a que las habilidades especiales consumen *shen* y *qi*, es necesario nutrirlos y mantenerlos abundantes como garantía de que las habilidades funcionarán de manera adecuada.

Es también importante comprender con claridad los elementos clave de las habilidades especiales para poder usarlas. Los elementos clave que se requieren para poder usar las habilidades especiales son los que se nombran a continuación.

- Es importante contar con claridad, pureza y sensibilidad superiores de *yiyuanti* para poder usar las habilidades especiales. El fusionar *yiyuanti* con el vacío (*xu kong* 虚空) es una manera muy eficaz de lograr lo anterior. La práctica de *qigong* puede mejorar la claridad y la sensibilidad. Hay un antiguo dicho chino que reza: "La tranquilidad nutre la consciencia profunda (*ling gen* 灵根) y el *qi* nutre *shen*".
- Es importante mejorar la fuerza que impulsa las habilidades especiales. La base de esto es la intención y las emociones del practicante de las habilidades especiales, pero también se necesita un *qi* abundante y una mente enfocada.
- El practicante deberá mejorar la conexión entre su *yiyuanti* y el objeto. El que la consciencia (desde las habilidades especiales) se

conecte de manera profunda con el objeto influirá directamente en la eficacia de sus habilidades especiales. Entre las formas que puede utilizar para mejorar esto están: seleccionar con precisión el objeto, comprender a profundidad el objeto, que *yishi* vaya por completo hacia dentro del objeto, conectar el objeto con el centro de *yiyuanti*.

La buena comprensión de la teoría de las habilidades especiales provee una guía activa sobre su uso.

SECCIÓN III
La relación entre las habilidades especiales y las habilidades comunes

Las habilidades especiales parecen ser muy diferentes de las habilidades comunes. Pero de hecho, están íntimamente relacionadas. En otras palabras, las habilidades especiales se basan en las habilidades comunes.

La relación entre las habilidades especiales y las habilidades comunes en la historia del ser humano

El *yiyuanti* se formó cuando el ser humano evolucionó de los animales. A partir de ese momento, las actividades de la consciencia humana desarrollaron un mundo subjetivo, independiente de la actividad de la vida. Este cambio significó que muchos seres humanos se desarrollaran más allá del estado animal, y que la actividad del sistema nervioso se fusionara en uno solo con la actividad de vida. Se formó la actividad total de vida guiada por la consciencia a través de un largo periodo de actividades de vida diaria y de relaciones sociales. En este proceso, primero se desarrollaron las habilidades comunes humanas. Los órganos motores y los órganos sensoriales se habían ya desarrollado en la etapa animal. Representaban la base sobre la cual se desarrolló *yishi*, de manera que desde que se formó, *yishi* estuvo íntimamente relacionado con los órganos sensoriales que se usan para las habilidades comunes.

A través de las actividades diarias de la vida, los seres humanos expandieron su campo de consciencia y, al mismo tiempo, se volvieron muy hábiles con las manos y los sentidos del oído, olfato, gusto y las funciones del cuerpo se especializaron y desarrollaron cada vez más. Las actividades del pensamiento evolucionaron de un pensamiento sensoriomotor (*gan jue yun dong si wei* 感觉运动思维) a un pensamiento en imágenes. Siguiendo con este desarrollo, la actividad del pensamiento evolucionó de un pensamiento en imágenes a un pensamiento lógico y abstracto.

La información del pensamiento en imágenes contiene más información de la totalidad, con algunas similitudes con la información de las habilidades especiales. La única diferencia es que el pensamiento en imágenes normalmente se encuentra limitado por las habilidades comunes de los órganos sensoriales. Una vez que se llegó al pensamiento abstracto, una nueva totalidad apareció dentro de *yiyuanti*, sin imágenes. Esto provocó que el *yishi* humano se volviera más complicado. Hizo que existieran dos niveles de totalidad en *yiyuanti* al mismo tiempo (la totalidad de la imagen y la totalidad de la abstracción).

La Teoría de la Totalidad Hunyuan señala que el pensamiento en imágenes se conecta más con el *qi*. (En este estado, la información y la energía están más abiertas). El pensamiento abstracto se conecta menos con el *qi*. (En este estado, la información está abierta).

En un inicio, cuando todavía no se formaba el pensamiento fijo, esos dos métodos de pensamiento podían usarse juntos, interactuar e influenciar uno al otro. Como resultado, se incentivó más el desarrollo de *yiyuanti* y mejoraron sus habilidades de reflexión de la totalidad. *Yiyuanti* adquirió la habilidad de reflejar la información. Se construyeron así los cimientos y se crearon las condiciones para el reconocimiento de la información especial, de las habilidades especiales. Otro resultado fue que el pensamiento lógico se fue desarrollando cada vez más y su conexión con las habilidades comunes se fortaleció aún más.

CAPÍTULO I. DESCRIPCIÓN GENERAL DE LAS HABILIDADES ESPECIALES

En esta etapa del desarrollo humano, algunas personas obtuvieron habilidades especiales innatas a través de diversos tipos de estimulación. Es posible que hayan sido los grandes sabios de las leyendas antiguas. Sin embargo, sus habilidades especiales no fueron muy profundas ni precisas, ya que las habilidades comunes no estaban bien desarrolladas en esta etapa, la comprensión del mundo objetivo era imprecisa y limitada, y el marco de referencia de *yiyuanti* era muy simple, lo que significa que la capacidad de *yishi* de tomar decisiones y hacer juicios era todavía muy débil. Además, no había suficientes oportunidades de utilizar las habilidades especiales en la vida diaria simple, por lo que la gente las practicaba menos. Sin embargo, desde ese momento el *yiyuanti* humano contenía ya tanto habilidades comunes como especiales. La gente se había convertido verdaderamente humanos.

En un inicio, las habilidades especiales eran solamente habilidades naturales de recepción de información, aunque algunas personas podrían haberse dado cuenta de que eran habilidades especiales, fuera de lo normal. (En esos tiempos podrían haber llegado a pensar que esas habilidades provenían directamente de los dioses). O se manifestaban como inspiración, atisbos de profunda comprensión, conocimiento a través de los sueños, etc. Esto trajo un entendimiento más profundo y preciso sobre el mundo natural. Si los arqueólogos hubieran comprendido que los seres humanos de la antigüedad poseían habilidades especiales, no hubieran creído que la cultura del *bagua* china (八卦) y la cultura de las antiguas pirámides egipcias eran producto del trabajo de seres extraterrestres. La inteligencia de los sabios que poseen habilidades especiales es superior a la de la gente común, e incluso ayuda al desarrollo de la inteligencia de las personas.

El desarrollo de las habilidades comunes proveyó de un marco de referencia más detallado en apoyo a las habilidades especiales junto con el fundamento físico de las mismas. Los dos tipos de habilidades interactuaron entre sí para lograr un mayor desarrollo. En el Periodo de Primavera y Otoño [770-476 A.C.] y el Periodo de los Reinos Combatientes [475-221 A.C.], la gente ya comprendía las habilidades especiales a un nivel alto, tal como se muestra en las historias relatadas en el Capítulo I, Sección I. Sin embargo, la comprensión científica todavía era pobre en ese momento y las leyes de las habilidades especiales no podían explicarse con claridad. Así, aunque la gente en ese momento tenía una comprensión científica simple de las habilidades especiales, pronto ese conocimiento se perdió en supersticiones y se distorsionó en ideas religiosas. Más adelante, el poder del *qigong* de las artes marciales desafió el pensamiento teológico fijo sobre las habilidades especiales, pero sin desplazar esas ideas.

La Teoría de la Totalidad Hunyuan señala que los seres humanos continúan fusionándose y transformándose (*hunhua* 混化) con el *hunyuan qi* y su inteligencia se sigue desarrollando. Apenas hace pocos años comenzaron a utilizarse las técnicas científicas modernas para estudiar las habilidades especiales. Dichos estudios se basan en la ciencia desarrollada y avanzada de las habilidades comunes. Sin el fundamento de estos avances científicos, la gente no podría llegar a descartar el pensamiento anterior y comprender las habilidades especiales a nivel científico.

En conclusión: las habilidades comunes se establecen con base en el desarrollo natural de los tejidos y los órganos humanos. Su desarrollo acompañó la formación y el desarrollo de los seres humanos. Las habilidades especiales se formaron después del desarrollo de las habilidades comunes y son de suma importancia para el desarrollo humano.

La relación entre las habilidades especiales y las habilidades comunes en el desarrollo de la persona

La Teoría de la Totalidad Hunyuan establece que un recién nacido es el resultado de la evolución de toda la especie humana, de manera que también es el punto de partida del desarrollo de un individuo. El *yiyuanti* de un recién nacido tiene todas las características del *yiyuanti* humano que provee la base tanto para las habilidades comunes como para las especiales. Estas habilidades se vuelven evidentes a los pocos años de vida. Este proceso condensa un proceso de evolución humana que duró decenas de miles de años. Se logró con la guía del lenguaje y la consciencia del adulto, pero el proceso de desarrollo sigue una secuencia: pensamiento motor → pensamiento en imágenes → pensamiento lógico; y la secuencia: habilidades comunes → habilidades especiales.

Hoy en día, la actividad de la consciencia está muy desarrollada y su dominio sobre la vida humana también se ha incrementado, pero ¿por qué los seres humanos siguen repitiendo las distintas etapas de la historia de la evolución de nuestra especie? [Una razón es el proceso de maduración física del cerebro y las células nerviosas. La otra es el proceso de maduración de los órganos sensoriales y la expansión de las habilidades de los órganos sensoriales].

Las células nerviosas del cerebro de un recién nacido no están del todo maduras. Las funciones de su *yiyuanti* se están todavía perfeccionando y son similares a las de los antiguos humanos. El desarrollo de las células nerviosas del cerebro se lleva a cabo en forma gradual, derivado del estímulo que reciben de la información que transmiten los órganos sensoriales a través de los nervios sensoriales. [Este proceso provoca cambios físicos en el cerebro].

En la medida en que maduran lo suficiente los órganos sensoriales, el bebé comienza a recibir información. Esta habilidad se basa en los genes. La información recibida a través de los órganos sensoriales sólo recoge algunos aspectos de los objetos y, por lo tanto, proporciona información parcial, una característica de las habilidades comunes. Se va formando un marco de referencia de las habilidades comunes cada vez más complejo a través de la actividad común de la consciencia.

La información del ambiente de un recién nacido es en su mayoría información común, no información especial. Dado que el bebé recibe principalmente este tipo de información, la actividad de la consciencia que se establece es la de las habilidades comunes. Es por esto que la gente no forma un marco de referencia de la información especial.

Alrededor de los cinco o seis años, la actividad de pensamiento de un niño pasa del pensamiento en imágenes al pensamiento lógico. A esta edad, *yiyuanti* comienza a reflejar las características de totalidad de los objetos. La información reflejada a través de las habilidades especiales también contiene características de totalidad, de manera que en esta etapa pueden aparecer las habilidades especiales. Es por ello que las habilidades especiales innatas ocurren mayormente entre niños de entre cinco y diez años de edad.

No todos los niños desarrollan habilidades especiales innatas dado que se requieren ciertas condiciones. A medida que los niños se desarrollan y se les instruye con información común, los patrones de pensamiento de las habilidades comunes se desarrollan firmemente en su marco de referencia. Las habilidades especiales no pueden surgir ya que no hay un proceso de *hunhua* (混化) de la información especial con sus habilidades especiales.

Si miramos la historia del desarrollo humano y de cada individuo, las habilidades especiales surgen en cierta etapa de las habilidades comunes. En otras palabras, las habilidades especiales se basan en las habilidades comunes. Por otra parte, el desarrollo de las habilidades comunes de alguna manera limita el desarrollo de las habilidades especiales. Existen pruebas de esto a lo largo de la historia del ser humano. Es importante señalar que las habilidades comunes no provocan directamente la supresión de las habilidades especiales; esta supresión se presenta debido a que las habilidades especiales no han recibido suficiente estímulo derivado de la información especial externa, por lo que no se han formado los patrones cognitivos de la información especial.

Las habilidades comunes son el fundamento de las habilidades especiales

En la teoría del *qigong* tradicional, las habilidades comunes son vistas como un factor inhibidor de las habilidades especiales, pero no es así. Aunque el marco de referencia fijo de las habilidades comunes de alguna manera suprime la manifestación de las habilidades especiales, una vez que las habilidades especiales surgen su actividad está casi siempre ligada a las habilidades comunes. Por ejemplo, cuando una persona se prepara para utilizar las habilidades especiales, comprender lo que quiere hacer requiere de las habilidades comunes: el ajuste de *shen* y *qi* requiere de instrucciones dadas por las habilidades comunes; las instrucciones para buscar objetos también dependen de las habilidades comunes. Solo el proceso de captar la información de totalidad *hunyuan* de los objetos se realiza utilizando las habilidades especiales.

Los procesos cognitivos también se basan en nuestro marco de referencia ordinario y común. Durante el uso temprano de las habilidades especiales, *yiyuanti* pueden reflejar la información de totalidad *hunyuan*, pero no se ha formado un marco de referencia de la información de totalidad, de manera que debe basarse en los patrones cognitivos existentes. Esto significa que el uso del pensamiento común puede causar que la información de totalidad surja como características parciales y que aparezcan ciertas características cognitivas comunes. Por ejemplo, los obstáculos físicos no deben afectar las habilidades especiales (innatas o adquiridas a través del *qigong*), pero la gente a veces no es capaz de usar sus habilidades porque el pensamiento común les dicta que no es posible saber qué está escondido dentro de una caja o detrás de una pared.

Estos fenómenos demuestran que el marco de referencia común se ve involucrado en los procesos cognitivos de las habilidades especiales. Además, los resultados de las habilidades especiales se verifican a través de las habilidades comunes, de otra forma, nadie podría decir si el resultado fue preciso o no. Más aún, una vez que se pueden utilizar las habilidades especiales con facilidad, *yishi* puede recibir y enviar información especial a través de los órganos sensoriales. [Por ejemplo, usted podría enviar *qi* utilizando las manos o ver dentro del cuerpo de una persona para revisar su estado de salud]. El hecho de que las habilidades comunes sean el fundamento de las habilidades especiales se hace también evidente en la práctica y el surgimiento de las habilidades especiales. Las habilidades especiales surgen de las funciones de *yiyuanti*, pero deben describirse en el lenguaje cotidiano. También aprendemos sobre las habilidades especiales utilizando las habilidades comunes, y usamos estos conocimientos para guiar nuestra práctica. En cierto momento de nuestra práctica, las habilidades especiales de pronto surgirán. En los tiempos antiguos, la gente decía que la práctica constante, intensiva y a largo plazo provoca una súbita apertura y comprensión. Esto describe el cambio repentino de las habilidades comunes a especiales.

Debemos señalar que las habilidades especiales de recibir y enviar información en la actualidad están todavía a un nivel limitado por el marco de referencia común, así que la gente aún no experimenta y comprende la información de totalidad *hunyuan*. Una vez que se solucione este problema, los seres humanos lograrán un nuevo cielo y una nueva tierra, y comenzará una época cultural renovada.

El desarrollo de las habilidades especiales se basa en las habilidades comunes

Las habilidades especiales innatas y las obtenidas a través de la práctica del *qigong* se desarrollan sobre la base de las habilidades comunes, lo que significa que deben sustentarse en ellas.

Desarrollo de las habilidades especiales innatas

Las funciones físicas de un bebé recién nacido ya cuentan con las condiciones internas para formar las habilidades comunes, de manera que el recién nacido poco a poco las desarrolla de manera natural en su vida diaria. Sin embargo, el desarrollo de las habilidades especiales requiere de condiciones especiales, tales como el uso de un estado de habilidades especiales que ejerza una influencia sobre el bebé o el uso de un lenguaje de habilidades especiales para guiarlo. Todo esto debe apoyarse en el conocimiento de las habilidades comunes, de lo contrario, el recién nacido no integrará la información de totalidad de las habilidades especiales en su marco de referencia.

Habilidades especiales que se obtienen a través de la práctica del *qigong*

En el *qigong* tradicional, cuando la gente alcanza un nivel muy avanzado, las habilidades especiales parecen presentarse de manera natural sin que dependan de las habilidades comunes. De hecho, esto no es verdad. Esas personas practican *qigong* utilizando las habilidades comunes y sus habilidades especiales son un cambio cualitativo que se produce después de un largo periodo de practicar utilizando las habilidades comunes.

El desarrollo de las habilidades especiales es una parte importante de la práctica del Zhineng Qigong e incluye el aprendizaje de las teorías, los métodos de práctica y el uso de las habilidades comunes. El uso activo de la consciencia común permite que se desarrollen rápidamente las habilidades especiales. Esto demuestra que no existe conflicto entre las habilidades comunes y las especiales, a diferencia de lo que se cree en el *qigong* tradicional.

CAPÍTULO II
Uso y desarrollo de las habilidades especiales

SECCIÓN I
Usar ampliamente las habilidades especiales

La ciencia del Zhineng Qigong busca desarrollar en forma activa las habilidades especiales humanas y usarlas para cambiar la actividad de vida del ser humano y las formas de pensamiento. Asimismo, promueve el uso de las habilidades especiales para cambiar los modelos de la vida humana y de producción, así como modificar las relaciones entre las personas y entre los seres humanos y el mundo natural. En esencia, el propósito general de la ciencia del Zhineng Qigong es desarrollar las habilidades especiales para usarlas en beneficio de los seres humanos y así obtener al fin la libertad. Esta perspectiva del Zhineng Qigong sobre las habilidades especiales busca apuntar hacia los elementos buenos del *qigong* tradicional y descartar los malos. Antes de introducir las habilidades especiales ampliamente utilizadas, describiremos las ideas que el *qigong* tradicional tiene sobre ellas.

Punto de vista del *qigong* tradicional de las habilidades especiales

Las habilidades especiales se denominan *shen tong* (神通) en el *qigong* tradicional. En el budismo y en el taoísmo, *shen tong* se presenta cuando se alcanza cierto nivel en la práctica de *qigong*. Sin embargo, estas doctrinas consideran que su uso causará problemas y por lo tanto se oponen a él. Ni siquiera comparten sus propias experiencias de práctica personal con otras personas ya que consideran que eso influenciará en forma negativa su propia práctica.

¿Por qué el budismo y el taoísmo rechazan el uso de las habilidades especiales? Entre las razones podemos enumerar:

- Las habilidades especiales no son el objetivo último de la cultivación. Si un practicante pone demasiada atención en las habilidades especiales podría detener su progreso y perder el objetivo religioso fundamental, lo cual afectaría su desarrollo.
- El practicante que se enfoca demasiado en las habilidades especiales e ignora la cultivación moral podría irse por el camino equivocado una vez que obtenga estas habilidades.
- En el *qigong* tradicional, se piensa que el usar las habilidades especiales consume *shen* y *qi*, lo que inhibe el progreso del nivel del practicante (*gong fu* 功夫).
- El *qigong* tradicional ni siquiera comprende con claridad la esencia de las habilidades especiales. No se da cuenta de que son una habilidad que los humanos deben poseer y las ven como un misterio. Los budistas piensan que solo los que llegan al nivel de Buda pueden comprender a cabalidad las habilidades especiales. En realidad, la pérdida de *gongfu* la provocan la autopromoción, la autosatisfacción, el orgullo y la arrogancia. Si los practicantes evitan la autopromoción no perderán *gongfu*.

Extender el uso de las habilidades especiales

Hemos hecho énfasis en repetidas ocasiones en que el desarrollo de la ciencia del Zhineng Qigong se basa en el uso extendido de las habilidades especiales. Parece ser lo contrario a lo que la teoría del *qigong* tradicional dicta. En realidad, es un desarrollo basado en las ideas principales del *qigong* tradicional.

Los budistas y taoístas piensan que solo la gente que cuenta con un nivel avanzado de *gongfu* debe usar las habilidades especiales. Aunque tanto los budistas como los taoístas se oponen al uso de dichas habilidades, en el pasado muchos practicantes de alto nivel las usaban para ayudar a la gente.

El Zhineng Qigong no es una religión y considera que el propósito de las habilidades especiales es beneficiar a la persona y a otros. La ciencia del Zhineng Qigong toma lo bueno y descarta lo malo del *qigong* tradicional.

El Zhineng Qigong usa ampliamente las habilidades especiales basándose en la Teoría de la Totalidad *hunyuan*. El *qigong* tradicional rechaza el uso de las habilidades especiales con base en la mala concepción de que consumen *shen* y *qi* y que, por lo tanto, afectan el progreso de la persona. La Teoría de la Totalidad Hunyuan de la ciencia del Zhineng Qigong corrige esta concepción. La teoría de la consciencia de la Teoría de la Totalidad Hunyuan describe la naturaleza, las leyes y las funciones de la actividad de *yishi*. Explica cómo *yiyuanti* es el fundamento material de la actividad de la consciencia, y que las habilidades comunes y especiales son ambas funciones de *yiyuanti*. Además, también describe la naturaleza y las características de *yiyuanti*, junto con su relación con el *hunyuan qi* humano y las relaciones entre las habilidades especiales y las comunes. Todo esto ha develado los mitos del *qigong* tradicional sobre las habilidades especiales, y provee conocimientos y técnicas científicas que cualquiera puede aprender y utilizar.

El Zhineng Qigong promueve la combinación de *qi* externo y *qi* interno en la práctica del *qigong*. Enfatiza, en especial, la absorción del *qi* externo para mejorar las habilidades internas y la sabiduría. Esto va más allá del enfoque del *qigong* tradicional del estado de práctica cerrada de *jing*, *qi* y *shen* propio de la persona, y propone un enfoque mejorado que utiliza tanto el *qi* interno como el externo para la autocultivación. El *hunyuan qi* natural e infinito puede usarse para aumentar el *hunyuan qi* interno. Asimismo, puede usarse para las habilidades especiales en lugar del *qi* interno, tal como se hace en el Zhineng Qigong. Existen pruebas de que el uso del *qi* externo en lugar del interno con las habilidades especiales no solo es efectivo sino que además ayuda a mejorar el *gongfu*. La Teoría de la Totalidad Hunyuan guía de manera positiva la práctica del Zhineng Qigong y pone su conocimiento científico a disposición de todos los seres humanos. Esto es un hito en el desarrollo del *qigong*.

El uso de las habilidades especiales en el Zhineng Qigong tiene las siguientes características:

- Están presentes incluso entre la gente común. En el *qigong* tradicional, solo los practicantes de alto nivel podían usar las habilidades especiales y eran vistas como algo inalcanzable por los practicantes común y corrientes. Sin embargo, en el Zhineng Qigong todo practicante puede desarrollar habilidades especiales; enviar *qi* es ya una práctica extendida y la mayoría de los practicantes pueden usarla fácilmente.
- Pueden usarse de distintas maneras. En el Zhineng Qigong, las habilidades especiales pueden usarse para diagnosticar y tratar enfermedades, desarrollar la inteligencia y para la producción de una gama de cultivos. Su uso puede mejorar la calidad de vida de la gente. El Zhineng Qigong utiliza las habilidades especiales en los mismos campos que las habilidades comunes.

El valor de las habilidades especiales en muchos campos

El Zhineng Qigong explica las leyes de las habilidades especiales: son una habilidad humana natural, de manera que pueden usarse en el mismo rango de actividades que las habilidades comunes. Esto es un hito. El desarrollo del *qigong* tradicional hacia la ciencia del *qigong* lleva esta práctica a un reino completamente nuevo. En particular, no tiene precedentes el uso del *qi* externo del *qigong* para mejorar la producción en muchas áreas distintas (industrial, agrícola, forestal, pesquera, etc.).

Y esto es solo el comienzo. Se necesita trabajar más y hacer más investigación en el futuro. Pero los logros a la fecha han despertado el interés internacional.

La siguiente sección describe los logros alcanzados a través del uso de las habilidades especiales en el Zhineng Qigong y otros tipos de *qigong*.

Enviar información

El envío de información se refiere principalmente a enviar *qi*, consciencia o una combinación de ambos, por lo general en referencia a enviar *qi* externo. A continuación, presentamos una introducción al *qi* externo del Zhineng Qigong.

Sanación con *qi* externo

El tratamiento con *qi* externo es una parte importante de la medicina del *qigong*, que se describe en la Parte Dos de este libro.

Mejora de la producción agrícola

El uso del Zhineng Qigong en la agricultura ha arrojado importantes resultados. En enero de 1992, en la primera conferencia de la ciencia del Zhineng Qigong realizada con el fin de intercambiar experiencias, se presentaron alrededor de treinta artículos sobre el uso del *qi* externo en vegetales y otras cosechas. Por ejemplo, en un experimento con arroz en la Universidad Agrícola de Guangxi llevado a cabo por Chu Jin Xing, la producción de arroz de inicios de temporada se incrementó en 82.155 kg/mu (亩; un mu ≈ 0.06˙ hectáreas), un incremento del 21.82%. La cosecha de arroz de finales de temporada se incrementó 33.78 kg/mu, lo que representa un incremento del 9.4%. En otro experimento en La Universidad de Agricultura de Guangxi llevado a cabo por Tang Yi Lan, la producción de tres variedades distintas de arroz se incrementó en un 5.5%, 15.7% y 28.5%, respectivamente. En otro experimento con arroz llevado a cabo por el Departamento Dushan de Agricultura en la provincia de Guizhou, la producción se incrementó en un 9.6%. En un experimento con trigo conducido por el Instituto de Ciencias de la Agricultura de la provincia de Hebei, la producción se incrementó en un 8.7%. Y en un experimento con trigo conducido por el Instituto de Ciencias de la Agricultura de Jiyuan de la provincia de Henan, la producción se incrementó en un 8.5%. En otro experimento con trigo llevado a cabo por el Instituto de Ciencias de la Agricultura de Lixin de la provincia de Anhui, la producción se incrementó en un 7.8%. En un experimento con hongos llevado a cabo por el Instituto de Producción de Plantas y el Instituto de Energía Atómica de la Academia China de Ciencias de la Agricultura, la producción de hongos enoki se incrementó en un 97.2% y los hongos ostra en un 30.7%.

Más adelante, en 1992, se celebró una segunda conferencia. Se presentaron más de 15 informes sobre el uso del *qi* externo para mejorar la producción agrícola. Estos informes incluyeron cosechas de arroz, trigo, maíz, soya, algodón, etc. y vegetales tales como col china, tomate, pepino, ajo, hongos enoki, etc. Todos los experimentos se llevaron a cabo por científicos investigadores, lo que significa que los resultados son confiables. En un ejemplo, en la Granja Shuang Qiao cerca de Pekín, la producción de arroz de 30 mu se incrementó en un 12.5%.

En 1993, se llevaron a cabo experimentos en 14 campos de prueba, cada campo con una extensión de 100 mu. En todos los casos, la producción se incrementó. En el experimento con maíz llevado a cabo en Daqing, la producción en el grupo experimental fue de 600 kg/mu, en tanto la producción en el grupo de control fue de 500 kg/mu con un incremento total en la producción de 15,000 kg sobre un área de 150 mu. Estos resultados muestran que es posible enviar *qi* externo para mejorar la producción agrícola. El enviar *qi* a los cultivos puede incrementar la producción y acortar el periodo de maduración. En un experimento realizado por el profesor Li Xiaofang en la ciudad de Chifeng en la provincia de Neimenggu, el trigo maduró 3 días antes y la soja 4. También se reportó que el arroz maduró 3-4 días antes.

De acuerdo con los informes de los experimentos, el enviar *qi* externo incrementó la producción de diversas formas. Por ejemplo, en el experimento del trigo se incrementó tanto el número de ramas laterales, como de orejas productivas, de granos en cada oreja y el peso de 1000 semillas. Esta serie de experimentos muestra que enviar *qi* externo puede ayudar a cambiar todos los elementos de la producción de la planta, aunque los cambios fueron distintos en los diversos experimentos. En general, solo uno o dos índices cambiaron de manera significativa en cada experimento. Sin embargo, esto no altera el hecho de que todos los experimentos mostraron resultados de mejoras al enviar *qi* externo.

Los informes muestran que enviar *qi* externo es efectivo en todo tipo de semillas. Los mejores resultados para los casos del trigo, el arroz y el maíz se dieron cuando el *qi* se envió al momento de la floración y cuando los granos se estaban llenando. El enviar *qi* a la plántula puede hacer que el cultivo crezca rápidamente, pero puede provocar que las plantas se doblen y caigan, posiblemente porque crecen demasiado rápido y son menos fuertes.

El enviar *qi*, ya sea a la semilla o a la plántula, requiere organizar un campo de *qi* (*zu chang* 组场) que use la actividad de la consciencia relevante para el tipo de cultivo y que incluya los distintos elementos de lo que se quiere mejorar. Si el practicante no tiene mucho conocimiento de los elementos relevantes, puede enfocarse en los resultados finales, tales como orejas granes, una mayor cantidad de grano, grano pesado, incremento en la producción, etc. Los practicantes deben enfocar su intención y enviar *yishi* a los objetos en el campo de *qi* (*qi chang* 气场). El practicante deberá también estar confiado y motivado. Y usar el pensamiento en imágenes para fortalecer el campo de *qi* para obtener mejores efectos.

Se necesitan más estudios sobre el efecto de enviar *qi* externo a los cultivos que deberá incluir la investigación de muchos otros factores. Debemos intentar distintos métodos para diferentes cultivos. Esto incluye el efecto de enviar *qi* a varios aspectos de la producción de cultivos, tales como las semillas, las plántulas, el agua, la tierra y los fertilizantes. También debemos investigar el enviar *qi* en diferentes etapas del crecimiento del cultivo, la duración cada vez que se envía *qi*, la hora del día (si es de mañana, tarde o noche), la frecuencia, el área que se cubre con el campo de *qi*, etc. Se deben investigar a fondo todos estos aspectos para descubrir el régimen más efectivo. Solo cuando las personas obtengan resultados de forma sistemática sobre principios fundamentales es que podremos desarrollar la ciencia de *qigong* para la agricultura.

Existen ejemplos interesantes en lo que se prolongó el periodo de floración de ciertos cultivos con el *qi* externo. En 1991, en Luoyang, Guo Lin y otros lograron que el periodo de floración comenzara 1-2 días antes y terminara 2-3 días después a través del envío de *qi* externo. En 1992, en Luoyang, Li Yu Heng prolongó el periodo de floración por 8-10 días. Esto se informó en el Diario Luo Yang. Ma Zhen Qiao envió *qi* a un cactus cereus que florece de noche y logró que florara en el día por más de 10 horas. En un experimento llevado a cabo en 1993 en el Centro Huaxia de Sanación con Zhineng Qigong, los estudiantes enviaron *qi* a plantas fucsias. Las plantas en el grupo experimental produjeron más capullos y su color era más brillante. Todo esto demuestra que el *qi* externo puede tener un efecto en una variedad de plantas.

Para producción industrial

El uso de *qi* externo para producción industrial es innovador y marca la entrada de la ciencia del *qigong* a un nuevo campo de actividad. El enviar *qi* a las plantas mejora el desarrollo y crecimiento de organismos naturales. En contraste, el enviar *qi* para producción industrial facilita un proceso de producción artificial.

Un ejemplo es la Fábrica Farmacéutica de Huabei. En un cultivo de cepas de 3 años de duración, la fábrica obtuvo exitosamente tres buenas cepas para producción. Dos de ellas fueron seleccionadas para recibir tratamiento con *qi* externo. Cuando se envió *qi* externo durante la producción de lincomicina, el nivel de fermentación de la cepa No. 304 se incrementó en un 5%. Este es un nuevo récord en la producción de fermentación y puede ser de utilidad para mejorar la economía. En forma similar, la Vinatería Shijiazhuan utilizó *qi* externo en la producción de bebidas alcohólicas chinas e incrementó la producción en un 3.2%. Además, en la evaluación de las muestras se encontró el sabor maduro característico de los vinos añejados, lo que indica una mejora en la calidad del vino también.

La Cervecería de la Ciudad de Laizhou en la provincia de Shandong utilizó la selección de *qi* externo por mutación de aspergillus oryzae 3042, lo que mejoró claramente el sabor y el perfil químico del grupo experimental en comparación con el grupo de control. El número de esporas fue de 23.1 mil millones/g, más que el del grupo de control, un incremento del 34.14%. El Laboratorio Farmacéutico Xinchang en la provincia de Zhejiang procesó una cepa que produce rifamicina utilizando *qi* externo. El grupo de control recibió tratamiento con luz ultravioleta y el grupo experimental con *qi* externo. El grupo de *qi* externo mostró diversas mejoras, incluida una mayor densidad de los ingredientes activos que el grupo de control. El Instituto Hunan de Microbiología procesó un micelio que produce giberelinas utilizando *qi* externo, lo que incrementó en buena medida su producción de giberelinas.

¿Se puede utilizar el *qi* externo en producción no orgánica? En una fábrica de toallas en la provincia de Jiangxi, se envió *qi* externo durante el proceso de lavado y esto resolvió el problema de elasticidad reducida en las fibras de algodón provocada por el proceso de limpieza. Además, las fibras estaban más limpias y uniformes que con el proceso normal (que es idéntico salvo por el *qi* externo que se envió a las fibras).

En el Instituto de Ferrocarriles de la ciudad de Shijiazhuang, los investigadores utilizaron con éxito *qi* externo para incrementar la fuerza de compresión de sus bloques de concreto y tablones premoldeados. La fuerza de compresión de sus bloques de concreto se incrementó en un 7.04% y la fuerza de compresión de los tablones premoldeados se incrementó en un 8.93%. En 1993, estudiantes del centro de entrenamiento del Centro Huaxia de Zhineng Qigong llevaron a cabo un experimento en bloques de concreto en la fábrica local de producción de cemento e incrementaron su fuerza de compresión en un 14.5%.

Cuatro institutos participaron en un experimento en el que se envió *qi* externo durante la producción de acero. Estos eran la Universidad Industrial de Haerbin, el Colegio Industrial del Noroeste, la Universidad Hebei Yanshan y el Instituto de Acero Chende. La rigidez del acero de bajo carbono se incrementó por más del 7% y la estructura cristalina de las moléculas también cambió.

El uso de *qi* externo en la producción industrial apenas comienza. Dado que la producción industrial por lo general involucra materiales inanimados, los practicantes necesitan estar más enfocados cuando envían *qi*.

El *qi* externo también ha mostrado buenos resultados cuando se usa en el campo de la síntesis química y de las reacciones físicas relacionadas. Los experimentos se llevaron a cabo por el maestro de *qigong* Yan Xin en colaboración con la Universidad de Tsinghua y la Academia de Ciencias de China. Yan Xin utilizó un campo de *qi* para enviar *qi* al agua, a una solución de glucosa y a una solución salina. Esto produjo cambios en el espectro Raman de las tres sustancias, y también produjo una reacción de sustitución de n-hexano-bromo, lo que indujo una reacción de desproporción al monóxido de carbono y al hidrógeno. [El espectro Raman es una medida de estructura y forma químicas que depende de las uniones químicas y la estructura química en general. Esta reacción ocurre mucho más lento a temperatura ambiente, pero se induce por calor, luz u otro tipo de energía. Una reacción de desproporción se da cuando una sustancia se oxida y reduce simultáneamente, dando como resultado dos productos distintos. Estas tres reacciones ya sea que generaron productos en estados de energía no favorables o fueron aceleradas significativamente, lo que sugiere una fuente de energía].

Lo anterior es prueba contundente de que el *qi* externo puede afectar la estructura y las propiedades de las moléculas. Yan Xin también cooperó con el Instituto de Física de Alta Energía, la Academia de Ciencias de China, para probar los efectos del *qi* externo en la tasa de conteo de decaimiento (y) de los rayos gamma del Americio-241. La tasa de decaimiento de los rayos gamma se alentó o aceleró en línea con las instrucciones de *yishi*.

Por lo tanto, creemos que el *qi* externo a través del *qigong* puede usarse en una gran variedad de campos (físico, químico, biológico) y a distintos niveles (macro a micro). Existe un potencial enorme para que el *qi* externo se utilice ampliamente en la producción.

Producción forestal, ganadera, pesquera, etc.
Se han obtenido efectos positivos en la producción al envir *qi* externo a los huertos de frutas. En el pueblo de Neiqiu de la provincia de Hebei, se envió *qi* externo a unos árboles de manzanas y el peso de las manzanas se incrementó en un 17.6% en promedio. La proporción de pigmentación roja se incrementó en un 30% en promedio y el porcentaje de azúcar en un 2% en promedio. En el pueblo de Xinglong de la provincia de Hebei, se envió *qi* externo a unos árboles de espino y la producción de frutos se incrementó en un 30.7%. El peso de un fruto individual y

la producción promedio de un árbol individual se incrementaron en comparación con el grupo de control.

En un experimento realizado en granjas de peces en el pueblo de Funing en la provincia de Hebei, el incremento en la producción de peces fue resultado del *qi* externo que se envió, en comparación con el grupo de control al que no se le envió *qi* externo. Cuando se transfirieron los peces a los estanques, el peso total de los peces en el grupo experimental fue de 362.5 kg y en el grupo de control de 365 kg. Al transcurso de 150 días, los peces del grupo experimental pesaban 2413.5 kg y los del grupo de control 2203 kg. La producción de peces en el grupo experimental fue de 210.5 kg más que en el grupo de control. Los peces del experimento fueron estudiados en la Universidad de Maestros de Pekín. Un examen en microscopio demostró que los peces que recibieron *qi* externo tenían una pared intestinal más gruesa, sus células estaban mejor alineadas y tenían más vellosidades intestinales (pliegues en la pared intestinal), una capa de mucosa más desarrollada y más glándulas intestinales. No se encontró acumulación de grasa en el hígado, en contraste con los peces del grupo de control. En 1993, estudiantes del Centro Huaxia del programa de entrenamiento de dos años enviaron *qi* externo a huevos de vieiras en el Instituto de Reproducción Marina de Qin Huang Dao; las vieiras recién salidas del huevo en el grupo experimental eran más robustas que las del grupo de control.

El enviar *qi* externo al ganado también ha dado resultados efectivos. El *qi* externo puede sanar animales enfermos. Por ejemplo, en la Granja Shuang Qiao cerca de Pekín, se curó un problema de esterilidad de vacas con *qi* externo. También se ha utilizado este tratamiento en enfermedades de pollos, gatos y cerdos en otros lugares. Además, el enviar *qi* externo puede promover el desarrollo y el crecimiento de animales. En el pueblo de Neiqui en la provincia de Hebei, maestros de Zhineng Qigong enviaron *qi* externo a cerdos. Los cerdos crecieron 750 gramos por día. Unos practicantes enviaron *qi* a vacas lecheras en tres lugares cerca de las ciudades de Shi Jia Zhuang, Bao Ding y Xi'an; la producción de leche se incrementó entre 3.3 y 15%.

En el Instituto de Ciencias Animales de la Academia China de Ciencias de la Agricultura, se envió *qi* a gallinas ponedoras. La producción de huevo incrementó. Se descubrió que la longitud de tiempo por la que se envía *qi* afecta el grado de mejora; cuando se enviaba *qi* por 30 segundos, la producción mejoraba 47.5%. En la provincia de Shandong, los practicantes enviaron *qi* a unas codornices. Su producción de huevo mejoró notablemente.

Apenas comienza a utilizarse el envío de *qi* externo en las áreas de pesca, agricultura y silvicultura, pero se necesitan estudiar más a fondo las habilidades que se requieren y los métodos de aplicación. En conclusión, la aplicación de *qi* externo a la producción en estos campos es una materia compleja y amplia, en la que se necesita una investigación profunda en muchos niveles. Sin embargo, es un aspecto muy importante de la ciencia aplicada del *qigong*. También es importante la investigación en estos campos para que las técnicas de aplicación del qigong sean más específicas y prácticas. Sin embargo, requiere de cooperación y trabajo arduo por parte de los practicantes y científicos del *qigong*.

Investigación científica básica

En la sección anterior, se habló del uso del *qi* externo en varios campos de producción. En esta sección, introduciremos el uso del *qi* externo en la investigación científica básica. En los últimos años, hemos llevado a cabo investigaciones científicas en los campos de la macrobiología y la microbiología (a nivel celular, molecular e, incluso, atómico).

Experimentación en células:

- Un experimento realizado por el maestro de *qigong* y vicepresidente del Hospital Naval Feng Li Da, Bao Gui Wen, demostró que el *qi* externo puede promover o inhibir la reproducción de bacterias y virus, e incluso matarlos.
- Se realizó otro experimento por Luo Ping y Su Dong Yue del Centro de Entrenamiento de Zhineng Qigong, junto con los profesores Li Mei, Qian Shu Sen, Yan Yi Zhao y Chen Xiang Yin del

Instituto de Ciencias Médicas Básicas (de la Academia China de Ciencias Médicas) y el profesor Duan Chong Gao del Instituto de Microcirculación. Este experimento demostró que el *qi* externo del Zhineng Qigong puede promover o inhibir la reproducción de células cancerígenas o incluso matarlas, y también puede promover la bioluminiscencia de los granulocitos neutrófilos.

- Wang Qin del Departamento de Biología de la Universidad de Lanzhou investigó si el *qi* externo era capaz de ayudar a revertir el daño causado al nervio ciático en ratones blancos. La regeneración del nervio dañado se logró dos días más rápido en el grupo experimental que en el grupo de control. El movimiento de las proteínas dentro del nervio fue mayor en el grupo experimental a 6.01 mm al día, casi el doble que en el grupo de control, donde fue de 3.27 mm al día.
- En un experimento llevado a cabo por Gao Jian Guo y Sun Li Zhi del Instituto de Enfermedades Endémicas en la provincia de Shanxi, se demostró que el *qi* externo fortalecía el vigor de las células sanguíneas. Las células sanguíneas se cultivaron por 24 horas en un medio de cultivo que contenía óxido. En comparación con el grupo de control, había claros efectos antioxidantes y antienvejecimiento en las células a las que se les había enviado *qi*.

Los experimentos en estructuras biomoleculares apenas comienzan. Los profesores Zuo Ping Ping, Sui Ya Ping y Yu Chang Dong de la Academia China de Medicina y Su Dong Yue del Centro Huaxia de Zhineng Qigong llevaron a cabo un experimento en el que se demostró que el *qi* externo claramente incrementó las conexiones entre los receptores de las membranas sinápticas de las células nerviosas del cerebro; en particular, entre el neuroreceptor 3H-QNB y la corteza cerebral. El grupo experimental mostró una mejora de hasta el 40% sobre el grupo de control; las conexiones al hipocampo mejoraron en un 38%. Enviar *qi* externo claramente mejoró las conexiones entre los receptores y los ligandos.

En un experimento llevado a cabo en la primera fábrica de películas de la China Lucky Film Corporation, practicantes de Zhineng Qigong enviaron *qi* externo a nivel molecular y observaron su influencia en el espectro infrarrojo del etanol. La aplicación mostró un incremento en la intensidad de la absorción de la luz infrarroja, y la intensidad continuó aumentando por 60 minutos más después de que se envió *qi* externo, para después empezar a disminuir.

Estudios recientes, todavía en progreso, también han demostrado que el *qi* externo tiene un efecto en la electricidad y en las ondas electromagnéticas.

Desarrollo de la inteligencia a través del *qi* externo

En los últimos años, los profesores de algunas escuelas han organizado un campo de *qi* para mejorar el proceso de enseñanza, con importantes mejoras en el desempeño de los alumnos. El maestro Zhu Jia Ling utilizó un campo de *qi* en su clase de física en la escuela secundaria de Jiu Zhou en la provincia de Hebei. Hubo una mejora importante en el nivel de física y el desempeño general de los estudiantes cambió de ser el de menor nivel de la escuela a ser el de más alto nivel.

La escuela primaria Yo She del pueblo de Yi Jin Zhen, en la ciudad de Han Dan, llegó a estar en el cuarto lugar de 10 escuelas del distrito. Los estudiantes aprendieron Zhineng Qigong y se les impartieron las clases en un campo de *qi*. En un examen aplicado un mes después, la escuela se colocó en el primer lugar del distrito, incluido primer lugar en matemáticas y en chino.

Los estudiantes de la escuela primaria Bajiao North Road en Pekín comenzaron a practicar Zhineng Qigong y sus maestros organizaron un campo de *qi* en el salón de clases. Analizaron los cambios en el desempeño en una de las clases que estaban en el nivel más bajo, antes y después de usar *qigong*. Antes de la práctica de *qigong*, las tasas eran de 28.2 % para excelentes y 84.6 % de aprobados, con una calificación promedio de 78 %. Después de practicar *qigong* por un tiempo, los resultados cambiaron a 78% para excelentes y 96% de aprobados, con una calificación promedio de 90.7%.

Se envió *qi* externo a niños con retraso mental (hipofrenia) en la escuela Pei Zhi y en la escuela primaria Yi He Yuan en Pekín. Después de cuatro meses de tratamiento, las pruebas demostraron varios grados de mejora en la inteligencia del 93 % de los estudiantes.

Otros
El *qi* externo también puede usarse en el deporte. Puede ayudar a los atletas a sobreponerse de la fatiga, calmar sus emociones e incrementar su fuerza. Puede ayudar a los artistas a mejorar sus destrezas y habilidades. También se puede usar combinar la consciencia con el *qi* externo para hipnosis, etc. Hay muchas áreas que no se incluyen en este trabajo.

Recibir información

Con las habilidades especiales de recepción se reconocen objetos al recibir información especial. Esto incluye el reconocimiento tanto de las cosas conocidas como de las no conocidas, la búsqueda activa de objetos, etc. En *qigong*, hablando en general, es más difícil recibir información especial que enviarla. En la actualidad, la recepción de información especial se usa para el diagnóstico de enfermedades. Se necesita contar con habilidades especiales de recepción de muy alto nivel y un alto nivel de *gongfu* para buscar objetos no conocidos, especialmente inanimados. Aunque el Zhineng Qigong actualmente no se centra en la recepción de información, esta habilidad debe fortalecerse en el largo plazo.

El usar habilidades especiales para diagnosticar enfermedades es una parte importante de la medicina del *qigong* y se hablará de ello en el Capítulo Tres. Sin embargo, debe hacerse notar que el diagnóstico con *qigong* es la etapa básica de las funciones de recepción de información especial que se obtienen a través de la práctica del *qigong*. Es la base para un desarrollo ulterior. Cuando las funciones de recepción alcancen un nivel superior, la gente será capaz de usar *yishi* para sentirse unos a otros y detectar información. La gente en este nivel podría llevar a cabo investigación arqueológica, detectar agua, minerales, cuerpos celestiales, seres humanos, e incluso objetos perdidos, resolver crímenes, hacer predicciones y conocer la actividad de la consciencia de otros, etc.

Uso de las habilidades especiales para la evolución de la ciencia del *qigong*

El establecimiento de la ciencia aplicada del Zhineng Qigong es un paso importante para su evolución. Los planos del Zhineng Qigong se han hecho públicos, pero recién hemos terminado de escribir la teoría fundacional y la teoría en la que se basan las técnicas. La teoría aplicada para el diagnóstico y el tratamiento de enfermedades de la ciencia del *qigong* está más desarrollada, pero otros aspectos de la teoría aplicada todavía están en etapa temprana. Tomará tiempo construir un sistema teórico aplicado completo y sistemático. Para hacer esto, necesitamos realizar investigación que se enfoque en todas las formas en que pueden usarse las habilidades especiales. Necesitamos resumir los resultados de este conjunto de investigaciones para poder describir las leyes que rigen el uso de las habilidades especiales y lograr un mayor efecto en todas las áreas, y al mismo tiempo, sustentarlo con una teoría sólida. Es la única manera de crear una ciencia aplicada del Zhineng Qigong.

Aunque todavía no se comprende a fondo la naturaleza del *qi*, podemos ya establecer una ciencia del *qigong*. Las distintas áreas de investigación y la ciencia misma ya establecida hoy en día se desarrollaron de esta manera. Por ejemplo, la física es una área de investigación importante para la ciencia moderna. La teoría de la gravedad es una teoría importante en la física y es ampliamente aceptada. Sin embargo, la ciencia moderna no ha descubierto la naturaleza fundamental de la gravedad. A pesar de esto, se han descrito las leyes que gobiernan la gravedad, y la física que se ha construido sobre esta base es una aplicación específica de esas leyes. Lo mismo es cierto con la mecánica cuántica. La física no ha dilucidado la naturaleza fundamental de la base científica de la que parte, y aun así ha sido capaz de avanzar como disciplina científica. En forma similar, aunque la ciencia del *qigong* no puede clarificar la naturaleza fundamental del *qi*, puede construir una ciencia del *qigong*. (De hecho, aunque la ciencia del *qigong* no ha descrito a profundidad la naturaleza del *qi*, se sabe mucho más del *qi* que lo que la ciencia moderna sabe sobre la naturaleza fundamental de la gravedad).

Es posible que los científicos modernos no compartan nuestra opinión. Muchos consideran que es necesario primero definir con claridad cómo funciona el *qi* externo sobre los objetos antes de crear una ciencia del *qigong*. Sin esto, argumentan, solo es posible crear una ciencia del *qigong* desde la fenomenología. Sin embargo, no estamos de acuerdo con esta postura, ya que la ciencia de la fenomenología de hecho no es muy diferente de la ciencia verdadera, rigurosa. Por ejemplo, ¿es posible afirmar con certeza si la mecánica cuántica es ciencia *fenomenológica* o ciencia *rigurosa*? Aunque no se ha respondido a muchas de las cuestiones planteadas en el campo cuántico, nadie asegura que la mecánica cuántica sea una ciencia fenomenológica. La realidad de la gravedad y de las partículas cuánticas puede demostrarse mediante pruebas experimentales que se obtienen con equipos especiales. En forma similar, la realidad del *qi* externo puede también probarse mediante el efecto que tiene sobre los objetos. Es un prejuicio científico el tratar las cuestiones que se plantea la ciencia moderna y el *qigong* utilizando estándares diferentes.

Cuando la ciencia moderna investiga el efecto del *qi* externo puede registrar solo parcialmente un fenómeno en particular, el proceso por el cual el *qi* externo actúa sobre los objetos. Las técnicas de registro científico de hoy en día no son capaces de revelar la naturaleza fundamental del *qi*. Esto es porque la ciencia moderna y la ciencia del *qigong* tienen grandes diferencias en cuanto a la metodología que utilizan y a la teoría en la que se sustentan. Por ejemplo, el *qi* externo del *qigong* puede sanar huesos rotos, remover tumores al instante (ateromas, lipomas, fibromas, etc.). Las técnicas científicas modernas pueden registrar los detalles finos de estos procesos (a nivel celular y molecular, e incluso, a nivel de átomo), pero los científicos todavía no son capaces de comprender la naturaleza fundamental del *qi* externo debido a que la ciencia moderna sostiene que las fuerzas o la energía no puede tener esos efectos. De esta forma, la ciencia moderna no tiene los conceptos ni las técnicas para investigar o demostrar la naturaleza esencial del *qi* externo.

¿De qué manera pueden las técnicas científicas modernas descubrir la naturaleza fundamental del *qi* externo? Incluso en el futuro, cuando la ciencia se desarrolle más y las máquinas sean capaces de mostrar las características del *qi* externo, probablemente seguirá siendo imposible demostrar la naturaleza del *qi* ya que la generación, el envío y el control del *qi* externo permanecerá un misterio para la ciencia moderna. Por otro lado, todas estas cosas son conocimiento básico en la ciencia del *qigong*. La teoría de las habilidades especiales y la Teoría de la Totalidad Hunyuan han explicado la naturaleza fundamental del *qi* externo, así como la generación, el envío y el control del mismo. Pero la ciencia moderna, con su paradigma enraizado en la "evidencia científica", no ha acabado de aceptar estas explicaciones basadas en conocimiento.

Ante esta situación, no debemos desanimarnos y seguir trabajando en la investigación, adhiriéndonos al principio fundamental de la epistemología: *la única vía hacia la verdad es el hacer*. La investigación nos permitirá descubrir mejor las leyes y los principios relacionados al uso del *qi* externo y a todos los tipos de habilidades especiales. Por supuesto, este proceso se basará en avanzadas técnicas científicas modernas, ya que los resultados de los experimentos no pueden analizarse sin el uso de dispositivos de detección modernos. Hasta que no hagamos uso de las técnicas científicas modernas en una serie de experimentos (prueba y error), no podremos descubrir dichas leyes. Podremos entonces utilizar esas leyes a profundidad para guiar la investigación misma, y luego refinar nuestra comprensión de las leyes que gobiernan el uso del *qi* externo. A través de la experimentación científica sistemática (investigación-cognición-más investigación-recognición), la gente podrá comprender a cabalidad y utilizar las leyes de las habilidades especiales. El conocimiento que se obtiene de esta forma es la ciencia aplicada del *qigong*.

SECCIÓN II
Desarrollar por completo las habilidades especiales

El desarrollo completo de las habilidades especiales tiene dos aspectos:

1. El desarrollo de las habilidades especiales de las personas en distintas etapas de la vida.
2. La popularización de las habilidades especiales. No es posible adquirir y desarrollar las habilidades especiales sin la información que nos proveen los demás. Es decir, la base para que una persona pueda desarrollar sus habilidades especiales es el desarrollo de las mismas en el público en general. Cada persona (particular) es la manifestación del desarrollo de las habilidades especiales en lo general.

Desarrollo completo de las habilidades especiales de las personas

La Teoría de la Totalidad Hunyuan establece que cada una de las habilidades especiales es una manifestación de la totalidad *hunyuan* de la persona que la manifiesta. Si somos capaces de fortalecer la totalidad *hunyuan* de los humanos, surgirá una serie de habilidades especiales y la vida humana se mejorará en gran medida. Esto requiere una acción adecuada en cada una de las etapas de la vida de una persona.

Etapa de la fecundación
Si los padres tienen relaciones sexuales en un estado de *qigong* y en un campo de *qi* fuerte, los elementos genéticos de las habilidades especiales se fortalecerán. La información de *qigong* beneficiará de forma especial a la totalidad *hunyuan* del recién nacido cuyos padres, antes del embarazo, practicaron "*lian ji zhu ji*" (炼己筑基 practicar para llegar al ser verdadero consciente, estable y transformar la esencia sexual en *qi*).

Etapa embrionaria (antes de que se cierre el tubo neural)

La madre debe aprender las características psicológicas y de transformación del *qi* de un embrión de manera que pueda guiar adecuadamente los cambios en el desarrollo. En la etapa de apertura del *qi* del embrión, la madre debe guiar el *qi* para intensificar el proceso de apertura y debe fusionarse con un buen campo de *qi* y con buena información. En la etapa en la que se cierra el tubo neural, la madre debe traer *qi* externo hacia su cuerpo y hacia el embrión. Si el *yishi* de la madre va hacia el embrión y lleva *qi* para hacer el movimiento de abrir y cerrar durante esta etapa, esto fortalecerá la habilidad del bebé de hacer *hunhua* (混化 fusionar y transformar) el *qi* externo y el *qi* interno después del nacimiento. (Véase el libro de *La Teoría de la Totalidad Hunyuan*, *hunyuan qi* en la etapa embrionaria).

Etapa fetal

Durante esta etapa, la madre debe reunir *qi* con frecuencia hacia el feto. Deberá estar consciente del *hunyuan qi* del feto como una totalidad (que la placenta, el cordón umbilical, la membrana fetal y el feto forman una unidad, una totalidad) y deberá tratar de hacer que el *qi* de esa totalidad sea abundante. A partir del séptimo mes, la madre puede empezar a tener comunicación consciente con el feto y enviarle constantemente buena información al feto. Si los padres o la madre poseen habilidades especiales claras, pueden usarlas con el feto para que la información se desarrolle como la base del marco de referencia del bebé.

Etapa de recién nacido y primeros años

Los padres deben verter *qi* (*guan qi* 贯气) al recién nacido y enviarle *qi* para mejorar su estado de vida. Si los padres pueden mantener un estado de *qigong* en la vida diaria, esto influenciará en buena medida el marco de referencia de su recién nacido.

En la etapa de los primeros años, conforme el bebé va desarrollando habilidades comunes, los padres deben guiarlo para que desarrolle habilidades especiales, tales como ver el *qi*, hacer *La Qi*, sentir el *qi*, etc. Y más adelante, los padres pueden guiarlo para que vea objetos sin usar los ojos, usando los oídos para leer, así como enseñarle los conocimientos y la información relativa a las habilidades especiales. Por ejemplo, enseñarle movimientos de *qigong* simples, guiarlo para que reúna *qi* en su cuerpo en lugar de ingerir alimentos, guiarlo para que use sus habilidades especiales para justar su salud física y mental, etc.

Etapa de la infancia

Los padres deben guiar a sus hijos para que usen las habilidades especiales en la niñez. Los niños pueden practicar el reconocimiento sin usar la vista; después de un entrenamiento y práctica constantes, muchos pueden desarrollar la habilidad de reconocer objetos sin la vista, tal como usar los oídos para leer palabras escritas. El principio del entrenamiento es el progreso de lo fácil a lo difícil, de lo simple a lo complejo, de lo cercano a lo lejano, de lo grande a lo micro, de lo expuesto a lo oculto, incluso objetos escondidos bajo tierra. Con base en este entrenamiento, pueden entonces practicar el sentir la actividad de la consciencia de otros (*yishi gan chuan* 意识感传).

Los padres deben poner atención a la nutrición que los proveen a sus hijos. Más importante, los padres deben enviar *qi* al cuerpo entero del niño, especialmente a la cabeza. Una vez que el niño desarrolle la habilidad especial de recibir información, el alcance de su práctica puede extenderse. Entrenarlo para que pueda mover objetos usando *yishi* (*ban yun*): esto se logra practicando con gente que tenga esa habilidad, usando el lenguaje para guiarlo o combinando ambos métodos, lo que dará mejores resultados. Si los padres mismos poseen habilidades especiales, pueden usarlas con frecuencia para crear un ambiente de habilidades especiales alrededor de sus hijos. Es más efectivo cuando se muestra con el ejemplo cómo hacer las cosas que con el lenguaje, ya que de esta forma se irá creando su marco de referencia. Esto evitará que solo desarrollen habilidades comunes y su marco de referencia esté distorsionado y fijo.

Los padres deben enseñarles a sus hijos sobre el *hunyuan ti* para guiarlos hacia experimentar la relación entre la materia física y el *qi* que la rodea. Esto promoverá fuertemente que se combinen las habilidades especiales innatas con el *qi* y se establezcan las bases para la práctica avanzada de *ban yun* y *you wu xiang sheng* (有无相生 cambio de aquello que tiene forma a aquello que no la tiene y viceversa).

En la mitad y finales de la infancia, los niños necesitan practicar más *qigong* para asegurar que tienen un *qi* interno abundante, pleno. Si las condiciones son las adecuadas, deben entrenarse para mejorar y extender sus habilidades especiales. Por ejemplo, pueden subir de nivel en la habilidad general de reconocer objetos sin la vista a un nivel en el que reconozcan a objetos micro. Se les podría entrenar pidiéndoles que observen objetos utilizando un microscopio y luego utilizando las habilidades especiales; la práctica constante traerá resultados exitosos. O a los niños que posean la habilidad de conocer directamente (*gan zhi*) se les puede pedir que reciban ciertas frecuencias y tipos de ondas electromagnéticas, para después pedirles que usen sus habilidades especiales para distinguir unas de otras; la práctica constante traerá resultados exitosos.

Etapa de la adolescencia y adultez

En esta etapa, las personas deben practicar constantemente *qigong* y las habilidades especiales, y hacer el esfuerzo de aprender las teorías del Zhineng Qigong y de las habilidades especiales. Una vez que desarrollen habilidades especiales, deben usarlas para mejorar su propia vida, así como en una gama de áreas, para poder mejorar sus habilidades a través de la práctica. Los practicantes necesitan mejorar su conexión de totalidad con la naturaleza y reunir *hunyuan qi* externo. Al mismo tiempo, necesitan experimentar y observar de manera profunda y precisa los distintos niveles de *hunyuan qi*. Si pueden experimentar el estado verdadero de *yiyuanti*, habrán alcanzado el nivel que los budistas zen denominan iluminación (*ming xin jian xing* 明心见性).

Los practicantes podrán entonces desarrollarse aún más para cultivar sus habilidades especiales al nivel de *wu zhong sheng you* (无中生有 reunir forma física a partir del *qi* invisible). Después del nivel de *wu zhong sheng you*, las personas pueden practicar todavía más *you hua gui wu* (有化归无 cambiar la forma física a *qi* invisible). Las personas que pueden hacer *you hua gui wu* pueden practicar transformarse a sí mismas de la forma visible a *qi* invisible; este nivel se denomina *chu shen ru hua* (出神入化).

En conclusión, el desarrollo de las habilidades especiales requiere de la guía de otros, excepto en la etapa de la adolescencia y la adultez. Después del nacimiento, cada una de las etapas de la vida de un individuo está determinada por el *hunhua* entre el individuo y el ambiente que lo rodea. Pero el periodo comprendido entre la fertilización del huevo y la etapa fetal la deciden los factores parentales. Esto significa que el desarrollo de las habilidades especiales de las personas está íntimamente relacionado con los niveles de las habilidades especiales de la gente que las rodea. Mientras más grande y fuerte sea la información de las habilidades especiales externa, más fácilmente esa información se internalizará en el marco de referencia del recién nacido, lo que llevará a que se desarrollen más habilidades especiales. Además, cada nueva generación provee las circunstancias externas de la siguiente. Esto significa que las habilidades especiales de los seres humanos pueden continuarse desarrollando en la población en general.

Si los adolescentes y los adultos no han desarrollado habilidades especiales innatas, pueden todavía obtenerlas a través de la práctica del *qigong*. Normalmente, necesitarán primero fortalecer y mejorar sus habilidades comunes a través de la práctica del *qigong*. El marco de referencia de las habilidades comunes de las personas no ha recibido influencia de las información de las habilidades especiales, por lo que el uso de las habilidades especiales les consume mucho *shen* y *qi*. Es por eso que el *qigong* tradicional no apoya el uso de las habilidades especiales. Si las habilidades comunes de un practicante no son adecuadas, las habilidades especiales que desarrolle estarán distorsionadas.

Reglas para el desarrollo de las habilidades especiales

Conocer los niveles de las habilidades especiales

En el Capítulo I se describieron los niveles de las habilidades especiales. En este capítulo, hemos descrito el contenido de las habilidades especiales que deben cultivarse en las distintas edades. Ahora hablaremos de los distintos niveles desde la perspectiva individual en el proceso de desarrollo de las habilidades especiales.

Desarrollo de las habilidades especiales con *qigong*

A través de la práctica del *qigong*, las personas pueden desarrollar de forma natural distintos niveles de habilidades especiales. Los practicantes por lo general comienzan enviando *qi* externo; también practican observar el *qi* y hacer *La Qi* durante este periodo. Una vez que obtienen la competencia de enviar *qi*, su habilidad de sentir el *qi* puede fortalecerse. Algunas personas comienzan a desarrollar habilidades de *tou shi* e incluso la habilidad de diagnosticar enfermedades a distancia.

Con esta base, los practicantes pueden practicar reunir *qi* para crear forma o luz. Subsecuentemente, pueden practicar sentir información a nivel micro o información residual, o percibir información del pasado o del futuro; luego, detectar información de la consciencia, mover objetos utilizando *yishi*, sentir *yiyuanti* y el *hunyuan qi* sutil, y, finalmente, practicar *you wu xiang sheng* y *chu shen ru hua* ("cambio de materia con forma a materia sin forma y viceversa" y "cambio del cuerpo humano entre el estado visible y el estado invisible").

Sin embargo, actualmente el Zhineng Qigong se enfoca sobre todo en el uso extendido del *qi* externo. Con base en esta habilidad de envío de *qi* externo, uno debe desarrollar con propiedad la habilidad de conocer directamente (*gan zhi* 感知) y de ver a través de los objetos (*tou shi* 透视).

Desarrollo de las habilidades especiales innatas

Es importante comprender el desarrollo de las habilidades especiales innatas por las siguientes razones:

- El desarrollo de las habilidades especiales innatas requiere de la asistencia de adultos que ayuden y guíen en forma adecuada en cada uno de los niveles.
- El desarrollo de las habilidades especiales innatas se realiza en una secuencia clara. El desarrollo de las habilidades de recibir

y enviar ocurre en secuencia y después cada una asiste a la otra para mejorar. Estas habilidades están ligadas a la formación y precisión del marco de referencia.

El nivel de enviar y recibir que se ha descrito en este libro comienza en la etapa de la infancia. Esto crea principalmente las bases para el desarrollo futuro de las habilidades especiales. Lo más importante en esta etapa es incorporar más información de las habilidades especiales en *yiyuanti* y hacerla parte de las bases del marco de referencia. Unas buenas bases en esta etapa ayudarán al desarrollo posterior de las habilidades especiales. Debido a que las habilidades especiales dominan la vida humana, también dominan en el marco de referencia de un bebé recién nacido.

Las habilidades comunes se desarrollan durante los primeros años de vida. La cognición de las habilidades especiales se debe desarrollar en esta etapa y debe comenzar con objetos cotidianos, familiares. Una vez que el niño tiene la habilidad de reconocer objetos sin uso de la vista, puede comenzar a practicar *ban yun* (mover objetos); es mejor comenzar con objetos pequeños. Los niños pueden también practicar la comunicación con *yishi* (*yishi chuan gan*) debido a que en los primeros años de la infancia la distorsión de su marco de referencia no está tan fija y no distorsiona mucho la información de la totalidad *hunyuan* recibida a través de las habilidades especiales. Los límites entre los distintos tipos de habilidades especiales no están claros, son tantas las habilidades que se pueden desarrollar rápidamente. Pero debido a que los niños carecen de una intención activa y una fuerza de voluntad fuerte, sus habilidades especiales tampoco son tan fuertes. Al mismo tiempo, no se ha acabado de desarrollar su marco de referencia, por lo que no son capaces de recibir información a nivel micro.

Las habilidades de cognición mejoran conforme el niño va madurando, y las habilidades especiales de recibir y enviar se pueden ir desarrollando cada vez más. Los niños pueden recibir entrenamiento para que desarrollen las habilidades de ver debajo de la tierra, a largas distancias y a nivel micro. La práctica de *ban yun* normalmente comienza moviendo un objeto con *yishi* para después ser capaz de mover objetos hacia dentro y hacia fuera de un contenedor sellado o hacer que las plantas florezcan rápidamente. Más adelante, se le guía al niño para que busque información residual, información sobre el pasado y haga predicciones sobre el futuro. Luego, la práctica de *ban yun* se puede llevar a un nivel más avanzado, de objetos pequeños a objetos más grandes y de ligeros a pesados. Se obtendrán mejores resultados si la persona que los guía puede demostrar la actividad.

Con las habilidades especiales, la habilidad de recibir información no variará dependiendo de si los objetos están cerca o lejos, son grandes o pequeños, están escondidos o a la vista. Lo mismo sucede con las habilidades de enviar información con *ban yun*: no se ven afectadas si los objetos son grandes o pequeños, ligeros o pesados, están escondidos o a la vista. Sin embargo, los hábitos del marco de referencia común tendrán un efecto sobre las habilidades especiales. Durante el proceso de desarrollo de las habilidades especiales, los practicantes deben ir progresando de lo fácil a lo difícil, de lo simple a lo complejo, de lo cercano a lo lejano, etc.

Uso de las habilidades especiales en la vida diaria

El objeto de desarrollar las habilidades especiales innatas de los niños es motivar el desarrollo de todas las capacidades del ser humano. Es importante para el desarrollo y la mejora en general de las capacidades humanas, y su objeto es mejorar la vida de las personas. Esto significa que la gente debe usar las habilidades especiales en la vida diaria. Sin embargo, si las habilidades especiales de los niños se usan para que hagan demostraciones, se volverá un trabajo para ellos y no solo frenará el desarrollo de dichas habilidades, sino que también afectará en forma negativa la salud física y mental de los menores. Cuando la gente intente desarrollar habilidades especiales innatas, no deberá verlas como algo inusual que no deben atreverse a usar, sino que deben saber que dichas habilidades son una función natural y son necesarias para que muchos seres humanos se desarrollen a un nivel más avanzado y mejor. Los padres deben guiar a sus hijos cuando usen sus habilidades en la vida diaria, lo que podrá ayudarlos a mejorar sus vidas y a asistir a otros.

Combinar *yiyuanti* con el *qi*

Las habilidades especiales innatas trabajan directamente con *yiyuanti*. Cuando la gente ayuda a los niños a desarrollar y usar estas habilidades, necesitan una guía para hacer lo posible por combinar *yishi* con el *qi*. Por ejemplo, observar el *qi*, observar la relación entre el *qi* y los objetos, observar cómo el *qi* se abre y se cierra hacia el cuerpo, practicar reunir el *qi* de la naturaleza dentro del cuerpo. También pueden practicar usar *hunyuan qi* para sanar a otros. Esto les ayudará a combinar mejor *yiyuanti* y el *qi* y mejorará el nivel de totalidad *hunyuan* de sus habilidades especiales, y también sentará las bases para el desarrollo de las habilidades más avanzadas de *you wu xiang sheng* (有无相生 cambio de un estado con forma a un estado sin forma) y *chu shen ru hua* (出神入化 cambio del cuerpo humano de un estado visible a uno invisible).

Comprensión racional de las habilidades especiales

La mayoría de la gente piensa que las habilidades especiales son un misterio. Ideas religiosas y supersticiones influenciaron el desarrollo del *qigong* a lo largo de sus miles de años de historia. En el pasado, los maestros solo transmitían sus conocimientos sobre las habilidades especiales directamente de una persona a otra y no registraban su sabiduría por escrito. La Teoría de la Totalidad Hunyuan del Zhineng Qigong explica en forma sistemática las habilidades especiales y describe desde un enfoque racional lo que antes se consideraba un misterio. Conforme las personas vayan desarrollando habilidades especiales, deben romper con la influencia de las ideas religiosas y las supersticiones antiguas. Es importante comprender la Teoría de la Totalidad Hunyuan para romper las distorsiones y fijaciones del marco de referencia común y ayudar a que las habilidades especiales alcancen un nivel alto. Sin esto, será difícil que las habilidades especiales alcancen el nivel de *you wu xiang sheng* y *chu shen ru hua*.

Puntos esenciales para el desarrollo de las habilidades especiales

- Fortalecer la educación de *daode* (道德) y ayudar a los niños a establecer el deseo de ayudar a otros; fortalecer e incentivar el *daode* natural-social de los bebés y los niños.
- Optimizar las cualidades generales del cuerpo y de la mente de la gente con habilidades especiales; motivarlos a que usen el *hunyuan qi* natural directamente, como por ejemplo, reunir *qi* hacia el cuerpo, comer *qi*, etc.
- Mejorar sus habilidades comunes y combinarlas con las habilidades especiales, ya que los dos tipos de inteligencia se complementan entre sí a través de la actividad de *yishi* y el uso del *qi*.
- Por el momento, es mejor no desarrollar las habilidades de *ban yun* (mover objetos) demasiado. Es necesario que estas habilidades las desarrollen pocas personas para poder llevar a cabo investigación científica. Es más importante promover el uso del *qi* externo entre el público en general, para beneficio de la humanidad. Por otra parte, la fuerza del campo de *qi* de la población en general no es adecuado, lo que hace muy difícil el desarrollo de ban yun. Además, si el nivel de moralidad (daode) de la gente no es lo suficientemente alto, y desarrollan habilidades de ban yun, podrían hacerle daño a otras personas. Por ejemplo, podrían usar sus habilidades de *ban yun* para robar cosas.

Por esta razón, el Zhineng Qigong apoya el desarrollo integral del uso del *qi* externo en varios campos (salud, agricultura, industria, etc.), para después, en un futuro, apoyar el desarrollo de la capacidad de recibir con las habilidades especiales. En el momento en que un buen número de personas tengan la habilidad de detectar una gama de información, tal como detectar que un ladrón está utilizando *ban yun* para robar, entonces las habilidades de *ban yun* de la gente podrán desarrollarse sin crear problemas sociales. Llegado ese punto, los niveles de daode también habrán mejorado y la gente que posea habilidades especiales no cometerá crímenes, incluso si no están bajo vigilancia.

El valor de desarrollar y de aplicar ampliamente las habilidades especiales

Los logros que pueden alcanzarse usando las habilidades especiales descritas en este libro son logros apenas de bajo nivel; sin embargo, ya han sorprendido al mundo. Prevemos que el desarrollo y la aplicación completos de las habilidades especiales llevará a grandes avances en la civilización humana.

Medicina del *qigong*

La medicina del *qigong* es un sistema médico nuevo y único que aplica los métodos del *qigong* y de la Teoría de la Totalidad Hunyuan al campo de la medicina. Incluye la fisiología, patología, diagnóstico y tratamiento con *qigong* (tratamiento a través de la práctica de *qigong* y tratamiento con el *qi* externo). Las técnicas especiales son su fundamento, ya que la medicina del *qigong* no podría existir sin el uso de las habilidades especiales.

La gente cada vez más acepta los tratamientos con el *qigong* y mucha gente cree que el *qigong* es capaz de tratar ciertas enfermedades. Algunas personas piensan que la medicina del *qigong* es una forma de medicina moderna y, otros, que es una rama de la medicina tradicional china, no un sistema médico independiente. De hecho, es un sistema diferente de cualquier otra forma de medicina. El renombrado científico Qian Xue Sen dice que la medicina del *qigong* es diferente de la medicina terapéutica, la medicina preventiva y la medicina de rehabilitación. Es un cuarto tipo de medicina que también mejora la inteligencia humana y desarrolla habilidades potenciales. Qian Xue Sen considera que el *qigong* es más que un método médico y promueve fuertemente el desarrollo positivo de la ciencia del *qigong*.

La ciencia del Zhineng Qigong ve a la medicina del *qigong* como un sistema diferente de la medicina occidental y de la medicina tradicional china. Aunque Qian Xue Sen la denomina la cuarta medicina, es fundamentalmente diferente de las tres medicinas anteriores. Las tres medicinas anteriores se basan en las habilidades comunes. Cada una representa solo un aspecto de los sistemas médicos humanos. La medicina del *qigong* se basa en las habilidades especiales para mejorar la vida de las personas en todos los niveles de la totalidad *hunyuan* humana. Por ejemplo, la medicina del *qigong* puede usarse como la primera opción de tratamiento médico para la curación de huesos rotos o para remover tumores al instante, dos aplicaciones que la medicina moderna no tiene. Puede usarse para la prevención de enfermedades, ya que mandar *qi* externo puede rápida y efectivamente prevenir infecciones y mejorar varios índices de inmunidad. También se puede usar para rehabilitación, para devolver un estado de salud al cuerpo, además de hacer que la salud humana alcance un nivel elevado en el que pueda desarrollar las habilidades especiales.

La medicina del *qigong* incluye terapia, prevención y rehabilitación y, por lo tanto, está a un mayor nivel que el resto. Aunque no se ha desarrollado por completo, la medicina del *qigong* cuenta ya con un marco de referencia preliminar y sus efectos han sido demostrados. El centro de curación del Zhineng Qigong ha recibido y tratado a alrededor de 100,000 pacientes que no podían ser curados a través de los tratamientos que ofrece la medicina occidental y que, no obstante, obtuvieron aquí buenos resultados. Ha reducido el sufrimiento de pacientes, les ha traído buena salud y ha evitado altos costos médicos. Decimos que la medicina del *qigong* se convertirá en el modelo médico más avanzado del mundo. La segunda parte de este libro aborda a mayor detalle algunas características de la medicina del *qigong*.

Proporcionar técnicas de alto nivel para mejorar la vida humana

Proporcionar técnicas para mejorar la economía nacional

Qian Xue Sen lleva mucho tiempo estudiando las habilidades especiales y la ciencia del *qigong*. Posee muchos conocimientos sobre el *qigong* y lo considera de alto valor. Ha mencionado que las técnicas de la ciencia del *qigong* son de alto nivel y que deberían ser estudiadas por la Asociación de Ciencias del Qigong de China. Qian lo expresó hace siete años, y desde entonces los practicantes de Zhineng Qigong han realizado múltiples experimentos utilizando las habilidades especiales en un buen número de áreas. Los resultados confirman el avanzado nivel de las técnicas. Si se aplican de manera integral en todas las áreas de nuestra economía, se verán avances rápidos e importantes. Por ejemplo, si se usa el *qi* externo en la agricultura, la producción se incrementará en al menos 5-10%. Este incremento sería asombroso.

Ayudar al público en general a mejorar

La gente puede mejorar su estado de salud y desarrollar su inteligencia a través de la práctica del *qigong* o a través de la organización del campo de *qi* utilizando las habilidades especiales. Se ha demostrado que el Zhineng Qigong puede mejorar la inteligencia y la salud de los niños, puede retrasar el envejecimiento, prolongar la vida, etc. La mejor forma de mejorar la inteligencia es promoviendo el *qigong*. Además, la práctica del *qigong* también puede mejorar el nivel de *Dao De* de los practicantes, lo que traerá un mayor beneficio a sus familias y a la sociedad. Las habilidades especiales de nivel bajo pueden lograr todas estas cosas; si desarrollamos todavía más las habilidades especiales, podremos construir un buen cimiento para la ciencia de la vida del *qigong*, lo que le permitirá a la cultura china beneficiar al mundo y cambiar el futuro de la humanidad.

Las habilidades especiales cambiarán el estilo de vida de la humanidad

La actividad de vida de los seres humanos se transforma con el desarrollo de las habilidades especiales. Cuando estas habilidades se usen ampliamente, la sociedad se elevará al nivel de las habilidades especiales. El estilo de vida de la gente, su manera de pensar y el modelo de producción cambiarán también. Durante este proceso, la gente no sólo cambiará al interior, cambiarán también las relaciones entre los seres humanos, así como el mundo natural.

Conforme progrese el desarrollo y el uso de las habilidades especiales de un nivel bajo a uno avanzado, el efecto sobre la actividad de la vida humana progresará de igual forma de lo simple a lo complejo, de lo incompleto a lo completo, de un nivel bajo a uno alto.

En este libro hacemos una breve introducción de los efectos que puede tener sobre la actividad de la vida humana el desarrollo de las habilidades especiales del nivel en el que se encuentran actualmente al siguiente.

Cambios en el modo de vida

Cuando las habilidades especiales del *qigong* alcancen el siguiente nivel, la gente estará llena de vigor, incluso, podrá prescindir del sueño. El metabolismo de la gente cambiará. Por ejemplo, algunos practicantes dejarán de ingerir alimentos (*bi gu* 辟谷) por varios años, incluso más de veinte. Algunas personas podrán conocer sus propias actividades internas de la vida a través de *nei shi* (*tou shi* al interior de uno mismo) y comprender las leyes de su propia actividad de vida. Algunas otras podrán mover objetos utilizando únicamente *yishi* (*ban yun*). Los practicantes que utilicen *ban yun* en su propio cuerpo podrán transportarse de un lugar a otro. La gente a este nivel requerirá mucho menos alimento, vestimenta y otras necesidades. Los humanos alcanzarán un estado de libertad.

Cambios en el modelo de producción

Por mucho tiempo, la producción humana se ha llevado a cabo a niveles materiales complicados. Como ejemplos, tenemos el procesamiento de productos materiales y la producción a través de la síntesis química. Estos procesos consumen mucha energía (energía térmica, electricidad y energía mecánica).

Los procesos metabólicos de los animales y las plantas en el mundo natural son también procesos de síntesis que se producen a nivel molecular. Las plantas no pueden usar el nitrógeno, el fósforo y el potasio directamente de la naturaleza, únicamente a través de una transformación (*hua*) química. Los animales absorben proteínas, grasas, glucosa y almidón a través de procesos de síntesis.

CAPÍTULO II. USO Y DESARROLLO DE LAS HABILIDADES ESPECIALES

Toda la producción que se realiza usando la inteligencia normal sigue las leyes del mundo natural. Esto significa que para incrementar la producción se requiere más energía, materia prima y avances tecnológicos. La producción se basa en una serie de cambios que modifican ciertas características para obtener un producto terminado. Un punto clave es que se necesita mejorar la materia prima en el proceso de producción. Por ejemplo, darles a las plantas proteínas sintetizadas a partir de materiales inorgánicos, darles a los animales plantas que contengan aminoácidos en su proteína, darles a los humanos proteínas producidas por los animales y las plantas.

La producción y los procesos metabólicos de las habilidades especiales trabajan con las características de totalidad de las cosas. Así, para mejorar la producción de materiales complejos, es clave utilizar materiales de bajo nivel en el proceso de producción, hasta el punto de usar directamente el *hunyuan qi* original. Por ejemplo, ya mencionamos el uso de las habilidades especiales en todo tipo de áreas para hacer mejoras, de manera que estos procesos se pueden llevar a cabo sin usar ningún tipo de material físico. El ayuno es otro ejemplo claro que demuestra el uso de materiales de bajo nivel (más bajo que el nivel de proteína, grasa y azúcar) para conservar la actividad de vida humana. Como ya mencionamos, cuando las habilidades especiales se usan para mejorar la producción en distintos campos, estas mejoras se hacen sin tener que incrementar la materia prima. La gente no necesita comer, puede usar el *qi* para conservar sus actividades de vida.

Podemos citar un experimento para que se comprenda mejor este fenómeno: por lo normal, la reacción química $2CO \leftrightarrow C+CO_2$ sólo tiene lugar a altas temperaturas, altos niveles de presión y un catalizador. Sin embargo, la reacción puede darse a temperaturas o presión normales sin necesidad de un catalizador si se envía *qi* externo con habilidades especiales. Esto demuestra que las habilidades especiales usan una energía más sutil que la temperatura, la presión y el catalizador.

El *qi* externo de las habilidades especiales puede tener también un efecto a nivel de las moléculas y los átomos. Por ejemplo, se pueden usar las habilidades especiales para cambiar la tasa de decaimiento de γ del americio. Esto se demostró en un experimento llevado a cabo por el Instituto de Física de la Academia de Ciencias de China. De acuerdo con la ciencia moderna, el ciclo de decaimiento nuclear de una sustancia radiactiva es constante y no puede cambiarse por medio de factores físicos o químicos. Sin embargo, sí puede cambiarse utilizando habilidades especiales. Esto demuestra que las habilidades especiales usan una sustancia especial diferente a la energía conocida por la ciencia moderna. Esta sustancia especial es el *hunyuan qi* que describe la ciencia del Zhineng Qigong. En la medida en que se incremente el nivel de las habilidades especiales, la habilidad de usar directamente el *hunyuan qi* se fortalecerá, lo cual podría ayudar a reemplazar varios patrones de producción actuales por el uso directo del *hunyuan qi*.

Cambios en los procesos de cognición y de nuestro modo de pensar
La gente normal conoce el mundo objetivo usando dos patrones de cognición. En el primer patrón, los órganos sensoriales reciben información parcial de los objetos, misma que *yiyuanti* integra en una imagen completa y, después de abstraerla, obtiene una cognición precisa final que produce un pensamiento. En el segundo proceso, la gente obtiene la cognición y el pensamiento correcto a través de cálculos matemáticos. En general, la filosofía, la literatura, la psicología y las ciencias sociales requieren del primer patrón, ya que la gente cree que corresponde al proceso de pensamiento humano. Las ciencias naturales requieren el segundo patrón, ya que la gente cree que es racional y confiable. De hecho, uno asiste al otro.

Con el pensamiento normal, los procesos de pensamiento humano siempre van de la cognición sensoro-emocional a la cognición racional. Los resultados de la cognición a través de cálculos matemáticos parecen no seguir este proceso de cognición, pero no es así. Aunque las matemáticas se basan en el uso de la lógica, sus símbolos se obtienen a partir de la abstracción de información sensorial. Después de esta abstracción, los cálculos matemáticos básicamente siguen el segundo patrón y se llevan a cabo en el segundo espacio de reflexión de *yiyuanti*. Se basan en el verdadero reflejo de las leyes del mundo objetivo. La ciencia del Zhineng Qigong establece que los dos patrones de cognición difieren significativamente, pero ambos trabajan con información parcial de los objetos. La cognición sensorial trabaja en información parcial específica de los objetos. La cognición racional trabaja con las características lógicas abstraídas de las partes de un objeto. Esa es la única diferencia entre ambas. Dado que las dos trabajan con información parcial, no pueden comprender a cabalidad las características fuertes de totalidad de los objetos.

Por ejemplo, al conocer a una persona sólo podemos comprender su estado interno de consciencia a través de la observación de su lenguaje y su comportamiento, no a través de cálculos lógicos. Sin embargo, la actividad de la consciencia humana se manifiesta en tres niveles. El primero es el lenguaje y el comportamiento (el nivel macroscópico); el segundo es el movimiento del *qi*: abrir y cerrar, reunir y dispersar, dirección del flujo (nivel más fino); y el tercero es el movimiento de la información (nivel de *yiyuanti*). Utilizando las habilidades normales no podemos comprender la consciencia humana a los niveles del *qi* y de la información, sólo al primer nivel de comportamiento y de lenguaje (donde uno puede fácilmente dejarse llevar por falsas apariencias).

Al usar las habilidades especiales, podemos directamente conocer las actividades del *qi* y la consciencia humana. Dado que el *qi* y la consciencia están tan estrechamente conectados, la gente puede conocer el estado de *qi* de una persona a partir de la actividad de su consciencia, y puede también conocer los cambios en la actividad de la consciencia a partir del estado de *qi* de la persona. Por ejemplo, los pensamientos inmorales harán que el *qi* descienda y se convierta en *jing* (精 hormonas sexuales) y los pensamientos éticos harán que el *qi* ascienda y nutra la consciencia, en tanto los pensamientos de avaricia harán que el *qi* se alente y se bloquee. Los pensamientos de enojo harán que el *qi* se dispare caóticamente. Los arrogantes harán que *shen* y *qi* se esparzan.

En conclusión, todo cambio en la consciencia provocará cambios en el *qi*. Aun cuando la actividad de la consciencia se modifique, el *qi* continuará afectado por un periodo de tiempo. La duración de ese periodo será proporcional al grado de la actividad de la consciencia. Cuando se desarrollen las habilidades especiales de recepción a un cierto nivel, la gente será capaz de conocer directamente la actividad de la consciencia de otros, incluida la actividad pasada, a través de la información contenida en su *qi*. En la medida en que las habilidades especiales de la gente alcancen este nivel, las personas naturalmente dejarán de hacer y de pensar en cosas que violen las reglas de la vida. La gente que posea habilidades especiales evitará un comportamiento de ese tipo ya que estarán conscientes de los efectos negativos que tienen sobre ellos mismos. También podrán controlar los malos pensamientos y comportamientos, porque otros podrán notarlos fácilmente. En esas condiciones, el nivel de *Dao De* de la gente mejorará mucho. Habrá por naturaleza buenas causas, confianza total y una gran compasión, y los seres humanos fundarán un nuevo mundo. Al final, se desarrollará y aplicará por completo el pensamiento especial: el pensamiento de totalidad. Así, el mundo natural y los seres humanos se volverán una totalidad armoniosa y la raza humana logrará ser libre de verdad.

Los efectos en la ciencia y la filosofía

La ciencia y la filosofía modernas no son capaces de explicar los efectos de las habilidades especiales. ¿Cómo es que pueden desaparecer al instante tumores? ¿Cómo es que pueden sanar de inmediato huesos rotos? ¿Qué tipo de energía es capaz de alterar la vida media de los elementos radiactivos? ¿Qué condiciones pueden cambiar la estructura del ácido nucléico en un periodo corto de tiempo, etc.? Estos resultados asombrosos tendrán un impacto profundo en la ciencia y la filosofía modernas, y creemos que pronto habrá una revolución a nivel cultural. Qian Xue Sen dijo: "Creo que una vez que el *qigong*, la medicina tradicional y las habilidades especiales humanas se combinen, y se combinen éstos a su vez con la tecnología científica moderna, estaremos frente a la verdadera gran ciencia. Esto conducirá a una revolución científica. Se puede decir que es una revolución científica proveniente del este de Asia".

Una revolución científica
El renombrado psicólogo Pavlov expresó:

> "La ciencia siempre se desarrolla junto con los logros metodológicos. Cada vez que mejora la metodología, avanzamos un paso, nuestros puntos de vista se amplían y comenzamos a ver las cosas que nunca antes habíamos visto".

La historia del desarrollo científico lo demuestra. Por ejemplo, la invención de los microscopios ópticos permitieron aumentar un objeto miles de veces y condujeron a los humanos al mundo microscópico. Sin embargo, la invención de los microscopios de electrones permite aumentar un objeto 800,000 veces, de manera que pueden observarse incluso objetos tan diminutos como de 0.2 nanómetros; incluso pueden observarse con claridad moléculas. Este microscopio ha expandido nuestra escala. Los objetos que antes podían conocerse a través de la deducción lógica o la inspiración, pueden observarse directamente.

En conclusión, todos los avances en los métodos científicos llevan a un mejor entendimiento del mundo natural. De la misma manera, el uso amplio de los métodos especiales traerá una revolución científica de grandes dimensiones. Nuestros investigadores científicos han llevado a cabo muchos experimentos exitosos en los campos de la física, la química y la biología, cuyos resultados no pueden explicarse usando la teoría científica actual. En otras palabras, los cambios provocados por las habilidades especiales pueden medirse por medio de la tecnología y los métodos científicos modernos, pero estos cambios entran en conflicto con el pensamiento teórico de la ciencia moderna. Esta tensión será cada vez más aparente conforme se apliquen a mayor escala las habilidades especiales y, al final, llevará a la ciencia moderna a una crisis. A largo plazo, las habilidades especiales acabarán aceptándose y crearán un nuevo mundo. Las teorías de la ciencia del Zhineng Qigong proveen una explicación preliminar de esta nueva era.

Filosofía ampliada del materialismo dialéctico

El objeto de la ciencia del Zhineng Qigong es el ser humano. Los humanos son creaturas tanto naturales como sociales. Los humanos, la sociedad y el mundo natural forman una totalidad estrechamente conectada. Por lo tanto, el Zhineng Qigong es una ciencia sobre los humanos y la esencia de las habilidades especiales del *qigong* es el uso de las habilidades conscienciales humanas. Los logros alcanzados con habilidades especiales en muchas áreas demuestran que la consciencia es una sustancia. Esto confirma por completo que el materialismo es correcto y niega el idealismo. El uso ampliado de las habilidades especiales y del conocimiento de la Teoría de la Totalidad Hunyuan ampliarán y mejorarán la compresión de varios temas filosóficos. Las visiones sobre el tiempo y el espacio, las relaciones entre las causas internas y las externas, las relaciones entre la forma y el contenido, la causalidad: mejorará la comprensión de todas estas preguntas.

Un nuevo mundo de libertad

En el proceso de evolución del espacio cósmico y de los seres humanos, el mundo natural y la humanidad cambian de forma natural. Pareciera que las sociedades siguen la voluntad de la gente, pero en realidad los humanos hacen uso de las leyes del mundo natural. El cambio ocurre de manera gradual. Y lo provocan las interacciones del *hunyuan qi* natural. Este cambio aleatorio natural es muy lento y limitado. De manera que pasaron miles de millones de años antes de que apareciera el ser humano en el universo, y millones de años para que construyeran la civilización moderna.

Aunque los seres humanos hoy en día pueden producir y vivir de acuerdo con sus propios deseos, todavía no pueden evitar las restricciones del mundo natural. Esto es porque los seres humanos sólo desarrollaron y usan habilidades normales. Al desarrollarse y ampliarse el uso de las habilidades especiales, la información completa y el carácter activo de *yiyuanti* se manifestará a su máxima expresión y será capaz de cambiar de forma rápida el mundo natural, como lo deseemos. Estos procesos de cambio sucederán de forma veloz. Es un proceso que usa la información de totalidad del tiempo y el espacio para reunir energía y luego crear materia física. (Sólo podemos describir esta información, energía y materia usando el lenguaje de las habilidades normales, pero a un nivel alto de habilidades especiales, estos tres elementos existen como un estado de totalidad *hunyuan* inseparable). Entonces, los humanos se liberarán de las restricciones societales y de sus dependencia de los límites físicos del mundo natural. Los seres humanos comenzarán a trabajar de forma consciente con el *hunyuan qi* invisible natural y alcanzarán un estado de libertad de alto nivel.

SEGUNDA PARTE

LA MEDICINA DEL ZHINENG QIGONG

La medicina del Zhineng Qigong es una rama de la ciencia aplicada del Zhineng Qigong. Es una medicina completamente nueva, independiente de la medicina occidental y de la medicina tradicional china. Su base es la Teoría de la Totalidad Hunyuan y ha desarrollado teorías correspondientes a la psicología, la patología y el tratamiento. (Para mayor información, remitirse al capítulo sobre el medicina *hunyuan* de la Teoría de la Totalidad Hunyuan). Las teorías de diagnóstico y tratamiento del Zhineng Qigong se basan en el uso de las habilidades especiales. A continuación, presentamos una introducción al diagnóstico y tratamiento con Zhineng Qigong, los elementos más importantes de la medicina del Zhineng Qigong. Para una mayor comprensión de las teorías de diagnóstico y tratamiento del Zhineng Qigong, comenzaremos con una introducción general sobre la medicina del Zhineng Qigong.

Aunque la medicina occidental, la medicina tradicional china y la medicina del Zhineng Qigong buscan todas mejorar la salud humana, los métodos y los principios sobre los cuales se basan son diferentes. Estas diferencias se explican a continuación.

La medicina occidental

La medicina occidental incluye la citología (el estudio de las células), el humoralismo (el estudio de los fluidos del cuerpo), la neurología (el estudio del sistema nervioso), etc. La medicina occidental se enfoca en los cambios físicos en el cuerpo humano y, por lo tanto, usa el conocimiento anatómico y la lógica empírica principalmente. Esto explica por qué la medicina occidental desarrolló el examen físico de los pacientes, las pruebas de laboratorio y el uso de equipo, y por qué el foco está puesto en entender las causas de las enfermedades, ya sean físicas, químicas o biológicas. Prescribe distintos tratamientos de acuerdo con las causas de las enfermedades o con el tipo de padecimiento, pero su principal objetivo es remover la enfermedad del cuerpo. Este enfoque hacia la salud se aplica tanto al tratamiento, como a la prevención y la rehabilitación. Las ventajas de la medicina occidental son:

- Se basa en la ciencia y en la tecnología modernas, por lo que tiene índices objetivos y precisos; los resultados pueden probarse y replicarse, por lo que se aceptan fácilmente.
- Investiga a fondo y profundamente las estructuras de los procesos de la actividad humana y de vida, y provee tratamientos de acuerdo con las enfermedades específicas. Sus tratamientos se pueden aplicar ampliamente.

Las debilidades de la medicina occidental son que no aborda todo el espectro de las funciones naturales del cuerpo humano y no ha comprendido la influencia de la voluntad sobre dichas funciones. Es, en consecuencia, un tanto inflexible y en la práctica presta demasiada atención a la enfermedad y muy poca atención a los pacientes mismos, lo que puede provocar una salud deteriorada, incluso después de haberse curado la enfermedad.

Medicina tradicional china

La medicina tradicional china se basa en las teorías de los canales (*jing luo* 经络) de la transformación del *qi* (*qi hua* 气化) y de la unidad de la vida humana con el mundo natural (*tian ren he yi* 天人合一). La medicina tradicional china hace énfasis en *zheng qi* (正气 la vitalidad que conserva la buena salud) y en la unidad de la vida. Se orienta hacia curar las enfermedades y en hacer que la gente alcance un estado de salud. En diagnóstico, aunque busca las causas y la ubicación de la enfermedad, pone más atención en dilucidar las características de la enfermedad con base en el estado del funcionamiento y la apariencia del cuerpo del paciente. Los doctores le preguntan al paciente cómo se siente, le toman el pulso y observan su complexión, lengua, expresión, comportamiento, etc. Este profundo entendimiento de la condición del paciente, junto con la teoría de la unidad de los seres vivos entre sí y a su interior, es una combinación única desarrollada exclusivamente por la cultura china. En esta teoría basada en la unidad de la materia, el cuerpo humano es visto como una totalidad. Los seres humanos y la sociedad son vistos como una totalidad, al igual que los seres humanos y el mundo natural.

El diagnóstico y el tratamiento basado en la medicina tradicional china se enfoca principalmente en el *qi*, y no en los cambios sufridos por el cuerpo humano. Esto tiene la ventaja de que la enfermedad no es vista en forma aislada, sino que se considera que el paciente y la enfermedad son una totalidad. En tanto la medicina occidental ofrece tratamientos enfocados en la enfermedad específica, la medicina tradicional china ofrece tratamientos basados en el estado completo del paciente. Por ejemplo, se considera que la gripe, la traqueitis, la gastroenteritis y la nefritis son enfermedades distintas con causas distintas, como virus, gérmenes, toxinas, etc. Pero si los pacientes que presentan esas enfermedades tienen los mismos síntomas, los doctores de la medicina china pueden prescribirles medicamentos idénticos, y por lo general, esos pacientes se curan. Hay cierta flexibilidad de elección de las recetas de los médicos. Sin embargo, los métodos de diagnóstico son menos objetivos y precisos, y el diagnóstico es más ambiguo y difícil de comprender a cabalidad.

La medicina del Zhineng Qigong

La medicina del Zhineng Qigong es una medicina especial basada en la ciencia del Zhineng Qigong. Se desarrolló a finales de la década de 1980. Antes de eso, el *qigong* se consideraba parte de la medicina tradicional china. De hecho, las teorías relacionadas con los canales y la transformación del *qi* (*qi hua* 气化) se basaban en las prácticas antiguas del *qigong*.

La Teoría de la Totalidad Hunyuan es el fundamento de la ciencia del Zhineng Qigong. Combina la teoría del *qigong* tradicional, la ciencia moderna, la filosofía y la medicina. Desarrolla la teoría de la totalidad de *jing* (精), *qi* (气) y *shen* (神) y la teoría de la totalidad de *tian ren he yi* (天人合一). Es el fundamento de la medicina del *qigong*. De acuerdo con la Teoría de la Totalidad Hunyuan, *jing*, *qi* y *shen* son todos formas del *hunyuan qi* humano (混元气). Toda la actividad de vida humana es un proceso *hun hua* (混化) del *hunyuan qi* humano y del *hunyuan qi* externo. La actividad de la consciencia humana puede controlar este proceso a cierto grado.

La enfermedad se presenta cuando algo sale mal en este proceso de *hun hua*. El tratamiento con *qigong* ajusta un proceso de *hun hua* anormal y lo regresa a la normalidad.

La medicina del Zhineng Qigong busca fortalecer las funciones humanas. Cuando las funciones de transformación del *qi* humano son lo suficientemente fuertes, todas las sustancias externas pueden transformarse para volverse *hunyuan qi* humano sano. Esta es la razón por la que la medicina del Zhineng Qigong no se enfoca en las características de la enfermedad, ni requiere un examen minucioso del paciente, sino que se enfoca en ajustar el *qi*.

Además, la Teoría de la Totalidad Hunyuan de la ciencia del Zhineng Qigong proporciona una explicación de alto nivel de las leyes que rigen las actividades de vida humanas y el ambiente natural. Esta teoría debe usarse para guiar el estudio de la medicina del *qigong* y usar las habilidades especiales con el mismo fin. Es muy distinta de la medicina tradicional china y de las teorías del *qigong* tradicional.

La medicina del Zhineng Qigong trabaja para equilibrar y fortalecer las funciones del paciente y así reducir las funciones excesivas y mejorar las débiles. El mismo método de tratamiento puede disminuir la presión arterial en algunas personas que sufran de hipertensión, e incrementarla en casos de hipotensión. Su ventaja es que beneficia a todo el cuerpo. Por ejemplo, un mismo régimen de tratamiento puede sanar varias enfermedades distintas en una misma persona. La práctica del *qigong* puede tratar las enfermedades, mejorar la salud e incluso desarrollar habilidades especiales potenciales. Por lo tanto, la medicina del Zhineng

Qigong no se enfoca tanto en el diagnóstico debido a que se usará el mismo tratamiento para una variedad de enfermedades.

El contenido de la medicina del Zhineng Qigong tiene dos aspectos. El primero, son las teorías básicas, tales como la fisiología del *qigong*, la psicología del *qigong*, la patología del *qigong*, etc. El segundo son las técnicas y aplicaciones, tales como el diagnóstico y el tratamiento con *qigong*. Aunque las teorías básicas se describen en la Teoría de la Totalidad Hunyuan, se necesita más investigación para crear contenidos específicos en distintas áreas, tales como el diagnóstico. Sin embargo, la medicina del Zhineng Qigong está guiada por la Teoría de la Totalidad Hunyuan y su enfoque es la totalidad; si una persona posee habilidades especiales no parece necesario comprender los detalles específicos de las enfermedades. Debido a que el diagnóstico con Zhineng Qigong puede directamente detectar el estado enfermo y usar las técnicas de sanación para cambiar ese estado y provocar la cura, la segunda parte de este libro sólo se enfoca en describir el diagnóstico y el tratamiento con Zhineng Qigong.

CAPÍTULO III
Diagnóstico con Zhineng Qigong

El diagnóstico con Zhineng Qigong describe los métodos, principios, técnicas y leyes del diagnóstico realizado utilizando habilidades especiales.

SECCIÓN I
Diagnóstico con Zhineng Qigong

Definición y particularidades del diagnóstico con Zhineng Qigong

El diagnóstico con Zhineng Qigong se basa en ser capaz de recibir información a través de las habilidades especiales para poder diagnosticar la enfermedad. (Estas habilidades pueden ser innatas u obtenerse a través de la práctica del *qigong*). El método de diagnóstico difiere del usado en la medicina tradicional china y en la medicina occidental. Este libro describe los métodos y mecanismos del diagnóstico con *qigong* con base en la Teoría de la Totalidad Hunyuan.

El uso de las habilidades especiales del Zhineng Qigong en distintos campos crea un sistema de conocimiento aplicado para la ciencia del Zhineng Qigong. Debe hacerse notar que el diagnóstico con *qigong* no se limita a los practicantes del Zhineng Qigong; cualquiera que reciba información a través de habilidades especiales puede realizar este tipo de diagnóstico. Los registros de diagnóstico realizado con *qigong* datan de hace 2,000 años. Aunque tiene una larga historia, no se había difundido.

En la medicina general, el diagnóstico forma la base sobre la cual se decide el tratamiento adecuado. En otras palabras, el diagnóstico determina el tratamiento. Debido a que el tratamiento con Zhineng Qigong no necesita conocer los detalles de la enfermedad, el diagnóstico es menos importante. En contraste, la medicina occidental se enfoca principalmente en la ubicación y clasificación de la enfermedad, y en sus posibles causas. En la medicina tradicional china, el foco son las características de la enfermedad, tales como el yin-yang, exterior-interior, frío-calor, deficiencia-exceso, etc.

Clasificación del diagnóstico con Zhineng Qigong

Diagnóstico con *tou shi*

El diagnóstico con *tou shi* (透视 ver a través de los objetos) es aquel en el que un maestro de *qigong* observa el cuerpo del paciente para buscar enfermedades en las diferentes capas. No es similar a los rayos X. Al usar las habilidades especiales, la información de la totalidad de la persona se recibe y luego se refleja en *yiyuanti*. Esta información de totalidad se combina con la imagen visual para surgir en *yiyuanti* y formar algo similar a una representación visual. No es una verdadera habilidad de ver a través de los objetos, pero conservamos ese término por su uso común. Se puede realizar *tou shi* con los ojos abiertos o cerrados.

Tou shi con los ojos abiertos

El practicante observa al paciente con los ojos para detectar enfermedades. Debido a que la visión humana sólo es sensible a las ondas de luz, ¿cómo es que el practicante es capaz de ver a través del cuerpo humano? De acuerdo con la Teoría de la Totalidad Hunyuan, cualquier parte de la totalidad de un objeto contiene las características generales de totalidad de dicho objeto. En otras palabras, cualquier parte contiene la totalidad de la información del objeto. Por lo tanto, las características ópticas de un objeto también deben contener las características de totalidad de su *hunyuan qi*.

El papel importante que juega la información óptica en el curso de la actividad de la vida humana ha llevado a su amplificación y dominancia en *yiyuanti* y en las células cerebrales. Esto da como resultado que se produzcan impresiones a partir de características parciales de los objetos. (Estas impresiones basadas en información parcial provocan distorsiones y fijaciones que se afianzan en *yiyuanti*). De hecho, cada órgano sensorial tiene la capacidad de recibir información completa, es decir, información especial (la percibida con habilidades especiales), pero la información que reciben los órganos sensoriales por lo general es limitada y se fortalece por la función usual del órgano. Esta reacción dominante puede controlarse a base de práctica. Una vez que se rompen las fijaciones de *yiyuanti*, la información de la totalidad *hunyuan* recibida a través de los ojos puede reflejarse por completo en *yiyuanti* y de esta manera el practicante puede sentir, percibir la enfermedad dentro del cuerpo.

De acuerdo con la Teoría de la Totalidad Hunyuan, todos los objetos son un *hunyuan ti* (混元体) compuesto de materia física y *hunyuan qi* invisible. Algunos diagnósticos con *tou shi* se llevan a cabo a nivel del *qi*, algunos a nivel de la forma física y algunos a ambos niveles. A la mayoría de los adultos se les facilita realizar *tou shi* a nivel del *qi* porque el nivel de la forma requiere combinar la información de totalidad *hunyuan* recibida con información visual parcial para formar una imagen específica del objeto.

Tou shi con los ojos cerrados

Para este tipo de diagnóstico, los ojos están cerrados y la información especial se recibe a través de *tianmu* (天目 el tercer ojo, ubicado en el entrecejo) para formar una imagen visual que muestre la enfermedad. ¿Cómo se forma esta imagen visual una vez que *tianmu* recibe la información especial? La información especial es la información de totalidad de un objeto, pero puede convertirse a una forma relacionada con un órgano sensorial en particular. En ese caso, la información recibida en *yiyuanti* se presentará en una forma relacionada con el órgano u órganos sensoriales que puedan estar involucrados. El método más básico y que se usa con mayor frecuencia es el reconocimiento de objetos a través de la visión. Así, cuando la información especial entra a *yiyuanti*, normalmente se recibe como imágenes especiales que muestran sus características de totalidad. Lo que es más importante, la información especial entra a *yiyuanti* a través del punto de energía *tianmu*. Este proceso produce una reacción visual y, como resultado, se forman imágenes. Esto puede evidenciarse mediante el hecho de que un maestro de *qigong* que reciba información especial a través de *tianmen* (天门 la Puerta Celestial) normalmente no experimenta una imagen visual.

Una ventaja de realizar *tou shi* es que el maestro de *qigong* puede ver una imagen específica de la enfermedad y puede más facilmente confiar en su diagnóstico. Las desvetajas de *tou shi* son que consume *shen* y *qi* y que, alguna veces, puede haber un mal diagnóstico debido a la influencia de la autosugestión.

Diagnóstico con *gan ying*

El diagnóstico con *gan ying* (感应 reacción sensorial) sucede cuando el practicante reconoce la enfermedad del paciente a través de sus propias reacciones en las partes del cuerpo correspondientes.

Diagnóstico con la reacción sensorial a través de las partes del cuerpo correspondientes

En este tipo de diagnóstico, el practicante reconoce la parte del cuerpo correspondiente a través de una reacción en la superficie de su propia parte del cuerpo correspondiente a la del paciente.

De acuerdo con la Teoría de la Totalidad Hunyuan, el campo de *hunyuan qi* que rodea cada objeto contiene las características de totalidad del objeto. Cuando una persona cae enferma, el área afectada también se rodea de su *hunyuan qi*, que contiene la información de la enfermedad. El practicante que trabaje con el paciente experimentará la información de la enfermedad en el lugar correspondiente a través del dolor, un cosquilleo, frío, calor, ardor, etc. (Algunos practicantes avanzados de *qigong* tienen estas reacciones sólo de acercarse al paciente). El *hunyuan qi* enfermo no ha penetrado al practicante, entonces, ¿qué provoca las sensaciones incómodas similares en su cuerpo? Se deben a que el campo de *qi* del practicante se fusiona con el campo de *qi* del paciente. Debido a que el *yiyuanti* del practicante está íntimamente fusionado con el *hunyuan qi* de su cuerpo, su *yiyuanti* experimenta la información de enfermedad contenida en el campo de *qi* del paciente.

El *hunyuan qi* contiene la información completa, tal como la ubicación, las características, etc. Cuando *yiyuanti* detecta la información del *hunyuan qi* enfermo, puede hacer un juicio preliminar basado en la ubicación y las características de la enfermedad. Por ejemplo, cuando un paciente tiene un problema en la rodilla izquierda, el practicante puede sentir dolor en la rodilla derecha. Este fenómeno ocurre porque en su experiencia con las habilidades comunes, la gente sólo siente las reacciones provenientes de sus propios nervios sensoriales y no puede sentir lo que otros sienten. Cuando se recibe información de una enfermedad a través de las habilidades especiales y se emite un juicio, el patrón cognitivo dominante se activa y la información se identifica erróneamente como proveniente de la enfermedad del propio cuerpo, de manera que el practicante siente dolor en su rodilla. Una razón por la que los practicantes sienten el problema en sus propias partes del cuerpo correspondientes a las partes del cuerpo del paciente y no en otros lugares es porque el *qi* de la parte correspondiente es similar. Otra razón es que el marco de referencia dominante modifica la información de totalidad recibida en *yiyuanti*.

Diagnóstico con la reacción sensorial a través de la observación interna correspondiente

Los practicantes que poseen habilidades especiales que ven al interior de su propio cuerpo pueden usar esta habilidad como un tipo de diagnóstico. El *yishi* del practicante recibe la información de totalidad *hunyuan* del paciente y la conecta con el estado interno de su propio cuerpo. De esta manera el practicante puede observar y escanear el interior de su cuerpo para detectar la enfermedad del paciente. Este método es en realidad una combinación de las habilidades de conocimiento directo (*gan zhi* 感知) y la visión a través de los objetos (*tou shi* 透视). La gente usa este método porque están acostumbrados a observar su propio estado interno y porque sus maestros les han enseñado a usarlo de esta forma para recibir información de la totalidad *hunyuan*. El método consume menos *qi* que *tou shi* y proporciona información más específica y clara sobre la enfermedad que sólo usando *gan zhi*.

Diagnóstico con *gan zhi*

En el diagnóstico con *gan zhi* (感知 conocimiento directo), el *yiyuanti* del practicante recibe la información de totalidad *hunyuan* de un paciente y refleja el resultado directamente en el "segundo espacio de reflexión" de *yiyuanti*. Por ejemplo, el paciente tiene una enfermedad hepática y el practicante recibe esta información directamente. En el diagnóstico con el conocimiento directo, la forma y ubicación de la enfermedad no aparecen como imágenes, sino que se puede obtener un diagnóstico detallado, como por ejemplo, qué tan grande es un tumor en el hígado. Los practicantes que apenas comienzan a utilizar *gan zhi* normalmente reciben información general, poco definida. Con el desarrollo de su nivel de *qigong*, su *gan zhi* será cada vez más detallado.

Cuando las habilidades especiales reciben la información de totalidad *hunyuan*, ¿por qué esto algunas veces se manifiesta como un concepto abstracto? Esta es una pregunta muy profunda. De acuerdo con la Teoría de la Totalidad Hunyuan, la información de totalidad *hunyuan* es un estado de *hunyuan qi* inseparable, completo, que no contiene imágenes, conceptos ni palabras. Esto sólo se experimenta cuando *yiyuanti* refleja la totalidad verdadera de las cosas, en lo que suele denominarse el "tercer espacio de reflexión" o espacio de pensamiento verdadero. Sin embargo, este espacio de pensamiento verdadero puede funcionar únicamente una vez que la persona transciende el marco de referencia distorsionado y fijo. Para la mayoría de las personas, aunque sus habilidades especiales pueden recibir información de totalidad *hunyuan*, esa información todavía tiene que emerger a través del marco de referencia distorsionado y fijo de *yiyuanti*. Puede emerger a través del "primer espacio de reflexión" para manifestarse en forma de una imagen o un sonido. O puede emerger a través del "segundo espacio de reflexión" para manifestarse en forma de un concepto. En otras palabras, la información de *hunyuan qi* independiente y completa se procesa a través del marco de referencia fijo de una persona.

El conocimiento directo es el diagnóstico más importante de los distintos tipos de diagnóstico posibles con habilidades especiales. Los demás diagnósticos que utilizan habilidades especiales son sólo la aplicación del conocimiento directo en formas distorsionadas. El diagnóstico con conocimiento directo puede realizarse sólo a través de la consciencia. También puede hacerse usando alguna parte del cuerpo para sentir el *qi*, como por ejemplo, usando las manos para escanear el cuerpo de una persona y sentir las diferencias de *qi* en él.

¿Cómo es que la información de totalidad *hunyuan* rompe la barrera del *hunyuan qi* humano y entra a *yiyuanti*?

- Abriendo *tianmen* (天门 la Puerta Celestial) para trazar un camino por el que transite la información de totalidad.
- *Yiyuanti* se combina de cerca con el *hunyuan qi* del cuerpo, por lo que *yiyuanti* permea más allá del *hunyuan qi* corporal y se combina con la información de totalidad *hunyuan* de los objetos externos.

La ventaja del diagnóstico con conocimiento directo es que *yiyuanti* no presenta una imagen, sino que presenta el conocimiento directamente; por lo tanto, es más fácil practicar y no consume mucho *shen* y *qi*. Sus desventajas son que el practicante confía menos en sus conclusiones y juicios, ya que la conclusión aparece en *yiyuanti* directamente y el practicante puede no estar seguro de si es una conclusión subjetiva o una conclusión que proviene de la habilidad del conocimiento directo. Un practicante puede acabar de comprender las reglas de esta técnica sólo a través del uso constante.

Diagnóstico a distancia

El diagnóstico a distancia es una variante de los tres tipos de diagnóstico anteriores. En otras palabras, los tres métodos pueden aplicarse para hacer diagnóstico a distancia. Una vez que el maestro de *qigong* tiene la habilidad suficiente para realizar las técnicas de diagnóstico descritas, la distancia entre el practicante y el paciente puede incrementarse en forma gradual de diez en diez metros hasta llegar a cien, luego kilómetros, miles de kilómetros, etc. Y seguir recibiendo la información. En términos generales, si un practicante puede detectar enfermedades sin estar frente al paciente, la distancia entre el practicante y el paciente no hace diferencia para el diagnóstico de las enfermedades.

Condiciones para el diagnóstico con *qigong*

En el diagnóstico con *qigong*, el practicante realiza el diagnóstico de la enfermedad del paciente a través de la recepción de la información de totalidad *hunyuan*. Pero si analizamos todo el proceso, no es simplemente recibir: el proceso requiere que *yiyuanti* escanée el cuerpo del paciente y luego traiga la información de regreso y use su marco de referencia para descifrarla. La información de totalidad *hunyuan* tiene un impacto sobre *yiyuanti* menor que la información común, lo que significa que se requieren ciertas condiciones para capturar de forma efectiva la información de totalidad *hunyuan*.

Tener suficiente *qi*

Si el *qi* interno es abundante (especialmente el *qi* que nutre *yiyuanti*), *yiyuanti* enviará *qi* de forma natural al paciente al momento de escanearlo. (Esta es la razón por la que la gente puede sanar al mismo tiempo que se le diagnostica la enfermedad). El *qi* fortalecido del paciente se refleja con mayor facilidad en *yiyuanti*. Además, cuando el *qi* de *yiyuanti* es abundante, puede añadir *qi* a la información que capta y fortalecer esa información para que puede detectarse con mayor facilidad.

Si el *qi* interno de la persona es lo suficientemente abundante como para nutrir todas las capas del cuerpo, será fácil y natural utilizar las habilidades especiales. Sin embargo, los practicantes actuales todavía no han alcanzado este estado de *gongfu* de alto nivel, por lo que para poder diagnosticar con *qigong* necesitan movilizar *qi* hacia *yiyuanti* para permitir el uso de las habilidades especiales. Un elemento de hacer esto es que los practicantes consuman menos *qi*; otro es que reúnan *qi* al interior para nutrir *yishi*. En el Zhineng Qigong, los practicantes combinan el *qi* interno con el externo para reunir suficiente *qi*, especialmente para hacer que el *qi* de *yiyuanti* sea abundante y no sea necesario movilizar el *qi* del propio cuerpo. El reunir directamente *hunyuan qi* original (混元气) para nutrir *yiyuanti* es un método simple, directo y de alto nivel.

Método para hacer que el *qi* de *yiyuanti* sea abundante
Adopte una posición ya sea sentado, acostado o de pie. Piense en el centro de la galaxia, lejos, muy lejos, y sienta el estado *xu wu* (虚无 vacío pero no vacío), que es difícil de describir. Cuando sienta este estado, diga en silencio "*yin tian he jing qi ju wo kun lun*", que significa guiar el *qi* de *jing* (精气 *qi* muy puro y fino) de la galaxia hacia mi cuerpo. Diga "*yin*" cambiando del primer tono [alto —] al tercero [que baja y luego sube ✓]. *Kunlun* (昆仑) es un punto de energía que se encuentra a 1½ cun debajo de *baihui*; cuando diga estas nueve palabras, podrá sentir una ligera vibración en *kunlun*. Combine esta sensación con el estado de *xu wu* y reúna *qi* en *kunlun*. Esta es una forma muy efectiva de reunir *qi*. Los practicantes también pueden hacerla acostados en la cama antes de dormir.

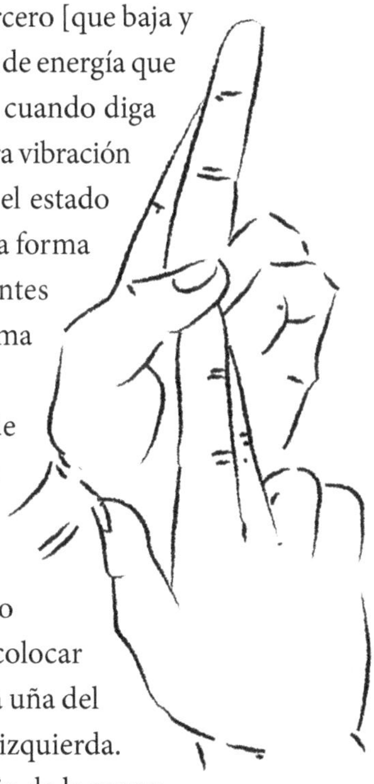

Si el practicante usa este método de reunir *qi* de pie o sentado, puede hacer el mudra *Tian Jian*: flexionar los dedos anular y meñique de la mano derecha en el centro de la palma, la punta del dedo anular toca el punto de energía laogong; colocar la punta del índice en la parte media de la uña del dedo medio. Hacer lo mismo en la mano izquierda. Luego, presionar los dedos índice y medio de la mano derecha sobre las uñas de los dedos anular y meñique de la mano izquierda, y presionar el pulgar de la mano derecha sobre el punto de energía daling (大陵穴 el punto medio del pliegue de la cara interna de la muñeca) de la mano izquierda. (Fig. 3-1) Presione el pulgar izquierdo sobre las uñas de los dedos índices y medio de la mano derecha.

Fig. 3-1

En los tiempos antiguos, la gente creía que la galaxia está compuesta de *qi* puro innato que genera agua y, en consecuencia, genera todo.

Enfocar *yishi*

Un requisito indispensable para llevar a cabo el diagnóstico con *qigong* es contar con suficiente *qi*. Los practicantes también necesitan enfocar *yishi* durante el proceso de diagnóstico. *Yishi* debe estar más enfocado de lo que está en la práctica general de *qigong*. Es indispensable que *yishi* esté muy concentrado para que pueda reunirse *qi* adecuadamente en *yiyuanti* y pueda entonces escanear objetos de forma efectiva y obtener información precisa rápidamente.

Método para enfocar *yishi*

En posición de pie o sentado, forme los mudras de agua de los riñones: cubra las uñas de los dedos índice, medio y anular con los pulgares y estire los meñiques (Fig. 3-2). Las puntas de los dos meñiques se tocan, los centros de las palmas se dirigen hacia arriba. Levante a lo largo de la línea media delante del cuerpo hasta el punto de energía *huagai*, luego gire las palmas hacia adentro y continúe levantando las manos hacia el punto de energía *shangen*, a la mitad entre el punto al centro de los lagrimales y el punto de energía yintang (Fig. 3-3). Presione ligeramente shangen tres veces con la punta de los dedos meñiques, luego déjelos presionando shangen; baje los brazos para juntar la parte externa de los dedos meñiques (Fig. 3-4). Luego, separe los dedos meñiques y muévalos a lo largo de los párpados hasta el punto de energía

Fig. 3-2

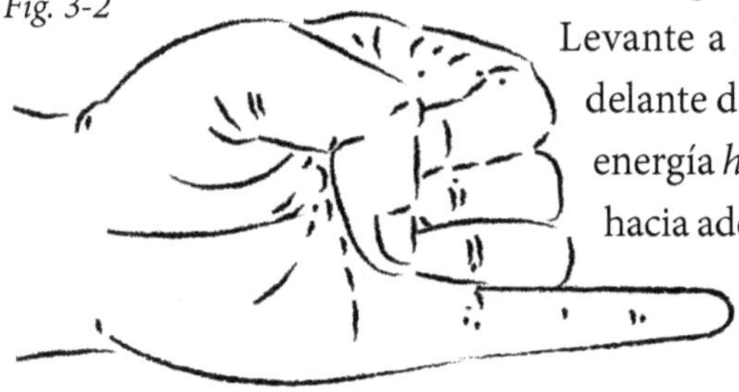

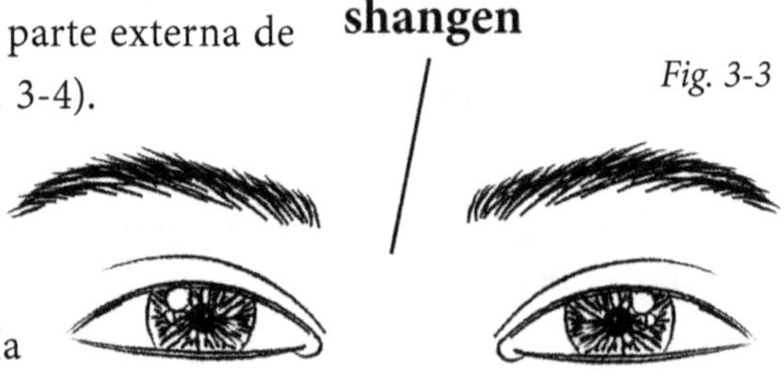

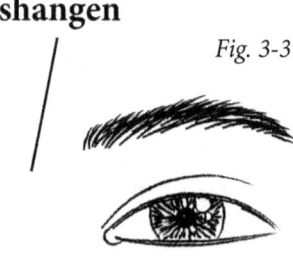

Fig. 3-3

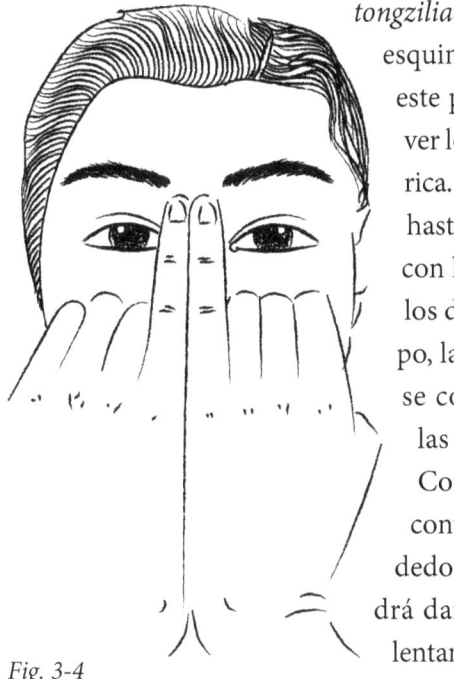

Fig. 3-4

tongziliao en la parte hueca, suave, de la esquina externa del ojo (Fig. 3-5). En este punto, los ojos ya no alcanzan a ver los meñiques con la visión periférica. Lleve los meñiques hacia el frente hasta que pueda verlos por completo con la visión periférica. Luego, junte los dedos en la línea media del cuerpo, las puntas de los dedos meñiques se conectan en shangen, y coloque las manos ligeramente sobre la cara. Conforme cierra los dedos para encontrarse en la línea media, vea sus dedos meñiques con atención. Se podrá dar cuenta de que se superponen lentamente uno sobre el otro conforme los va cerrando, hasta que al final los ve como una sola línea en la parte superior y un cono en la parte inferior (Fig. 3-6). Combine la consciencia y la visión para mirar con atención la línea y la punta del cono por alrededor de cinco minutos. Luego, separe los dedos meñiques a lo largo de los párpados, presione ligeramente los puntos de energía *tongziliao*, estire los dedos meñiques y coloque las manos sobre la cara. Siga el movimiento de los meñiques con la visión periférica, luego obsérvelos con atención mientras presionan ligeramente *tongziliao* por 1-3 minutos. Mueva los meñiques hacia la línea media del cuerpo de nuevo. Repita la secuencia de tres a cinco veces.

tongziliao

Fig. 3-5

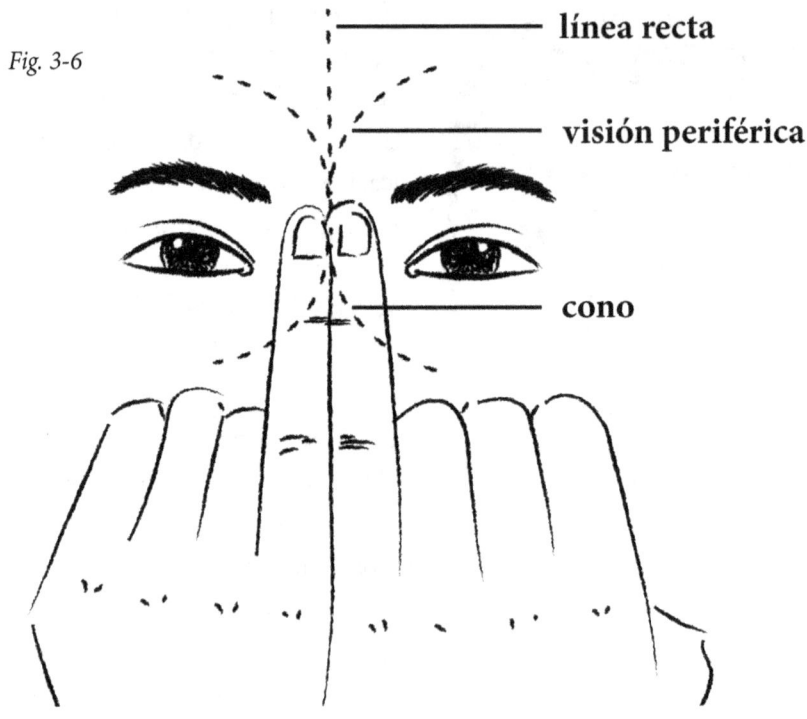

Fig. 3-6

Corazón puro y tranquilo

Otro requisito para el desarrollo y uso de las habilidades especiales y el diagnóstico con *qigong* es contar con un corazón puro y tranquilo. Cuando el practicante piensa en la nada y tiene la mente libre de pensamientos, este estado es muy parecido al estado natural y calmo de *yiyuanti*, lo que significa que se puede reflejar y conocer fácilmente la información externa.

Método de práctica para un corazón puro y tranquilo

Póngase en posición cómoda, ya sea de pie, sentado o acostado. Repita en silencio "*xu yin*" (虚音). Al principio, sólo usted podrá escuchar los sonidos que emite al hacer los movimientos correctos de la boca, la lengua, etc. Después de un tiempo, repita únicamente "*xu yin*" en silencio mientras piensa los sonidos *xu yin* en la mente, sin mover la boca. Luego, sienta el estado especial de consciencia *xu wu* (虚无 vacío pero no vacío) que se produce al recordar los sonidos "*xu yin*".

Fusione el *qi* interno con el *qi* externo

Los tres métodos anteriores forman una base interna para realizar el diagnóstico con *qigong*. Pueden hacer que el *qi* interno sea abundante, calmar *shen* y enfocar *yishi*, pero esas condiciones por sí solas no son suficientes para desarrollar bien las habilidades especiales. El desarrollo de las habilidades especiales también requiere que el practicante rompa los bloqueos del *hunyuan qi* del cuerpo para que la información de totalidad de los objetos pueda entrar a *yiyuanti* sin obstáculos. Si no se hace esto, el enfocarse en la calma de la consciencia puede provocar un estado de *wan kong* (顽空 vacío, pero sin consciencia, como un bloque de madera) y si *yishi* se mantiene fijo al interior, también puede hacer que el *qi* no fluya bien.

Una vez que se logra tener *qi* abundante, *yishi* enfocado y *shen* en calma, necesita romper los bloqueos del *hunyuan qi* de su cuerpo y fusionar su *shen*, *yishi* y *qi* con el mundo natural para crear las condiciones propicias para una mejor recepción del *hunyuan qi* original y de la información de los objetos.

¿Cómo se logra fusionar el *qi* interno con el *qi* externo? El punto clave es relajar *shen* y *xing* (形 cuerpo). Para relajar *shen*, practique siguiendo el principio de "*wu wang wu zhu*" (勿忘勿助 no olvidar, pero sin presionar; es decir, mantenga una ligera atención), "*si shou fei shou*" (似守非守 observe, pero no observe, que significa estar en un estado atento constante sin la intención fuerte de observar). Para relajar *xing*, relaje la piel, los músculos y los huesos paso por paso, y relaje los órganos, los canales y los puntos de energía. La relajación de las estructuras del cuerpo puede hacer que el *qi* y la sangre fluyan bien; la relajación de los canales y los puntos de energía es buena para el flujo en dos vías del *qi* interno y el *qi* externo.

Algunos métodos para fusionar el *qi* interno y el *qi* externo son:

Método de relajación *hunyuan*

En este método, el practicante usa *yishi* para relajar los órganos y las partes del cuerpo para hacer que *yishi* se fusione con el *hunyuan* del cuerpo.

Póngase en posición cómoda, ya sea de pie, sentado o acostado. Una vez que la mente es pura y está en calma, recite en silencio "*xu yin*", piense en "relajar *tianmen*", relaje la piel de la cabeza, relaje *yintang*, relaje los ojos, relaje la cara, relaje los oídos, relaje la nariz, relaje la boca y la lengua, relaje el cuello, relaje los hombros, relaje el pecho y la espalda, relaje los pulmones, relaje el corazón y sus vasos sanguíneos, relaje el diafragma, relaje el estómago y el páncreas, relaje el hígado y el bazo, relaje los riñones, relaje los intestinos, relaje la vejiga, relaje los órganos reproductores, levante *huiyin* ligeramente, cierre la uretra y el ano, relaje las extremidades superiores, relaje los centros de las palmas, relaje las extremidades inferiores, relaje los centros de las plantas, relaje todas las articulaciones del cuerpo, abra los poros del cuerpo entero. Siga el proceso arriba descrito en secuencia, *yishi* provee las instrucciones de relajación y va cuidadosamente sintiendo la parte relajada.

Relajar y abrir los puntos de energía

La relajación de los puntos de energía se realiza para abrirlos y mejorar el flujo en dos vías del *qi* interno y el *qi* externo. Esto ayuda a mejorar la habilidad de *yishi* de guiar el *qi* y ayuda a *yiyuanti* a fusionarse mejor con el *hunyuan qi* del cuerpo. Algunos grupos de puntos de energía y su práctica son:

1. Puerta Celestial, de la Tierra y Humana (Figs. 3-7, 3-8, 3-9)

La Puerta Celestial es *tianmen*. La Puerta de la Tierra es *yongquan*, en los centros de las plantas con un diámetro de alrededor de 3 cm. La Puerta Humana es *laogong*, en el centro de las palmas con un diámetro de alrededor de 2 cm.

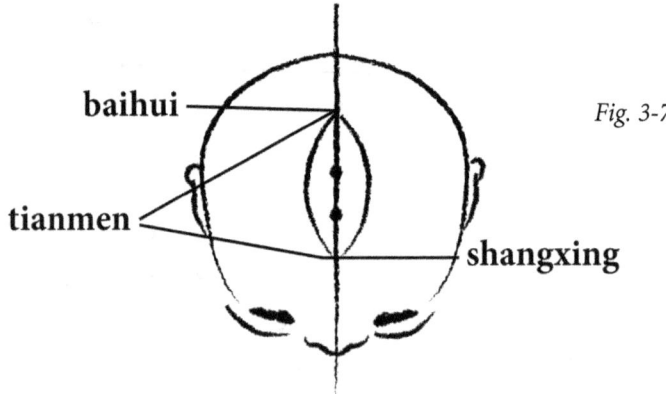

Fig. 3-7

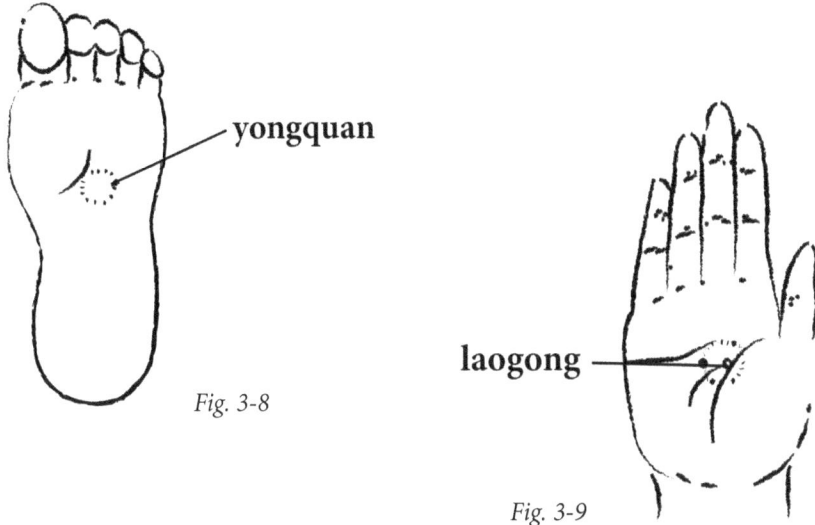

Fig. 3-8

Fig. 3-9

2. Las trece puertas

Las trece puertas son *tianmen, huiyin, yuzhen, shenzhu, mingmen, yintang*, un punto entre *tanzhong* y *yutang, duqi, dabao* (2), *jingmen* (2), *hunyuanqiao* (véase el texto *Los Métodos de la Ciencia del Zhineng Qigong*).

Cierre, contraiga y levante *huiyin* hacia arriba.

Abra *tianmen*: use las puntas de los dedos medios para presionar la línea media donde el hueco de *tianmen* es más ancho, haga una vibración mientras presiona; al mismo tiempo, diga "e-er" con la lengua tocando ligeramente el paladar superior, luego deje que las puntas de los dedos medios toquen suavemente ese punto. Algunas personas pueden sentir una palpitación ahí, algunas sienten que se abre un espacio o que el espacio hueco se hace más ancho o más profundo; estos son síntomas de que *tianmen* se está abriendo.

Practique con los siguientes puntos de energía de la misma forma, uno por uno, comenzando con *yintang*:

Relajar *yintang*. Visualice una bola de *qi* de 1 cm de diámetro cuyo centro se encuentra en la superficie de la piel de *yintang*, la mitad de la bola se encuentra al interior y la mitad al exterior del cuerpo. Sienta cómo la bola de *qi* sigue el ritmo de su respiración, se abre y se cierra.

Al exhalar, desde el centro de la bola expanda en todas direcciones; al inhalar, reúna *qi* al centro de la bola; haga esto tres veces en total.

Repita con cada uno de los siguientes puntos de energía: *yuzhen, tanzhong, shenzhu, duqi* y *mingmen*.

Relaje y abra *hunyuanqiao*. Al exhalar, expanda *hunyuanqiao* para conectar con *baihui, laogong* y *yongquan*. Al inhalar, lleve *qi* de *baihui, laogong* y *yongquan* a *hunyuanqiao*.

Uno por uno, abra *jingmen* izquierdo, *jingmen* derecho, *dabao* izquierdo, *dabao* derecho, lo mismo que con *yintang*. Luego, presione *dabao* con los dedos medios y piense en una capa de *qi* debajo de la piel de todo el cuerpo. Al exhalar, este *qi* se expande hacia afuera; al inhalar, este *qi* se reúne hacia adentro.

3. Nueve orificios y trece puertas

Los nueve orificios y las trece puertas son: *tianmen, tianmu*, los ojos, los oídos, la punta de la nariz, la base de la nariz, la boca, *duqi*, el ano, el orificio de la uretra y *huiyin*.

Contraiga y cierre el ano, el orificio de la uretra y *huiyin*. Abra los otros puntos y orificios. Al exhalar, imagine el *qi* interno dispersándose hacia afuera, a unos 50-200 cm del cuerpo. Al inhalar, imagine el *qi* regresando al interior desde la distancia a la que se dispersó durante la exhalación. Durante este proceso, sólo el *qi* de *tianmen* se mueve verticalmente, en tanto el *qi* de los otros puntos se mueve en forma horizontal.

Ventajas y desventajas del diagnóstico con *qigong*

Las ventajas del diagnóstico con *qigong* es que es conveniente, fácil, económico y no requiere de equipo alguno. Además, la examinación es rápida y no daña al paciente de ninguna forma; sin duda, la examinación les traerá también algunos beneficios de sanación. El diagnóstico con *qigong* puede detectar tanto problemas físicos como funcionales, y puede examinar con rapidez las distintas capas y partes del cuerpo, lo que no es posible con otros sistemas médicos. Se presenta como una técnica de diagnóstico ideal, pero tiene sus propias desventajas particulares. El diagnóstico con *qigong* puede fácilmente verse influenciado por la consciencia y por el *qi*. El diagnóstico con *qigong* sólo puede realizarse cuando la consciencia del practicante puede penetrar la barrera del *hunyuan qi* del paciente. E incluso en ese caso, la resistencia de la consciencia del paciente o de otros puede tener una influencia y provocar un diagnóstico equivocado.

En consecuencia, la precisión del diagnóstico con *qigong* se ve afectada por las habilidades del paciente, y también por su estado físico y mental. En general, es más fácil examinar a un paciente físicamente débil que a un paciente físicamente fuerte; es más fácil examinar a un paciente con poca fuerza de voluntad que a un paciente con mucha fuerza de voluntad y con patrones de pensamiento muy fijos. Es fácil examinar a un paciente que coopera y más difícil a un paciente que tiene una actitud negativa.

Los experimentos demuestran que las habilidades especiales pueden penetrar todo tipo de materia (incluidos el acero y el hierro) y detectar objetos que estén encerrados en un contenedor sellado. ¿Por qué entonces la consciencia humana común puede influir en el diagnóstico con *qigong*? Porque las habilidades especiales que se usan para realizar el diagnóstico con *qigong* también son un tipo de actividad de la consciencia, aunque muy distinta de la actividad de la consciencia de las habilidades comunes. Debido a que ambas son el contenido y movimiento de *yiyuanti*, el conflicto entre la consciencia del practicante y la del paciente puede crear una barrera en *yiyuanti* que puede tener un impacto negativo en la habilidad especial de detectar enfermedades. Otras formas de materia a un nivel más bajo que la consciencia tienen sus propias características y leyes de movimiento; no pueden formar una barrera e influenciar las habilidades especiales.

Manera correcta de concebir el diagnóstico con *qigong*

El diagnóstico con *qigong* es el uso de las habilidades especiales para detectar enfermedades. Mucha gente no cree en ellas debido a que la ciencia moderna no puede explicarlas. Consideramos que esa percepción cambiará cuando se desarrollen y usen ampliamente las habilidades especiales. Un gran problema es que algunos piensan que el *qigong* es un misterio esotérico que sólo comprenden unos pocos y otros piensan que lo único que se requiere es contar con habilidades de diagnóstico con *qigong*. Estos puntos de vista son claramente erróneos. Al elaborar en la ciencia del *qigong* debemos tener una concepción clara y correcta de lo que es el diagnóstico con *qigong*.

El diagnóstico con *qigong* es una preparación para el tratamiento con *qigong*. Es una forma de diagnosticar enfermedades que debe verse de la misma forma que el diagnóstico de la medicina occidental y el de la medicina tradicional china. El Zhineng Qigong puede tratar enfermedades sin tener un diagnóstico, de manera que el diagnóstico con *qigong* no es tan relevante para el tratamiento con Zhineng Qigong. Además, el diagnóstico con *qigong* consume *shen* y *qi*, por lo que afecta la mejora del practicante. La medicina moderna puede normalmente realizar un diagnóstico con la misma calidad que lo puede hacer el *qigong*, de manera que no es necesario consumir *shen* y *qi* para realizar el diagnóstico. Pero esto no significa que nos opongamos a realizar diagnósticos con *qigong*.

Las habilidades especiales actúan a distintos niveles. El diagnóstico con *qigong* se encuentra al nivel más bajo de las habilidades especiales de recepción de información. El diagnóstico con *qigong* les proporciona a los practicantes de *qigong* la oportunidad de practicar y mejorar sus habilidades especiales. No debe ser una forma de hacer alarde ante otros de las habilidades especiales que el practicante posee. El nivel de habilidades especiales que uno posee sólo puede mejorar a través de una ardua y diligente práctica.

El tiempo que se necesita para adquirir habilidades de diagnóstico con *qigong* es diferente en cada persona. Los practicantes de *qigong* no deben autoimponerse un límite de tiempo para alcanzar sus objetivos; lo único que provocarían sería que se retrasara su progreso.

El diagnóstico con *qigong* consume el *shen* y el *qi* del practicante y no lo beneficia. Por lo tanto, los practicantes deben limitar el uso de esta habilidad, así como fortalecer su práctica de *qigong* para reunir *qi* y nutrirse de *qi* de mejor manera. Si diagnostican con mucha frecuencia y dejan de conservar su *qi*, su mente se volverá distraída e inestable, se debilitará su autocontrol e, incluso, pueden desarrollar desórdenes mentales. La gente que hace alarde de sus habilidades especiales se ven especialmente afectados, y normalmente tienen un retroceso o desarrollan problemas mentales. Algunas personas piensan que pueden diagnosticar correctamente enfermedades. Otros les creerán y decidirán aprender *qigong*. Este es un pensamiento poco práctico, ya que el diagnóstico con *qigong* es inestable cuando se tiene un bajo nivel de *gongfu* y su precisión puede ser variable, dependiendo del estado del practicante y del paciente.

Incluso si usted logra siempre hacer un diagnóstico preciso, no podrá cambiar la actitud que ciertas personas tienen hacia el *qigong*. Por ejemplo, aunque algunos científicos y personas que poseen habilidades especiales han colaborado para llevar a cabo de forma exitosa experimentos científicos, tal como se ha descrito en artículos académicos, algunos científicos que no participaron en los experimentos todavía se niegan a creerles y han incluso ridiculizado a los participantes. Por esta razón, llevo muchos años invitando a la gente a enseñar *qigong*, a difundirlo, especialmente a promover la sanación con *qigong* y usarlo en distintos campos para beneficiar a la sociedad. El público general aceptará la ciencia del *qigong* únicamente cuando los beneficios sean evidentes para la sociedad.

SECCIÓN II
La práctica del diagnóstico con *qigong*

Diagnóstico con *tou shi* y su práctica

El diagnóstico con *tou shi* (visión a través de los objetos) del *qigong* es el proceso mediante el cual un practicante de *qigong* combina su consciencia con la información del paciente, para luego fortalecerla y traerla de regreso. De acuerdo con los principios del Zhineng Qigong, la recepción de información con *tou shi* es un proceso en el que la intención de *yishi* guía *yiyuanti* para buscar un objeto; luego, al momento de encontrarlo, *yiyuanti* interactúa naturalmente con él y fortalece su información, para después traerla de regreso para que se pueda diagnosticar la enfermedad. *Tou shi* incluye los siguientes tres niveles:

1. Un practicante al nivel más alto de *tou shi* puede ver los detalles de los órganos, lo que incluye su forma y color. Es como practicar una tomografía computada de 3D, donde se perciben claramente todas las capas de los órganos internos. La diferencia es que la consciencia del practicante controla el proceso entero y es capaz de conocer los detalles de cada parte y de cada capa. Cuando el paciente está frente al practicante, éste puede ver el estado de cada órgano de forma clara. Al principio será visible el contorno, luego el estado de cada capa a detalle, conforme *yishi* vaya eligiendo. Podrá verse cada capa de forma clara. Por ejemplo, *yishi* puede entrar al hígado y ver los detalles internos, o entrar a las venas y ver el estado de las paredes internas. Todo este proceso guiado por la consciencia. El practicante no deberá pensar: "Quiero cortar una parte o mover ese pedazo para poder observar", ya que esto puede causar graves problemas o incluso un accidente. *Tou shi* puede utilizarse para observar los órganos internos como si se viera la televisión a colores.
2. El siguiente nivel hacia abajo es como si se viera una televisión en blanco y negro. El practicante puede ver la forma de las distintas partes de los órganos. Por ejemplo, puede ver el corazón, el hígado, los pulmones, etc. y puede ver esos órganos un tanto brillantes y a lo mejor con algunos colores, pero no es tan claro cuál es el color real.
3. Al nivel más bajo, sólo se observa una forma poco clara del *qi*, no bien delineada.

¿Cómo es que *tou shi* detecta las enfermedades? En los dos primeros niveles de *tou shi*, se puede observar directamente la información detallada. (Los practicantes que cuenten con conocimientos de medicina occidental podrán reconocer la enfermedad con mayor facilidad). El tercer nivel es ver el *qi*. El practicante puede ver que el *qi* es distinto al *qi* de otras partes y puede sentirse incómodo o sentir que el *qi* está sucio, lo que indica que hay una enfermedad. Los practicantes no tendrán una sensación de suciedad cuando observen el *qi* sano, aunque la transparencia del *qi* de las diferentes partes del cuerpo varía.

Los métodos de *tou shi*

Los practicantes por lo general necesitan abrir *tianmu* para adquirir las habilidades de *tou shi*. *Tianmu* está ubicado entre las cejas, en ese espacio hundido de alrededor de 2-3 cm de ancho que puede sentirse al tocar con sus dedos. Durante la etapa de desarrollo fetal, los dos huesos de la frente se van cerrando lentamente, lo que provoca que la información que entra a través de *tianmu* disminuya y que sus funciones se oculten. Es posible reabrir *tianmu* a través de la práctica de *qigong* y restablecer sus funciones. Entre las formas que existen para reabrirlo están empujar desde el interior y entrar con fuerza desde afuera para abrirlo. A continuación, presentamos los detalles.

Empujar desde el interior para abrir *tianmu*

Siéntese cómodamente en una silla o en flor de loto. Libere todo pensamiento distractor, *yishi* tiene la atención profunda en el *dantian* bajo. Cuando el *qi* del *dantian* sea abundante, guíelo hacia el centro del cerebro (llamado *liu zhu gong* en el *qigong* tradicional). Para hacer esto, forme un mudra especial con las manos: con el pulgar estirado naturalmente, coloque la punta del dedo índice en la base del pulgar para formar un círculo; coloque el dedo medio en la base de la uña del dedo índice; presione el pulgar sobre el índice y el dedo medio; estire los dedos anular y meñique (Fig. 3-10). Haga esto con ambas manos. Coloque las manos una sobre la otra frente a *duqi*, las puntas de los pulgares casi tocándose. Los hombres colocan la mano izquierda sobre la derecha; las mujeres la mano derecha sobre la izquierda (Fig. 3-11).

Manténgase en esta postura hasta que se hayan disipado todos los pensamientos distractores. Levante las manos hacia el pecho, el *qi* las sigue por dentro del cuerpo. Separe las manos y continúe levantándolas hasta *yintang*. Conforme levanta las manos, guíe el *qi* interno hasta *liu zhu gong* (el centro del cerebro). Coloque los pulgares en *yintang*

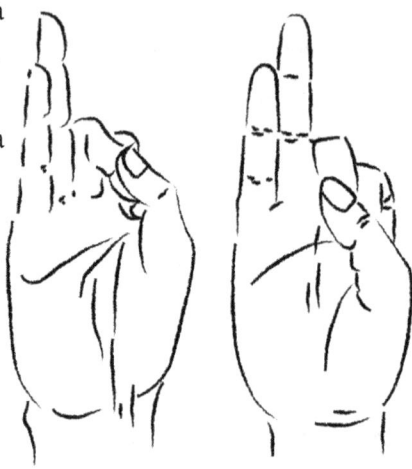

Fig. 3-10

(Fig. 3-12). Toque ligeramente este punto y rote los pulgares despacio, en el sentido de las manecillas del reloj y luego en sentido contrario a las manecillas del reloj. Al rotar, guíe el *qi* para que rote en *liu zhu gong*. Al mismo tiempo, intente mirar hacia afuera con todas sus ganas. No presione demasiado fuerte; los dedos tocan la piel suavemente. Poco a poco, verá lo que quiera ver.

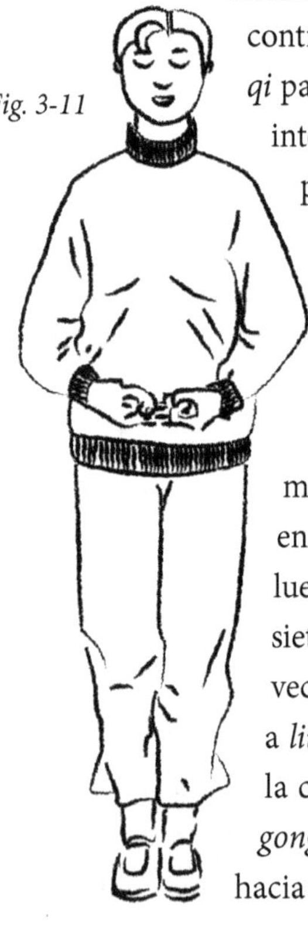

Fig. 3-11

Este es un método muy antiguo. Requiere de mucha práctica para lograr abrir *tianmu*, alrededor de mil días o tres años. (Fig. 3-11)

Hemos revisado este método. Cuando las manos se elevan hacia *yintang*, rótelas ligeramente en sentido de las manecillas del reloj siete veces, luego en sentido contrario a las manecillas del reloj siete veces. Luego, presione y relaje la presión varias veces sobre *yintang*. Al presionar, la consciencia va a *liu zhu gong* desde *yintang*; al relajar la presión, la consciencia empuja hacia afuera desde *liu zhu gong*. La parte importante es cuando empujamos hacia afuera. Los practicantes también pueden usar las manos para hacer que *yintang* se abra y se cierre, tocándolo con los pulgares. Al cerrar, vaya a lo más profundo de su interior; al abrir, piense que abre un espacio entre los huesos. *Tianmu* se abrirá poco a poco.

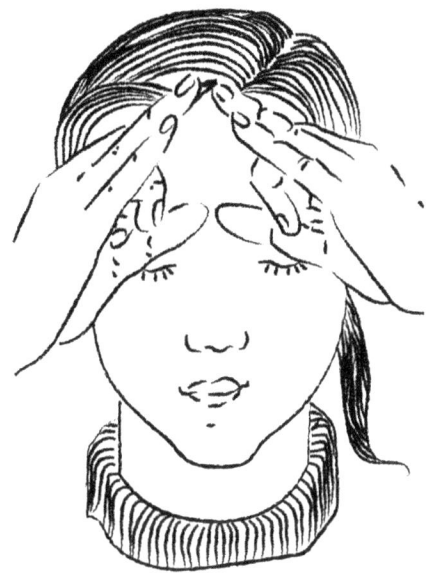

Fig. 3-12

Entrar con fuerza desde afuera para abrir *tianmu*
Levante el *qi* desde el frente hasta arriba de la cabeza; vierta el *qi* hacia abajo, las manos se mueven hacia *yintang*; presione *yintang* suavemente con las puntas de los dedos medios. Rote las manos para que los dedos medios roten sobre *yintang*: siete veces hacia la izquierda, siete hacia la derecha. Luego, presione, la consciencia va al interior desde *yintang* hacia *liu zhu gong*; relaje la presión y guíe el *qi* suavemente hacia afuera. Haga esto siete veces.

Presione de nuevo *yintang* y piense que los dedos llegan hasta *liu zhu gong*; luego las manos guían a *yintang* y al punto *liu zhu gong* a que se abran y se cierren de nuevo. Los dedos se mantienen tocando la piel al abrir hacia afuera, sólo se mueven ligeramente. En su mente, las manos se extienden hacia el interior de *liu zhu gong*, como si dos líneas se extendieran desde las puntas de los dedos medios para conectarse con el punto *liu zhu gong*. Abra y cierre las manos varias veces; esto crea un triángulo en forma de cono (Fig. 3-13).

Cuando sienta pulsaciones en *liu zhu gong*, esto indicará que *tianmu* comienza a abrirse. Cierre las manos ligeramente cuando esto suceda. Luego, presione hacia dentro y tire hacia afuera lejos de la cara a alrededor de 5 cun (1 cun ≈ 3.3 cm). Presione de nuevo, la consciencia entrará un poco más de 1 cun. Repita este proceso y *tianmu* se abrirá poco a poco. Si ve *qi* blanco adentro y afuera al tirar, esto signi-

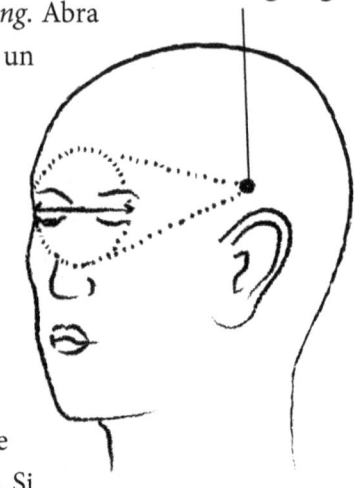

Fig. 3-13

fica que *tianmu* se ha abierto y que puede usarlo para hacer *tou shi*. Sin embargo, algunas personas no pueden hacer *tou shi* incluso con *tianmu* abierto. Esto depende de la abundancia de *qi*; si el *qi* es abundante en otras partes del cuerpo pero no en esta, no funcionará. Si el *qi* no es abundante, no deberá presionar demasiado fuerte al abrir y cerrar.

El punto clave es usar la consciencia para llevar el *qi* junto con las manos al presionar, tirar, abrir y rotar. Enfoque *yishi*, los movimientos deben ser suaves y uniformes. Aunque los ojos estén cerrados, deberá usar *yishi* para observar los movimientos y el interior. Poco a poco verá una luz de *qi* al interior. Cuando la sensación de *qi* sea más fuerte, *tianmu* está a punto de abrirse.

Rotar *tianmu* para abrirlo

En este método, el practicante puede abrir *tianmu* rotándolo. Forme el mudra *Jingang*: levante el dedo medio; doble el dedo anular por detrás del dedo medio, sobre la base de éste; doble el dedo índice para presionar la uña del dedo anular; enrosque el dedo meñique para doblarlo hacia la palma; presione las uñas de los dedos índice y meñique con el pulgar (Fig. 3-14). Haga esto con ambas manos.

Fig. 3-14

Cuando haya formado los mudras, conecte las puntas de los dedos medios, las palmas miran hacia el cuerpo. Presione *duqi* con las puntas de los dedos medios. Envíe la consciencia desde *duqi* hasta *mingmen* atravesando el cuerpo, luego regrese a 1.5 cun de distancia al interior de *duqi*, espere a que se reúna suficiente *qi* ahí. Cuando sienta que el *qi* es abundante al interior, levante los mudras hasta *yintang*. La consciencia también se mueve hacia arriba con las manos, a 1.5 cun de distancia dentro del cuerpo. Presione *yintang* ligeramente con las puntas de los dedos medios. Mantenga las puntas de los dedos medios ahí. Baje las manos a 45° de manera que los meñiques se toquen (Fig. 3-14).

Enfoque los ojos en las puntas de los dedos medios. Los dedos medios se superponen y parecen formar un cono. Los practicantes deben enfocarse en el punto más alto del cono y enfocar *yishi* en *yintang*. Presione *yintang* con los dedos medios y haga una pequeña rotación. (Nota: no rote demasiado; no más de 1 mm). Rote en sentido de las manecillas del reloj siete veces, luego en el sentido contrario a las manecillas del reloj siete veces. Repita este proceso siete veces.

Durante la práctica, algunos practicantes sienten mareo o que la cabeza se inflama. Reduzca la duración de la práctica si siente demasiada incomodidad. Si siente mareo, cambie a otro método de práctica y no persista intentando este.

Cuando se abra *tianmu*, el practicante verá de inmediato una luz brillante. Podrá ver los huesos y las venas de sus manos o las estructuras dentro de la cabeza.

Abrir *tianmu* con *xu*

Lleve la atención a la punta de la nariz. Cuando la mente esté en calma y clara, cambie el foco a *yintang*. Imagine una bola de *qi* vacía de 1 cm de diámetro en el centro de *yintang* (Fig. 3-15).

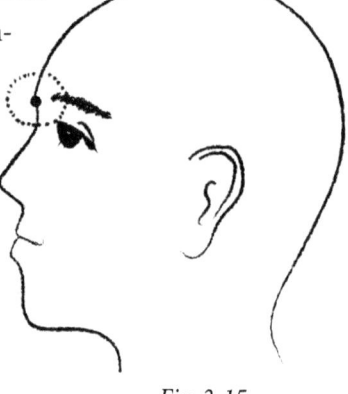

En silencio, repita "*ming jing xu tong*" (明镜 espejo claro, 虚 vacío pero no vacío, 通 abierto sin bloqueos). Al decir "*ming jing*", envíe la mente a aproximadamente 5 cm hacia el interior de *yintang*. Cuando diga "*xu tong*", envíe *yishi* hacia

Fig. 3-15

afuera despacio, hacia *yintang*. Repita este proceso. Primero, diga las palabras en silencio; luego solo piense en ellas. Cuando sienta al interior que *yintang* está brillante como un espejo, significa que *tianmu* se ha abierto.

Reúna luz para abrir *tianmu*

Colóquese sentado o de pie, en posición cómoda y natural. Concéntrese en *yintang*; cierre los ojos y permanezca en calma y silencio por alrededor de cinco minutos. Luego, los hombres presionan el pulgar y dedo medio de la mano izquierda sobre los ojos; las mujeres presionan el pulgar y dedo medio de la mano derecha sobre los ojos. El dedo índice presiona *yintang* (Fig. 3-16).

Los dos ojos miran hacia *yintang*. Presione los globos oculares con el dedo medio y el pulgar ligeramente más fuerte. Esto producirá una sensación de luz en ambos ojos debido a la estimulación de los nervios ópticos. Esta sensación de luz no significa que *tianmu* se esté abriendo. (Fig. 3-16)

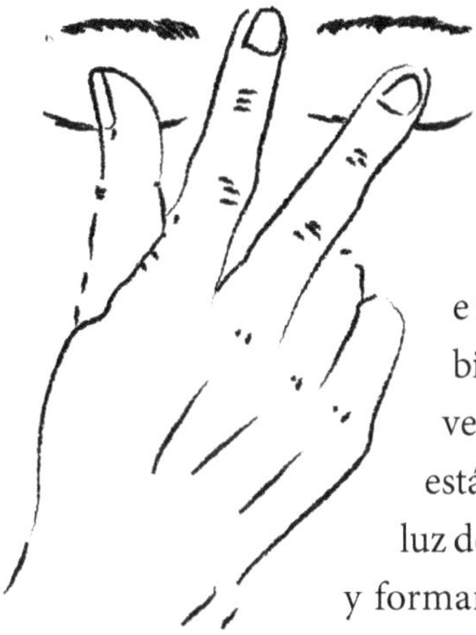

La sensación es diferente en cada persona, e incluso para la misma persona puede cambiar dependiendo de la presión. Una vez que vea la luz, enfoque la visión en *yintang*, *yishi* está muy atento. Al hacer esto, la sensación de luz de los ojos se reunirá lentamente en *yintang* y formará una bola de luz blanca o amarilla. El color de la luz cambia lentamente hasta desaparecer.

Fig. 3-16

Cuando la sensación de luz haya desaparecido por completo, experimentará una sensación de calma. En este momento, enfoque *yishi* en el centro del cerebro en un estado de "*si shou fei shou, ruo you ruo wu*" (似守非守, 若有若无 observando sin observar, con atención, pero sin atención; esto describe un estado especial de consciencia en el que uno pone la atención plena en un lugar —en este caso, el centro del cerebro— pero sin apego; es un estado muy importante en la práctica del *qigong*). Mantenga *yishi* continuamente en el centro de la cabeza. Con mucha práctica, podrá desarrollar *tou shi* de esta forma.

Tou shi puede desarrollarse naturalmente a través del uso del método de reunir luz, pero con los otros métodos *tou shi* puede no desarrollarse incluso después de abrir *tianmu*. En ese caso, los practicantes necesitan practicar más para activar las habilidades de *tou shi*.

Usar *tianmu* para desarrollar *tou shi*

Póngase en posición cómoda, ya sea de pie, sentado o acostado. Repita en silencio "*xu yin*" (虚音 sonidos vacíos, esto es, experimente una sensación de vacío a través de los sonidos). Al principio, sólo usted podrá escuchar los sonidos que emite al hacer los movimientos correctos de la boca, la lengua, etc. Después de un tiempo, repita únicamente "*xu yin*" en silencio mientras piensa los sonidos *xu yin* en la mente, ya no mueva la boca. Luego, sienta el estado especial de consciencia *xu wu* (虚 vacío, 吾 yo; esto es, que yo esté vacío) que se produce al recordar los sonidos *xu yin*.

Cuando su consciencia esté quieta y en calma, enfóquese en *yintang*. Repita "*xu wu*" en silencio. Use *yishi* para transformar su cuerpo en un cuerpo de *qi* vacío. Expanda el estado de *xu* (虚 vacío, pero no vacío) para fusionarse con el vacío infinito, luego regrese hacia *yintang* de nuevo, poco a poco. Abra hacia afuera y regrese al interior varias veces. Esto puede ayudar a desarrollar *tou shi*.

Cuando el practicante desea ver algo con *tou shi*, sólo necesita darle a *yishi* la instrucción de buscarlo y lo encontrará. Algunos practicantes pueden ver con claridad la estructura interna de los objetos. Para algunos practicantes, la forma del objeto se muestra dentro de su cabeza (principalmente en la frente).

Los cinco métodos recién descritos son simples. Pero cada persona es diferente, por lo que el esfuerzo que se requiere para abrir *tianmu* varía para cada quien. Sin embargo, si los practicantes tienen mucha fuerza de voluntad y pasan mucho tiempo y dedican un buen esfuerzo a la práctica, podrán abrir *tianmu* tarde o temprano. No estamos diciendo que todo el mundo debiera abrir *tianmu*. De hecho, no estamos de acuerdo con que deban enfocarse en sólo abrir *tianmu*, ya que una vez que *tianmu* se ha abierto, el *qi* se moverá hacia arriba desde la parte inferior del cuerpo hasta el nivel de *tianmu*. Cuando el *qi* se hace abundante ahí, se perderá a través de *tianmu*. Para realizar un diagnóstico, los practicantes necesitan llevar *qi* de otras partes hacia *tianmu* y enviar *qi* hacia afuera para hacer el diagnóstico, lo que consume *qi*. Cada diagnóstico consumirá una buena cantidad de *qi* del *dantian*. Si el *qi* no es abundante en el *dantian* bajo, será difícil movilizarlo hacia arriba, hacia *yintang*. Si el *qi* de *yintang* no es suficiente, será imposible usar *tou shi*, lo que mermará el desarrollo de otras habilidades. Además, el diagnóstico puede hacerse también usando la habilidad de conocer directamente (*gan zhi* 感知) o la reacción sensorial (*gan ying* 感应), que son más fáciles de comprender que el diagnóstico con *tou shi*, y que son más prácticas y no consumen *qi*.

Métodos para ver el *qi*

Ver el *qi* incluye ver el *qi* de la superficie externa del cuerpo y del interior del cuerpo. Ver el *qi* del interior es un tipo de función de *tou shi*. Ver el *qi* a nivel de la superficie del cuerpo puede usarse también para detectar la ubicación de la enfermedad, basado en la distribución del *qi* en la superficie. Ver el *qi* de la superficie del cuerpo es una habilidad de bajo nivel que no puede llamarse *tou shi*. Pero los practicantes que ven el *qi* pueden poco a poco desarrollar *tou shi*. Los métodos de práctica para ver el *qi* son simples.

Uno de los métodos incluye sostener una pequeña bola de *qi*, como en la Meditación de Pie para la Fusión de los Tres Centros, pero frente al pecho. Baje las manos hacia el abdomen. Los dedos casi se tocan, están a medio centímetro de distancia, las puntas de los dedos están unas frente a las otras. Los ojos miran hacia los dedos y las palmas mientras practica abrir y cerrar varias veces. No abra demasiado las manos. Cuando las cierre, lo más cerca que estén las puntas de los dedos unas de otras, mejor, pero sin tocarse. Mueva las manos despacio. Al practicar, vea el espacio entre las puntas de los dedos con los ojos entreabiertos. Poco a poco verá unas líneas grises o blancas borrosas del ancho de unos palillos entre los dedos. Las líneas son más visibles entre los dedos medios y anulares. Es el *qi*. Es mejor tener un fondo oscuro detrás de las manos ya que es más difícil ver las líneas grises y blancas si el fondo es claro y brillante. Cuando pueda ver el *qi* claramente, verá el *qi* exterior del cuerpo con los ojos abiertos.

Otro método consiste en enfocarse en el sol muy temprano en la mañana, en o a través de los árboles, por dos o tres minutos, luego mover la visión a la punta de las ramas o alrededor del tronco. Poco a poco verá *qi* blanco como un halo de luz alrededor del tronco y las ramas. Una vez que se acostumbre a ver el *qi* de los árboles, puede transferir esa visión para ver el *qi* humano. Debe hacerse notar que si uno ve el sol por mucho tiempo o si el sol no es de color amarillo-dorado o rojo, pero cambia a un brillo blanco, ocurrirá una reacción visual de la mácula que causará que el practicante vea una bola de color anaranjado-amarillo claro, y no podrá ver otros objetos con claridad, lo que significa que el *qi* alrededor de los árboles no estará visible. Evite esto al practicar.

Diagnóstico con *gan zhi* y su práctica

El diagnóstico con *gan zhi* (conocimiento directo) es el método fundamental para realizar diagnóstico con *qigong*. Es más importante incluso que el diagnóstico con *tou shi*. El diagnóstico con *tou shi* combina las habilidades especiales con la visión, durante el cual surge una imagen en el primer espacio de reflexión de *yiyuanti*; en el diagnóstico con *gan zhi*, *yiyuanti* se combina con el pensamiento lógico y el resultado conceptual surge en el segundo espacio de reflexión de *yiyuanti*; por lo tanto, se encuentra al nivel racional de cognición.

Sabemos que las imágenes conceptuales pueden reflejar la esencia de los objetos de manera más completa y profunda. Por ejemplo, *tou shi* puede directamente observar la forma de todo cuanto hay dentro del cuerpo, pero puede ser que no sea capaz de distinguir el estado de salud con precisión. *Gan zhi* puede directamente saber si una parte del cuerpo está sana o no. En ambos tipos de habilidad especial, los resultados siempre se manifiestan en evidencia apoyada en el pensamiento común. Cuando usamos el pensamiento común, el pensamiento racional es más avanzado que con el pensamiento en imágenes.

De acuerdo con la teoría del *qigong* tradicional, el área involucrada en *tou shi* es la de los Cinco Palacios, que son *ming tang gong* (3.3 cm detrás de *yintang*), *dong fang gong* (3.3 cm detrás de *ming tang gong*), *dantian gong* (3.3 cm detrás de *dong fang gong*), *liu zhu gong* (3.3 cm detrás de *dantian gong*) y *yu di gong* (3.3 cm detrás de *liu zhu gong*). Estos cinco palacios se encuentran en línea horizontal en la parte inferior del cerebro, al nivel de *yintang*. El área involucrada en *gan zhi* está más elevada que el área anterior, de *tian ting gong* a *ji zhen gong*, *xuan dan gong*, *tai huang gong* y *yu di gong*. (Fig. 3-17) *Yu di gong* cubre dos niveles, de manera que una vez que se abre *tianmen*, puede también habilitarse *tou shi*.

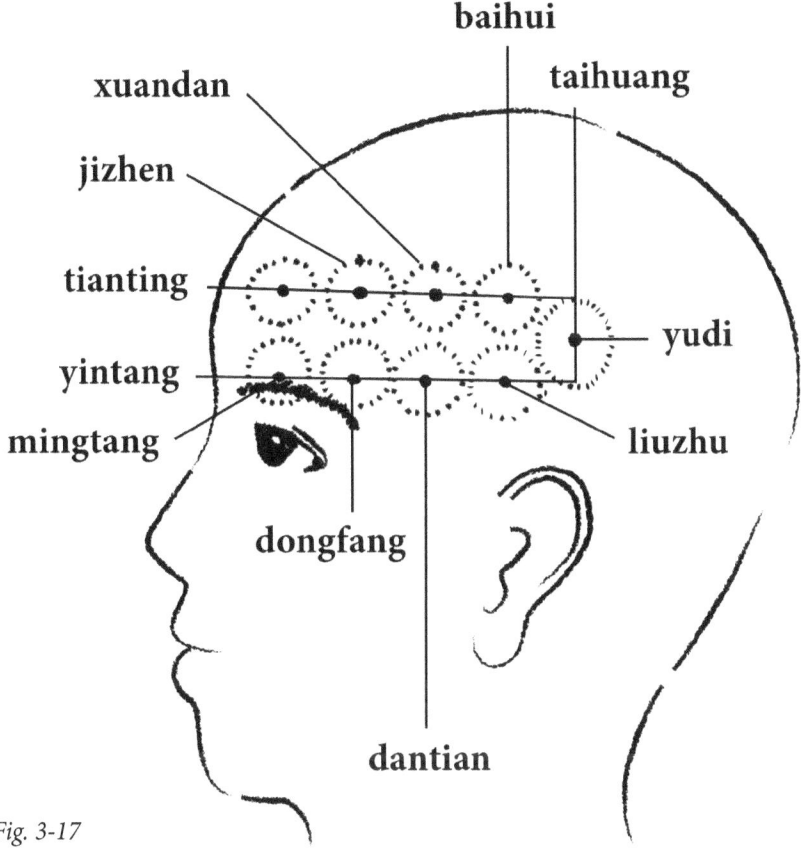

Fig. 3-17

La información sobre las habilidades especiales que se obtiene con *gan zhi* puede entrar a través de *tianmen* que ya se ha abierto y a través de las vías de *qi* que estén abiertas, como los ojos, los oídos, la nariz, etc. El abrir *tianmen* por lo general es muy importante para desarrollar *gan zhi*.

Cómo abrir *tianmen*

Tianmen se refiere a un área ubicada en la coronilla de la cabeza, entre el punto de energía *baihui* y el punto de energía *shangxing* (sobre la línea media de la coronilla, 1 cun atrás de la línea del pelo de la frente). El punto de energía *qianding* (1.5 cun frente a *baihui*) es el centro de *tianmen*. En el *qigong* tradicional, el abrir *tianmen* se categoriza de tres formas:

- En el *qigong* daoísta, cuando *tianmen* se abre, el hueso de 3-5 cm de diámetro se disuelve y se vuelve similar a la fontanela de un bebé.
- En el budismo esotérico, el área ubicada entre *baihui* y *qianding* se abre a través de la práctica de *qigong* o utilizando métodos especiales, y puede insertarse una rama de pasto especial en ese lugar a alrededor de 1-1.5 cun de profundidad.
- *Tianmen* también puede abrirse por un maestro de *qigong* utilizando un método especial. *Tianmen* se abre en una ubicación diferente para cada persona. Para algunos, cerca de *baihui*; para otros, cerca de *shangxing*. En el *qigong* tradicional, el maestro decide y siente qué parte en específico ha de abrirse. Además, las distintas ramas del *qigong* usan diferentes métodos de examinación. Conforme se abre *tianmen*, las sensaciones más comunes son pulsaciones, una sensación del *qi* que sube o una sensación de una columna de *qi* sobre *tianmen*. En unas cuantas personas, la brecha que existe entre los huesos parietales se hace más ancha o se hunde.

El abrir *tianmen* en el Zhineng Qigong entra dentro de la tercera categoría. Sin embargo, no la abre un maestro, sino que se abre a través de la práctica o de la organización del campo.

Abrir *tianmen*

Con la punta del dedo medio, sienta el área alrededor de *tianmen* y encuentre el lugar más ancho y profundo. Después de hacer esto unas dos o tres veces, presione. Sentado o de pie, en posición recta, contraiga la barbilla y toque el paladar superior con la punta de la lengua. Use *yishi* para conectar el paladar superior justo donde la lengua lo toca, con la punta de la cabeza en el punto que está presionando con el dedo medio. Al mismo tiempo, cierre los ojos y observe el punto donde está presionando el dedo medio; escuche también este punto con el oído y respire suavemente de 3-5 veces. Al inhalar, *yishi* lleva *qi* hacia el interior de *tianmen* mientras usted presiona y hace una vibración con el dedo medio. Al exhalar, *yishi* lleva *qi* hacia afuera a través de *tianmen*, el dedo medio relaja la presión y usted visualiza *tianmen* abierto, al tiempo que repite *"ga er"* presionando el *qi* hacia arriba desde la garganta y a través del paladar superior hacia *tianmen*. Mantenga la punta de la lengua en el paladar superior y lleve los labios hacia atrás ligeramente. Haga este sonido de 3-5 veces mientras exhala, luego inhale naturalmente y enfoque *yishi* en *tianmen*. Al exhalar, diga en silencio *"shen ji ling kong"* (神机凌空 intención o fuerza motora que envía la consciencia hacia arriba, hacia el vacío) mientras imagina que *shen* y *qi* se elevan con fuerza a través de *tianmen* hacia el cielo para formar una columna de *qi* que se extiende hacia arriba. Cuando la columna de *qi* se haga obvia, envíe *yishi* hacia afuera de *tianmen* para observar y mantener la columna mientras inhala. Extienda la columna de *qi* todavía más cuando exhale. Después de 18 respiraciones, observe en silencio la columna de *qi* por 5-10 minutos. Luego, lleve *yishi* de regreso hacia la cabeza y abajo hacia *hunyuanqiao*; permanezca quieto por tres minutos para terminar la práctica. *Tianmen* puede abrirse rápidamente usando esta práctica.

En la antigüedad, los maestros por lo general abrían el *tianmen* de cada estudiante de forma individual. Usaban un mudra o colocaban la palma en el *tianmen* de cada estudiante, y normalmente combinaban esto con sonidos para enviar *qi* y hacer que se abriera *tianmen*.

En el Zhineng Qigong, se organiza el campo de *qi* para abrir *tianmen*. Todos en el campo de *qi* dicen al unísono *"ke ku lian gong, wan mei shen xin, zao fu ren lei"* (刻苦练功, 完美身心, 造福人类 practicar de forma diligente, perfeccionar el cuerpo y la consciencia, traer beneficio a toda la humanidad) y hacen vibrar los tres *dantian* desde el bajo hasta el alto, una frase para cada *dantian* (ver los puntos de energía y el glosario). Hacer esto tres veces. Luego, todos presionan *tianmen* con el dedo medio. El practicante encargado de organizar el campo da las instrucciones, dice *"tianmen, ábrete"*. Al mismo tiempo, los participantes presionan y vibran con los dedos medios *tianmen* y piensan activamente que *tianmen* se está abriendo. El practicante encargado de organizar el campo les pide a los participantes que digan *"ar"* mientras presionan *tianmen*. Con la repetición, *tianmen* se abrirá. Al hacer este proceso, los participantes usan los centros de las palmas para jalar *qi* hacia arriba desde *tianmen*, unos 10 cm, para luego verter el *qi* a través de *tianmen* hacia *hunyuanqiao*. Repetir el proceso, sin límite de tiempo o de veces.

Una vez que *tianmen* se haya abierto, algunas personas de inmediato sentirán la habilidad de *gan zhi*, pero la mayoría necesitará más práctica para obtenerla.

Practicar las habilidades de *gan zhi*

Una vez que *tianmen* se ha abierto, algunas personas sentirán de inmediato que su mente está muy pura, clara y transparente. Sin embargo, en la mayoría de los casos la mente sigue borrosa y oscura. En este punto, el practicante deberá enfocarse en *tianmen*, y tener *yishi* libre y relajado. Cuando sienta que el *qi* en *tianmen* es abundante, deberá pensar activamente que la cabeza es ahora de *qi* y que su campo de *qi* es cada vez más fuerte, como si todo alrededor estuviera cubierto de la niebla de la mañana. Luego, deberá repetir en silencio "*wu yao shou*" (la niebla desaparece) y visualizar cómo desaparece la niebla y todo se vuelve cada vez más claro. Con mucha práctica, todo tanto dentro como fuera de la cabeza se volverá cada vez más puro y claro. Entonces el practicante extenderá el estado puro y claro hacia lo lejos y se fusionará con el vacío infinito, para luego regresar de nuevo al interior de la cabeza. Deberá repetir esta práctica para poder obtener la habilidad de *gan zhi*.

Existen tres formas de usar *gan zhi*.

Primer método para usar *gan zhi*

Cuando use esta habilidad, sólo necesita que *shen* esté en calma y el *qi* estable para poder entrar en un estado de pureza y claridad. También puede usar las primeras seis frases de las Ocho Frases: "*Ding tian li di, xing song yi chong, wai jing nei jing, xin cheng mao gong, yi nian bu qi, shen zhu tai kong*". Cuando se fusione con el vacío, si desea buscar algo, la respuesta conceptual aparecerá en *yishi*. Por ejemplo, si está intentado determinar qué tipo de enfermedad tiene el paciente, la respuesta aparecerá en *yishi*.

Esta respuesta se verá afectada por el nivel de habilidades especiales del practicante y su conocimiento relevante. Algunas personas pueden recibir una respuesta precisa, como úlcera duodenal. Otras podrán recibir una respuesta menos detallada, como dolor de estómago, etc. Aunque el objeto examinado es el mismo, los resultados pueden manifestarse en distintos niveles dependiendo de las diferencias en el marco de referencia de cada persona. Pero, cualquiera que sea la respuesta, reflejará de forma cierta el estado del paciente.

Algunas personas se cuestionan si el resultado conceptual es el estado real del paciente o sólo refleja la imaginación subjetiva del practicante. Existen dos maneras de abordar esto. Una es usar en forma constante y repetida esta habilidad con muchas personas diferentes y confirmar con el paciente si los resultados son correctos. Haga esto con frecuencia para explorar cómo funciona y poco a poco ser capaz de distinguir entre una respuesta real y el producto de su imaginación.

La otra forma es experimentarlo mientras se encuentra en estado de *qigong*. Si cuando se encuentra en un estado muy calmo desea diagnosticar la enfermedad de alguien, entonces aparecerá de inmediato el resultado; el primer pensamiento por lo general es correcto. Una vez que logre ser competente, al momento de entrar en estado *ding shen* (*yishi* entra en un estado de totalidad estable, quieto) puede usar la habilidad de *gan zhi* para recibir directamente el resultado inmediato. Este es el diagnóstico básico con *gan zhi* (conocimiento directo). También se le denomina «*gan zhi* de la consciencia pura».

Gan zhi de la persona vacía

En este método, el practicante ve el cuerpo entero del paciente. Después de un tiempo, puede cerrar los ojos y en la mente del practicante el paciente se vuelve una persona vacía, parada frente a él. El practicante entonces escanea la persona de *qi* de arriba a abajo, parte por parte. El practicante no debe enfocarse demasiado en una parte o en el cuerpo del paciente. Cuando el practicante sienta una anormalidad en algún órgano o lugar, esto muestra que algo está mal. La sensación de anormalidad es distinta para cada practicante. Algunos perciben los órganos sanos como claros, brillantes y suaves, y a los órganos anormales como borrosos u oscuros. Para algunos otros, la forma de los órganos enfermos es inusual, o *yishi* siente bloqueos por los que no puede pasar.

Se puede usar el diagnóstico a larga distancia si el paciente y el practicante no están en el mismo lugar. El practicante se conecta con la información del paciente, crea un cuerpo de *qi* vacío y luego lo examina conforme a lo descrito. El mecanismo del diagnóstico de esta persona de *qi* es también una especie de *gan zhi*.

Gan zhi sintiendo el *qi*

Este método utiliza las manos para diagnosticar el *qi* y es fácil de practicar. El practicante mueve las manos alrededor del paciente para sentir su *qi* sin tocarle el cuerpo. El *qi* de un área enferma es diferente del *qi* normal del cuerpo. Por ejemplo, si el practicante siente un *qi* anormal alrededor del hígado significa que ese órgano está enfermo. Cada practicante experimenta la enfermedad de forma diferente. Puede ser que experimenten sensaciones de dolor, cosquilleo, calor, frío, picor, etc. provenientes del *qi* cercano al área enferma. Esto se debe a que las habilidades especiales de recepción de información propias de *yiyuanti* se combinan con las sensaciones de las manos. Este tipo de diagnóstico con *gan zhi* no consume *qi* y es fácil de usar. Los practicantes pueden rápidamente dominar este método al practicar La Qi (拉气) con frecuencia para sentir el *qi*. Al inicio, haga la postura de la Meditación de Pie para la Fusión de los Tres Centros mientras practica La Qi. Una vez que pueda sentir fuertemente el *qi*, separe todavía más las manos y continúe sintiendo el *qi*. Sienta el *qi* de los brazos, el *qi* de la cabeza y de la cara. Si no puede sentir el *qi*, apunte el dedo a la base de la nariz, a alrededor de 2-4 cm de distancia. Después de un rato, puede sentir mareo o la cabeza hinchada. En ese momento, al hacer La Qi o rotar una o las dos manos hacia la base de la nariz sentirá el *qi*. Luego, poco a poco sentirá el *qi* de la cara, la cabeza y el torso. Irá avanzando de un estado sin sensaciones a un estado de sensaciones.

Diagnóstico con *gan ying* y su práctica

Cuando *yiyuanti* se fusiona con el *hunyuan qi* del cuerpo humano a un nivel en particular, *yiyuanti* puede reflejar el estado del cuerpo de una persona, en donde esta información se manifiesta a través de las sensaciones comunes. El uso de esta habilidad para detectar enfermedades se denomina diagnóstico con *gan ying* (reacción sensorial). El practicante de *qigong* percibe la enfermedad del paciente en la parte correspondiente del propio cuerpo del practicante. Muchos practicantes de Zhineng Qigong experimentan este fenómeno. Cuando el *qi* de la superficie de su cuerpo es abundante y pueden sentirlo con claridad, por lo general serán capaces de sentir la enfermedad en otras personas. Por ejemplo, cuando conocen al paciente, de manera espontánea saben el estado de su cuerpo. En las partes donde el paciente siente incomodidad, sentirán incomodidad también, y pueden incluso experimentar los mismos síntomas que el paciente. Algunas personas piensan que esto sucede debido a que el *qi* enfermo del paciente se introduce en el cuerpo del practicante, pero esto es un malentendido. El *hunyuan qi* de la gente común y corriente es relativamente adecuado a nivel de las membranas. Durante la práctica de *qigong* (especialmente, en la etapa de *hunyuan* externo del Zhineng Qigong), al inicio, el *hunyuan qi* se fortalece a nivel de las membranas. Esto produce sensaciones más fuertes y que *yiyuanti* se combine con el *hunyuan qi* del cuerpo. Significa que los practicantes pueden experimentar el *hunyuan qi* de la totalidad de otras personas. Sin embargo, en esta etapa la claridad de *yiyuanti* es todavía limitada, como también su capacidad de juzgar información especial. Esto significa que el hábito de los patrones de cognición comunes toma el control y provoca que se comprenda de manera incorrecta. Por ejemplo, las habilidades especiales reciben información de totalidad de que la articulación de la rodilla está inflamada, hay dolor, el periostio (membrana) está afectado, hay un exceso de fluido acumulado en la cápsula de la articulación, etc. *Yiyuanti* no puede evaluar esta información y reflejarla de manera precisa. Sólo puede tener una idea simple y general de la enfermedad que se manifiesta en esta transformación del *hunyuan qi* del paciente. Por lo tanto, los practicantes podrán sentir dónde se ubica la enfermedad del paciente a través del lugar correspondiente en su propio cuerpo.

De hecho, el practicante no está enfermo: este fenómeno ocurre en cierta etapa de la práctica de *qigong*. Si los practicantes comprenden este proceso, no pensarán erróneamente que han caído enfermos cuando desarrollen los síntomas, y las sensaciones de incomodidad irán desapareciendo. De otra forma, si los practicantes piensan que han sufrido los efectos del *qi* enfermo, su consciencia los influenciará en ese sentido y su actividad de vida se irá hacia la enfermedad.

Por ejemplo, un paciente presenta un dolor abdominal o diarrea. El practicante sentirá el dolor abdominal y podrá incluso sufrir de diarrea. Algunas personas piensan erróneamente que esta es una forma en la que el practicante ayuda al paciente a curar su enfermedad. Una vez que el practicante es más avanzado, el *hunyuan qi* de las membranas penetrará en sus canales, músculos y huesos y ese fenómeno desaparecerá. Experimentará el diagnóstico por medio de la reacción sensorial cuando lo desee, de manera controlada.

Diagnóstico con *gan yin* cara a cara

Los practicantes pueden usar este método cuando el *qi* de la superficie de su cuerpo sea abundante y pueden claramente sentir el *qi*.

El practicante se sienta o para cara a cara con el paciente. Luego, se enfoca en el *qi* de todo el cuerpo del paciente y fusiona el *qi* de su cuerpo con el del paciente. El practicante entonces irá sintiendo su cuerpo de la cabeza a los pies. Si el practicante se siente incómodo, el paciente tiene una enfermedad en esa área. Dado que están frente a frente, es como verse en un espejo. Si el practicante siente dolor en el brazo derecho, significa que el paciente tiene un problema en el brazo izquierdo.

Con este tipo de diagnóstico, el practicante sólo puede llegar a tener una idea general de la enfermedad; sin embargo, es adecuado para el tratamiento con Zhineng Qigong. Este método es simple y fácil de practicar.

Diagnóstico con *gan ying* mediante la circulación de *qi*

Una vez que el practicante es capaz de enviar *qi* externo, puede practicar el diagnóstico con circulación de *qi*.

Siéntese o párese cara a cara con el paciente. Envíe *qi* hacia afuera por *baihui* y viértalo en el *baihui* del paciente, guiando el *qi* hacia abajo parte por parte. Cuando el *qi* haya permeado todo el cuerpo del practicante, guíelo hacia afuera desde las plantas de los pies hacia la tierra, luego hacia su propio cuerpo desde las plantas de sus pies; continuar hacia arriba a través de las piernas y el torso, hasta la cabeza. Este es un ciclo de circulación. Repítalo lenta y calmadamente, en silencio, varias veces. Cuando sienta incomodad en ciertos lugares, esto significa que el paciente presenta un problema en esa área. Este es el diagnóstico por medio de la sensación de la circulación del *qi*.

Si el practicante siente la enfermedad o trastorno del paciente directamente, sin una reacción correspondiente en su propio cuerpo, esto es diagnóstico con conocimiento directo, no diagnóstico por medio de la reacción sensorial.

Diagnóstico con *gan ying* en secuencia

Cuando un practicante es capaz de sentir el *qi* del cuerpo en forma clara, puede crear una secuencia de lugares en una parte en específico de su cuerpo y ligar cada lugar a una parte determinada del cuerpo humano entero. Por ejemplo, puede crear un diagrama en su mano en el que cada punto se conecta con un área u órgano del cuerpo. Cuando diagnostica a un paciente, sabrá dónde hay una enfermedad a través de sensaciones en el punto correspondiente. La secuencia o diagrama normalmente se hace en las manos, la cara o los brazos.

¿Cómo funciona este método? Cuando se establece la secuencia en *yishi*, y *yiyuanti* recibe la información de la enfermedad, *yiyuanti* se conecta directamente con la parte designada de la secuencia y provoca una reacción en ese lugar. Si se logra comprender bien esto, no será necesario crear una secuencia, sino que se podrá diagnosticar la enfermedad directamente usando *yishi*.

El método de la secuencia es muy complejo. Además, varias ramas del *qigong* han creado mapas diferentes para las partes del cuerpo usadas en el diagnóstico. Incluso cuando el practicante se ha aprendido un mapa, normalmente será necesario que reciba mayor información por parte de un maestro de *qigong*. Por lo general, se usa en el *qigong* tradicional y el Zhineng Qigong no aconseja su uso.

Comprender a cabalidad el diagnóstico con *qigong*

Comprender su esencia y su mecanismo

El diagnóstico con *qigong* es un tipo de función especial de recepción. La visión a través de los objetos (*tou shi*) es el resultado combinado de una función especial de recepción y un patrón de cognición visual. El diagnóstico con conocimiento directo (*gan zhi*) es el resultado combinado de una función especial de recepción y un patrón de cognición lógica. El diagnóstico por medio de la reacción sensorial (*gan ying*) es el resultado combinado de una función especial de recepción y un patrón de cognición sensorial. Un requisito previo para este patrón de cognición es la habilidad de sentir claramente el *hunyuan qi* del propio cuerpo.

La forma de mejorar las habilidades especiales de recepción y cognición es a través de guiar la práctica para mejorar el diagnóstico con *qigong*. El proceso y el mecanismo son complicados. Incluye tres pasos: captar información especial; trasmitir información a *yiyuanti*; seleccionar y reconocer información en *yiyuanti*.

Los tres métodos de diagnóstico con *qigong* mencionados arriba difieren en sus procesos de formación y en sus mecanismos. Lo más importante para realizar diagnóstico mediante la reacción sensorial es fortalecer la combinación de *yiyuanti* y el *qi* para mejorar la propia capacidad de captar información especial. Lo más importante para realizar diagnóstico con conocimiento directo es mejorar los canales de transmisión de información especial y fortalecer las capacidades de selección y cognición de *yiyuanti*. Lo más importante para realizar diagnóstico con *tou shi* es abrir *tianmu* y fortalecer las conexiones entre la información de las habilidades especiales y la cognición visual común. Sin embargo, todo diagnóstico con *qigong* deberá incluir los tres pasos descritos. El paso más importante es la capacidad de selección y cognición de *yiyuanti*. Una vez que mejora esta función, el practicante puede captar información especial muy débil.

En el *qigong* tradicional, los practicantes no se enfocan en desarrollar habilidades especiales, sino que se enfocan principalmente en el interior de su cuerpo. Una vez que su *gongfu* alcanza cierto nivel, las habilidades especiales se desarrollan naturalmente ya que el *hunyuan qi* del cuerpo no bloquea por completo la capacidad de *yiyuanti* de recibir información especial. Sin embargo, toma mucho tiempo lograr tener habilidades especiales en el *qigong* tradicional.

En la ciencia del *qigong*, las habilidades especiales son la forma de explorar los misterios de la vida. Necesitamos desarrollar rápidamente las habilidades especiales. Resaltamos la importancia de aprender y practicar habilidades especiales.

¿Cómo mejorar las capacidades de selección y cognición de *yiyuanti*? En la sección anterior, introdujimos cuatro condiciones para las habilidades especiales: contar con suficiente *qi*; mantener *yishi* enfocado; tener un corazón puro y calmo; fusionar el *qi* interno con el *qi* externo. Se introdujeron también los métodos adecuados de práctica para reunir estas cuatro condiciones. Sin embargo, estas condiciones no son independientes, se conectan entre sí como una totalidad. Las separamos para poder comprenderlas mejor.

Para lograr las condiciones y los métodos descritos anteriormente, explicamos un método integral para fortalecer las capacidades de selección y cognición de *yiyuanti*. Es un método fácil, simple y muy efectivo.

Método de respiración en ángulo recto

Traiga *qi* a través de *yintang* al centro de la cabeza, en el punto donde se intersecta con una línea vertical que baja desde *baihui*. Quédese en ese punto un rato, luego guíe el *qi* hacia arriba y hacia afuera a través de *baihui*. De nuevo, traiga *qi* hacia el interior desde *baihui*, al centro de la cabeza. Quédese en ese punto un rato, luego lleve el *qi* hacia adelante (hacia *yintang*) y hacia afuera (Fig. 3-18).

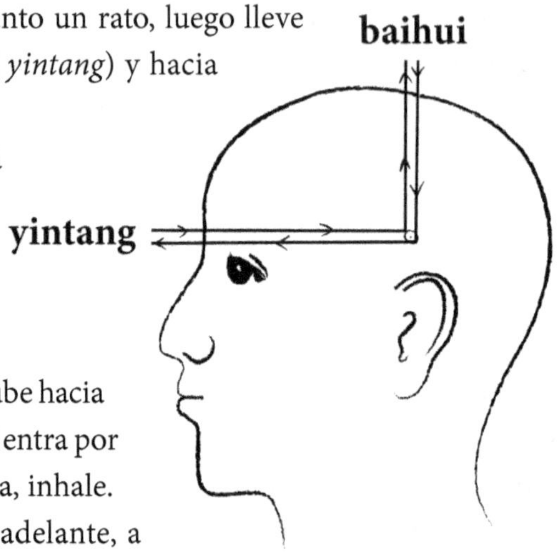

La respiración deberá estar ligada a *yishi* mientras guía el *qi*. Cuando el *qi* entra a través de *yintang* hacia el centro de la cabeza, inhale. Cuando el *qi* sube hacia *baihui*, exhale. Cuando el *qi* entra por *baihui* al centro de la cabeza, inhale.

Cuando el *qi* va hacia adelante, a *yintang*, exhale. Cada respiración debe ser uniforme, larga. Después de inhalar, deténgase en la intersección, pero no sostenga la respiración por mucho tiempo. Cuando *yishi* guía el *qi* hacia adentro y hacia afuera, es preferible imaginar que el *qi* se mueve en espiral.

Fig. 3-18

Los practicantes pueden hacer un mudra con las manos al mismo tiempo que el ejercicio. Coloque un dedo medio en *yintang* y el otro en *baihui*. Al entrar el *qi* desde *yintang* o *baihui*, presione ligeramente el dedo. Al salir el *qi* desde *yintang* o *baihui*, aleje un poco el dedo. Esto puede ayudar a incrementar el flujo de *qi*.

Los practicantes pueden añadir este método a su práctica de Levantar y Verter el Qi, después de verter el *qi* hacia la cabeza. Es un buen método para abrir los canales de recepción de información y hacer que el *qi* sea abundante en ellos. Los que lo practican con regularidad por varios meses por lo general desarrollan habilidades especiales.

Práctica diligente y experiencia constante

Es importante que la práctica sea constante para poder desarrollar habilidades especiales. El puro conocimiento teórico no es suficiente; incluso el satisfacer algunos de los requisitos no es suficiente. Los practicantes deben reunir las cuatro condiciones e integrarlas en una totalidad, de manera que puedan desarrollar habilidades especiales con el tiempo. Se deben reunir los requisitos básicos en la práctica, y una vez que aparezcan las habilidades especiales, deberán usarse con frecuencia. Sólo *tou shi* se puede presentar de manera súbita; ya que aparece, deberá trabajarse y mejorarse. Los demás tipos de diagnóstico con *qigong* se desarrollan en forma paulatina.

Un fenómeno común que se presenta cuando se empiezan a desarrollar las habilidades especiales es que el practicante de pronto recibe información de enfermedad antes de que el paciente le diga los detalles de su padecimiento. Pero cuando el practicante busca la enfermedad una vez que ha habido una extensa preparación, no es capaz de encontrarla. El recibir información de la enfermedad de esta forma se da cuando el paciente viene a preguntar qué tiene (incluso cuando el paciente no ha pedido un diagnóstico). La instrucción de detección de la enfermedad se forma de manera natural en *yishi*, que actúa rápidamente para detectar la enfermedad, y se integra la consciencia de manera especial en *yiyuanti*. Es una reacción de la totalidad, en donde la instrucción y la acción están íntimamente conectadas; es tan rápida que se presenta antes de que aparezcan los pensamientos. Este tipo de reacción de la totalidad puede movilizar fuertemente la vitalidad humana y el potencial de la consciencia, de manera que la enfermedad se diagnostica de forma instantánea. Es similar a cuando un conductor detiene el automóvil rápidamente en una emergencia; cuando se conectan automáticamente las funciones de generación y despliegue de las instrucciones de la consciencia y esto provoca una reacción súbita de totalidad. Cuando una persona piensa demasiado en el posible diagnóstico, su concentración se disipa y sus habilidades de diagnóstico se ven disminuidas. Por lo tanto, los practicantes necesitan mejorar su capacidad de enfocar *yishi*. Cuando *yishi* se pueda enfocar por completo en un momento dado, el practicante podrá diagnosticar la enfermedad fácilmente.

Uso correcto de yishi
Las habilidades especiales difieren de las comunes, pero ambas siguen las leyes básicas de la actividad de la consciencia. Por ejemplo, cuando *yishi*

se enfoca en objetos, el proceso que sigue para enviar información y los efectos que tiene ese envío sobre los objetos se ven influenciados por la fuerza con la que se inicia el proceso de envío y por qué tan profundas son las conexiones de *yishi* con esos objetos. Todo esto se ve afectado por nuestra voluntad, de manera que se alcanzan mejores resultados en el diagnóstico cuando existe el deseo de descubrir la enfermedad.

El diagnóstico activo de pacientes por lo general conduce a una acción más fuerte de la consciencia y a una actividad de consciencia más profunda. Como consecuencia, la energía y la información integradas provenientes de *yishi* también son más abundantes y fuertes, la habilidad de buscar información es mejor y se podrá diagnosticar con mayor precisión. Sin embargo, la voluntad subjetiva no es actividad conceptual, sino una especie de fuerza impulsora interna. Si se transforma directamente en fuerza que se utilice para diagnosticar, guiará *yishi* hacia la búsqueda del problema y lo encontrará. Si su mente está atrapada entre pensamientos sobre el diagnóstico o el paciente, esto debilitará la fuerza impulsora y su habilidad de diagnóstico disminuirá.

CAPÍTULO IV
Tratamiento con Zhineng Qigong

Existen dos tipos de tratamiento con *qigong*. Uno es que el paciente practique *qigong* para que el *qi* y la sangre sean abundantes y fluyan bien, con el fin de curar la enfermedad. El segundo es que el paciente reciba tratamiento con *qi* externo enviado por otros. Las dos formas de tratamiento con *qigong* son muy diferentes, pero los mecanismos son los mismos.

En este capítulo, hablaremos sobre el tratamiento con el *qi* externo, que incluye el tratamiento tradicional con *qi* externo y el tratamiento con *qi* externo propuesto por el Zhineng Qigong.

SECCIÓN I
Descripción general del tratamiento con el *qi* externo

El tratamiento con el *qi* externo consiste en que el practicante envíe *qi* externo al paciente para curar la enfermedad. Este *qi* externo se combina con la consciencia. Existen dos tipos de tratamiento con *qi* externo: el practicante puede enviar su *qi* interno y fusionarlo con el *qi* externo para enviarlo al cuerpo del paciente, o el *yishi* del practicante puede fusionarse con el *hunyuan qi* natural y enviarlo al cuerpo del paciente. En el tratamiento con Zhineng Qigong usamos el *qi* de la naturaleza, no el *qi* interno del cuerpo.

Historia del tratamiento con el *qi* externo

En la antigüedad, el tratamiento con el *qi* externo y el *qigong* se crearon casi al mismo tiempo. Hay dos historias. En la antigua China, se invitó a un doctor a que curara a un príncipe. El problema del príncipe radicaba en sus huesos y requería tratamiento con acupuntura, pero no era aceptado aplicar acupuntura a personas de alto rango social. Por lo tanto, el doctor construyó un hombre de paja, le aplicó acupuntura y curó al príncipe. Se invitó a otro doctor a curar a un príncipe. El príncipe tenía una úlcera muy difícil de tratar en una rodilla. Sin embargo, el doctor lavó la úlcera con una botella de agua y luego vertió el agua sucia en un árbol cercano. En seguida, la úlcera de la rodilla curó y apareció una gran lesión en el árbol: la úlcera fue extraída de la rodilla y transferida al árbol. Esto suena como un mito o una superstición, pero puede suceder con el tratamiento con *qigong*. Existen métodos exitosos con los que se aplica acupuntura a la sombra de una persona. Todos estos son tratamientos de *qigong* basados en el uso de la consciencia.

El *Bu Qi Fa* es un tratamiento con *qigong* muy antiguo. Los practicantes que tragan *qi*, se nutren de *qi* y comen *qi*, y que alcanzan un cierto nivel, pueden dar tratamiento a pacientes de esta forma. Los cinco órganos corresponden a las cinco direcciones. El practicante toma el *qi* de la dirección correspondiente a la enfermedad. Por ejemplo, si un paciente presenta una enfermedad del corazón, el practicante toma *qi* del sur y lleva ese *qi* al corazón; como resultado, la enfermedad puede curarse. Sin embargo, el éxito del método *Bu Qi Fa* depende de que el practicante alcance un cierto nivel de comer *qi*, y que el paciente esté tranquilo, en paz, con pocos deseos y pensamientos.

Asimismo, los antiguos curaban heridas externas, dolores, sangrados o mordeduras de insectos venenosos con solo soplar aire desde su boca. Esto se podía hacer desde lejos, incluso a miles de kilómetros de distancia. Por ejemplo, cuando un hombre recibió una picadura de insecto, el sanador sopló sobre su propia mano izquierda y la persona curó. Cuando una mujer recibió una mordida, el sanador sopló en su propia mano derecha y ella curó. De hecho, este es el tratamiento de consciencia a larga distancia. Los problemas de salud pueden curarse utilizando *yishi* directamente, sin diferenciar entre hombre y mujer, o soplando aire por la boca.

En 1981 impartimos una clase para enseñar a dar tratamiento con *qi* externo, lo que difundió su uso y lo hizo popular. Esto elevó el antiguo tratamiento con *qigong* a nivel científico. Hoy en día, mucha gente usa el tratamiento con *qi* externo. En los tiempos antiguos, la gente necesitaba de 8 a 10 años de práctica de sanación para aprender a usar el tratamiento con *qi* externo. En la actualidad, los practicantes pueden dar tratamiento con *qi* externo después de asistir a un curso de 20 días.

Pruebas científicas del tratamiento con el *qi* externo

En el tratamiento con *qi* externo, el practicante por lo general no toca al paciente. Es una especie de sanación a distancia. Mucha gente no lo comprende. Piensan que la cura se debe al poder de sugestión y que no es ciencia. Algunos incluso lo consideran brujería. La ciencia del *qigong* establece que el tratamiento con *qi* externo es el uso de la habilidad especial de envío de información para sanación. Explicamos a continuación el tratamiento con *qi* externo desde una perspectiva científica.

Características materiales del *qi* externo

Dado que la gente común no puede sentir el *qi* externo, no creen en su existencia. La ciencia moderna ha demostrado la existencia de la materia visible e invisible. Las ondas electromagnéticas son un ejemplo de materia invisible. Aunque la gente no puede sentir directamente la existencia de ondas electromagnéticas, estas pueden registrarse con aparatos (como la televisión y la radio). De la misma manera, el *qi* externo no puede percibirse con las habilidades comunes, pero puede detectarse con el equipo adecuado. Algunas personas piensan que el *qi* externo contiene muy poca materia o energía y que por lo tanto no puede curar enfermedades. Este es precisamente el secreto de la ciencia de la vida humana. No podemos comprender la energía de vida a través de la investigación física de la energía.

El *qi* externo actúa sobre distintos niveles de vida

Los científicos han realizado muchos experimentos que demuestran que el *qi* externo puede actuar sobre la materia viva en distintos niveles, como el nivel biomacromolecular, el nivel celular, el nivel de tejidos y el nivel de sistemas. Esto demuestra la existencia del tratamiento con *qi* externo.

- El profesor Duan Ching Gao del Instituto de Microcirculación de la Academia de Medicina de China llevó a cabo un experimento junto con el Centro Huaxia de Capacitación de Zhineng Qigong. El *qi* externo inhibió la división de células cancerosas (con éxito en siete casos y sin éxito en un caso), en comparación con el grupo control (las células continuaron dividiéndose en todos los casos). Este experimento demostró que el *qi* externo puede ser efectivo a nivel celular.
- Se llevó a cabo otro experimento sobre el efecto del *qi* externo en la microcirculación cerebral en ratas blancas. El *qi* externo tuvo un claro efecto en la eliminación de los bloqueos de la microcirculación del cerebro.
- Otros experimentos se llevaron a cabo conjuntamente por la Academia de Medicina de China y el Centro Huaxia de Capacitación de Zhineng Qigong. El profesor Yan Yi Zhao lideró dos de estos experimentos. El primero observó los efectos del *qi* externo en la función del neutrófilo (granulocito); el segundo, sobre el efecto protector del *qi* externo en la inflamación experimental. Ambos experimentos resultaron exitosos. Otros tres experimentos liderados por los profesores Li Mei y Qian Shu Sen obtuvieron buenos resultados. El primero observó el efecto del *qi* externo en tumores cancerosos S180 trasplantados en ratas. En el segundo, se usó *qi* externo en ratas con eritroleucemia. El tercero observó el efecto preventivo del *qi* externo en el crecimiento de células cancerosas y metástasis. El éxito de todos los experimentos relatados demuestra que el *qigong* con *qi* externo puede curar el cáncer, la inflamación y los desórdenes circulatorios.

Mecanismo y principios que rigen el tratamiento con *qi* externo

La ciencia moderna no puede explicar el mecanismo del tratamiento con *qi* externo. Sin embargo, se puede explicar fácilmente con la ciencia del *qigong*. El tratamiento con *qi* externo y el tratamiento con la práctica del *qigong* tienen mecanismos idénticos. Los dos se enfocan en hacer que el *qi* interno sea abundante, fluya libremente y se transforme en salud. No obstante, el tratamiento con *qi* externo es realizado por practicantes a pacientes; en el tratamiento con la práctica de *qigong* el paciente se cura a sí mismo a través de su propia práctica.

La teoría patológica del *qigong* considera que el *qi* es el medio a través del cual surge la enfermedad y que *shen* la guía. Por lo tanto, el foco del tratamiento con *qigong* es ajustar *shen* y el *qi*, estabilizar *shen*, hacer que el *qi* sea abundante y fluya libremente. Dice el *Huang Di Nei Jing* que si uno conserva el corazón en paz y vacío, el *qi* seguirá este estado para llegar al equilibrio; si la gente mantiene *shen* hacia el interior, no habrá enfermedad. Hua Tuo (un renombrado doctor que tuvo gran influencia en la medicina tradicional china hace 1,800 años) dijo que la enfermedad no tiene lugar cuando el *qi* y la sangre fluyen bien.

Con la sanación a través del *qi* externo, el practicante envía *qi* al paciente para incrementar la vitalidad. Lo que es más importante, el practicante debe enviar información de totalidad para ajustar el estado patológico del paciente y cambiarlo a un estado de salud. En el tratamiento con *qi* externo del Zhineng Qigong, *yishi* moviliza directamente el *hunyuan qi* para que actúe sobre los tejidos del cuerpo y sobre el movimiento de *qi* de abrir y cerrar, reunir y dispersar, etc., mientras usa la información de totalidad de la consciencia en forma activa para cambiar la estructura de tiempo-espacio del *qi* patológico, de manera que se cure rápidamente la enfermedad. A continuación, se describen los principios rectores del tratamiento con *qi* externo.

Tratar *xin* (corazón y mente)

Este es el elemento más importante del tratamiento con *qigong*. Movilizar al paciente para que tome la iniciativa, ayudarlo a tener confianza y determinación para vencer la enfermedad. Este cambio en su estado psicológico transformará la enfermedad en salud.

El tratamiento con *qigong* tradicional hace mucho énfasis en esto.

Qu You dijo en el *Yang Sheng Fa*: "Una mente sana garantiza un *shen* sano y un *shen* sano garantiza una persona sana. En contraste, si una persona se preocupa constantemente y su *shen* está apegado a cosas externas, envejecerá rápidamente. No debemos permitir que los factores externos dañen el *qi* interno. Si uno conserva un *qi* armonioso en el pecho todos los días, uno siempre gozará de salud".

Zhu Quan dijo en *Yang Sheng Fa*: "Los doctores de alto nivel de la antigüedad podían curar problemas emocionales para evitar que se presentaran enfermedades físicas. Los doctores de hoy sólo curan la enfermedad, sin curar *xin* (corazón o mente). Equivocan sus prioridades. Es como tratar los problemas de un árbol enfocándose en las ramas y no en las raíces, como actuar sobre el flujo de agua y no en la fuente. Es absurdo querer resolver un problema de esta forma".

Tai Bai Zhen Ren habló con claridad: "Al tratar enfermedades, debemos comenzar con *xin* porque cuando *xin* está en su estado correcto, estará alineado con el Dao. Los doctores deben ayudar a los pacientes a disipar dudas, preocupaciones, delirios, todo conflicto consigo mismos y con otros, a arrepentirse del mal que hayan hecho, y después soltar todo aquello que abruma su corazón. Sólo entonces estarán en armonía con el mundo natural. Poco a poco se enfocarán en el estado de su *shen* y su *xin* se volverá estable, en paz. La gente debe comprender que todo en el mundo es vacío, que toda lucha es una fantasía, que el cuerpo es una ilusión, que la buena fortuna y el desastre no son nada, que la vida y la muerte son un sueño. Si la gente puede repentinamente comprender esto, los apegos del corazón se liberarán y el corazón se volverá puro, en paz, la enfermedad se curará naturalmente. Al hacer esto, la gente puede lograr la salud sin necesidad de tomar medicinas. Los doctores de alto nivel usaban el Dao de esta forma para cambiar los corazones de las personas y sanarlas".

En el Zhineng Qigong, tanto el tratamiento con la práctica de *qigong* como el tratamiento con *qi* externo hacen hincapié en que los pacientes necesitan comprender la teoría del *qigong*. Una vez que lo logran, pueden usar su propia iniciativa para guiar el cambio en forma activa. Esta es la razón por la que el Zhineng Qigong da tanta importancia al "tratamiento hablado" (hua liao 话疗), en el que el hablar se usa para abrir el corazón del paciente de manera que pueda recibir información de sanación.

Se puede curar cualquier enfermedad

El tratamiento con *qi* externo puede curar cualquier enfermedad a través de la sanación externa y a través de la propia práctica.

Incrementar la vitalidad

El tratamiento con *qi* externo actúa para reunir *qi* y eliminar la enfermedad, enfocándose sobre todo en reunir *qi*. Como dice el viejo refrán de *Song Shan Tai Wu Xian Sheng Qi Jing*: "*Ren zai qi zhong, qi zai ren zhong* (Nosotros los humanos estamos dentro del *qi*, el *qi* está dentro de nosotros). La gente no puede dejar el *qi*, el *qi* no puede dejar a la gente; la vida de la gente depende del *qi*, si el *qi* se va, morimos. Las actividades de vida humanas se manifiestan en el *qi*. Si tu *qi* es abundante, no podrás morir aunque lo desees».

Comprensión del tratamiento con *qi* externo

Una técnica médica avanzada y de excelencia
Económica, sin efectos secundarios

El tratamiento con *qi* externo no requiere de medicamentos o equipo médico, por lo que puede ahorrar gastos y evitar efectos secundarios. Sabemos que el uso y la producción de medicamentos genera cierto grado de daño, debido a las complicadas reacciones en cadena. El tratamiento con *qi* externo resuelve este problema desde la raíz.

Trata una amplia gama de enfermedades

El tratamiento con *qi* externo busca ajustar el *qi* interno. Puede ajustar la falta de armonía y reestablecerla, ya sea por exceso o deficiencia. Por ejemplo, la presión arterial alta puede bajar y la presión arterial baja puede subir. Puede actuar tanto en problemas mentales como físicos. El tratamiento con *qi* externo por lo general puede ayudar con cualquier enfermedad. Entre las enfermedades curadas con el Zhineng Qigong, en millones de personas, están desórdenes funcionales, enfermedades orgánicas, enfermedades comunes, enfermedades raras, muchas enfermedades de difícil curación, enfermedades avanzadas, enfermedades crónicas, enfermedades agudas, enfermedades metabólicas, enfermedades infecciosas, enfermedades mentales, traumas, enfermedades provocadas por desbalances químicos, enfermedades provocadas por factores físicos y químicos externos, tanto adquiridas como heredadas. Ya sea a través del tratamiento con *qi* externo como con práctica, se pueden obtener buenos resultados tanto para problemas mentales como físicos.

Resultados rápidos, muy efectivos

Una característica del tratamiento con el *qi* externo es su amplio espectro de aplicación, junto con la velocidad de los resultados y la alta eficacia; algunas veces los resultados parecen increíbles. Se pueden sanar huesos rotos y se pueden eliminar tumores cancerosos al instante. Es difícil creer esos resultados porque es imposible obtenerlos con otros métodos de tratamiento. La gente sorda puede recobrar el oído. Los pacientes con enfermedades del ojo, como glaucoma, cataratas, inflamación del nervio óptico, desprendimiento de retina, etc. pueden recuperar la visión. Los pacientes paralizados vuelven a caminar. Los pacientes con presión arterial alta la revierten a su estado normal.

El tratamiento con *qi* externo puede producir efectos rápidos, efectivos y en una amplia gama de enfermedades. En particular, el organizar un campo de *qi* con el Zhineng Qigong puede rápidamente curar a un grupo de pacientes al mismo tiempo. Puede curar a mucha gente de manera rápida y efectiva, y además, sin costo alguno. Sin embargo, no todas las enfermedades o pacientes obtienen buenos resultados.

- Si la mente del paciente está fuertemente ligada al *qi* enfermo, la sanación será más difícil de alcanzar. Si no, es más fácil curar la enfermedad.

- Con enfermedades recién diagnosticadas, el campo de *qi* enfermo no se ha establecido por completo y el tratamiento es más efectivo. Es más difícil sanar una vez que el campo de *qi* enfermo se ha establecido con firmeza.
- Si el paciente puede activamente abrir su corazón y recibir sanación de parte del practicante, es más fácil curar la enfermedad. Si no, es difícil.

Se puede popularizar fácilmente

Los doctores deben contar con los conocimientos médicos adecuados para poder aplicar tratamientos usando la medicina moderna. Los practicantes pueden usar el tratamiento con *qi* externo, en especial el tratamiento con Zhineng Qigong, sin necesidad de tener conocimientos médicos ni conocer la causa de la enfermedad. En otras palabras, los practicantes no necesitan dedicar mucho tiempo a aprender medicina para poder dar tratamiento con *qi* externo. Esta es una de las razones por las que este tratamiento puede volverse popular muy rápidamente. Lo que es más, el tratamiento con *qi* externo del Zhineng Qigong puede comprenderse y adquirirse con facilidad. Una vez que los practicantes han aprendido el Nivel Uno del Zhineng Qigong, Levantar y Verter el Qi, pueden entender las técnicas de tratamiento con *qi* externo en pocos días de práctica y en adelante tratar sus propias enfermedades y las de otros.

El tratamiento con *qi* externo no es todopoderoso

Ya hemos explicado muchos de los puntos fuertes del tratamiento con *qi* externo, de manera que parecería que el *qi* externo puede curar todas las enfermedades. ¿Podríamos concluir, entonces, que el *qi* externo puede curar a todos y que nadie morirá? Eso es imposible. El *qi* externo puede únicamente curar enfermedades cuando el *qi* interno del paciente interactúa de manera positiva con el *qi* externo enviado por el practicante. En este proceso, el *qi* externo enviado por el practicante actúa en un aspecto de la sanación, pero incluso un practicante con un nivel alto de *gongfu* y habilidades muy desarrolladas únicamente puede curar cuando existe un cierto nivel de vitalidad. Ni siquiera alguien con el nivel más alto de habilidades podría revivir a un muerto. Cuando una persona está viva, pero su consciencia no está integrada con su actividad de vida, el *qi* externo del *qigong* no puede obtener buenos resultados (es importante mencionar que la consciencia de una persona en estado de coma puede estar todavía conectada a la actividad de vida).

La consciencia desempeña un papel muy importante en la actividad de vida, aunque la persona no se dé cuenta. La consciencia humana siempre desempeña un papel muy importante en nuestra vida. Es por esto que es difícil tratar pacientes que no cooperan con el practicante que les está aplicando tratamiento con *qi* externo. En especial, el caso de las personas que no creen en el *qigong* y que tienen sus propios patrones fijos de pensamiento ligados a los resultados en su propio campo; el tratamiento con *qi* externo no será muy efectivo en estas personas.

Debido a que el tratamiento con *qi* externo tiene sus propias particularidades, los practicantes que lo usan deben investigarlo a fondo y practicarlo con disciplina, y no deben ser superficiales ni sentirse superiores por los logros alcanzados.

La importancia de la práctica

Con la popularización del *qigong*, cada vez más gente ha aprendido a aplicar tratamiento con *qi* externo. Sin embargo, lo valoran menos que antes. Piensan que el *qigong* no es especial y no quieren aprenderlo a un nivel profundo, y en cambio consideran que el diagnóstico con *qigong* es de alto nivel y se muestran deseosos de aprenderlo, lo cual es un error.

Dentro de las funciones de recepción y envío de las habilidades especiales, existen distintos niveles. En la actualidad, el tratamiento que consiste en enviar *qi* externo es más útil que el diagnóstico, ya que puede reducir el sufrimiento del paciente de forma rápida y puede también reducir enormemente los costos médicos del país en general. A través de la práctica de este tratamiento, uno puede poco a poco mejorar la habilidad especial de enviar *qi* y también desarrollar las habilidades de enviar *qi* externo a largas distancias. Las habilidades de *ban yun*, que utilizan *yishi* para mover objetos, también pueden desarrollarse de esta forma. Además, a través del tratamiento con *qi* externo los practicantes gradualmente van desarrollando la capacidad de saber cómo va cambiando la enfermedad del paciente, y la habilidad de conocer directamente (*gan zhi*). Por esta razón, el Zhineng Qigong hace énfasis en que el desarrollo debe ir del tratamiento con *qi* externo al diagnóstico con *qigong*.

Clasificación del tratamiento con *qi* externo

Existen muchas formas de dar tratamiento con *qi* externo. No comentamos los tratamientos con las habilidades especiales innatas, como la sanación con *ban yun* o insertar las manos o implementos en el cuerpo para aplicar el tratamiento. Solamente describimos una clasificación simple del tratamiento con *qi* externo del *qigong*.

Con base en la fuente de *qi*

- Uso del *hunyuan qi* natural. Incluye La Qi (拉气): sanar, reunir y enviar *qi*. También sanación con circulación de *qi* y sanación con el campo de *qi*.
- Sanación con *yishi*. Incluye la sanación con la consciencia pura y la sanación con la luz de la consciencia.
- Uso del *qi* del *dantian*. Incluye tratamiento con *qi* externo que combina cuerpo, *qi* y consciencia, y tratamiento con *qi* externo que combina consciencia y *qi*.
- Uso de la energía física. Se refiere principalmente al *qigong* eléctrico. Los medios físicos para enviar *qi*.
- Enviar *qi* directamente a los pacientes. Esto incluye enviar *qi* usando el tacto y enviar *qi* sin tocar.
- Tratamiento con objetos infundidos con *qi*. Incluye agua con información (el *qi* se infunde en el agua), materia con información (se infunde *qi* en materia), dibujos con diagramas mágicos, texto escrito, una receta médica con información escrita, etc.

Maneras de enviar *qi*

- Enviar *qi* usando una parte del cuerpo, como las manos, los pies o los ojos.
- Enviar *qi* con la consciencia. Usar *yishi* para reunir *qi* natural y enviarlo a los pacientes.
- Enviar luz de la consciencia a través de los ojos.
- Enviar *qi* usando la voz, como cantar o emitir ciertos sonidos.
- Enviar *qi* soplando aire por la boca.

El Zhineng Qigong usa el *hunyuan qi* natural como su fuente de *qi*. Utiliza muchos métodos para enviar *qi*, que explicaremos en adelante. Para comprender a cabalidad el tratamiento con *qi* externo, comenzaremos describiendo el uso del *qi* externo en el *qigong* tradicional.

SECCIÓN II
Tratamiento con *qi* externo propuesto por el *qigong* tradicional

Tratamiento con *qi* externo que combina cuerpo, *qi* y consciencia

En este tratamiento, el practicante combina el cuerpo, el *qi* y *yishi* para enviar *qi* externo. Este tipo de sanación requiere que el practicante toque el cuerpo del paciente; por lo general, coloca las manos sobre el área enferma del paciente y luego, utilizando *yishi*, envía *qi* al interior de esa área para sanarla. Entre este tipo de tratamientos están el masaje de *qigong* (*tui-na*), la presión de puntos de energía con los dedos (acupresión) y la curación de huesos. Los practicantes de artes marciales también realizan este tipo de sanación, pero no comprenden que son tipos de sanación con *qi* externo. No entramos al fondo de estas formas de sanación, pero sí describiremos dos métodos más, de gran importancia, que combinan el cuerpo, el *qi* y *yishi*.

Tratamiento mediante vibración de *qi*

El practicante coloca las manos sobre el área enferma y las hace vibrar para enviar y transformar el *qi* de esa parte. Este método se domina fácilmente ya que no requiere mucho fundamento de *qigong*. Sin embargo, deben tomarse en cuenta dos puntos:

- Se necesita una cierta frecuencia de vibración, normalmente 4-6 veces por segundo.
- Al vibrar, *yishi* debe penetrar a cierta profundidad, pero sin usar demasiada fuerza física.

Este método es más efectivo con enfermedades que se presentan en la superficie del cuerpo o cerca de ella. Tiene un efecto claro en problemas relacionados con los tejidos suaves y las extremidades, pero no para traumas, como por ejemplo, fractura de hueso. Es conveniente aplicarlo por 5-10 minutos, no más de 15. El tratamiento con vibración no necesita que el practicante movilice su *qi* interno, por lo que rara vez afecta el *qi* del *dantian* del practicante; solo necesita hacer la vibración. Por supuesto que en ocasiones los músculos se cansan.

Tratamiento con súpervibración de *qi*

Este método es muy similar al anterior, pero la frecuencia es mayor, de 8-12 veces por segundo. Esta técnica se puede dominar a través de un entrenamiento especial: coloque una mano sobre su pierna o sobre una mesa, presione la uña del dedo medio con el dedo medio de la otra mano. Levante y relaje continuamente la presión con el dedo medio y vaya aumentando la velocidad. Con la práctica, la frecuencia puede llegar a alcanzar 8-12 veces por segundo, cerca de la frecuencia del infrasonido. En el pasado, este entrenamiento era considerado un importante secreto; pocas personas podían alcanzar esa frecuencia sin este entrenamiento.

Una vez que el practicante alcanza esta velocidad, puede colocar la mano sobre la zona enferma para tratar al paciente. Este tratamiento tiene el efecto del infrasonido. Puede utilizarse en una amplia gama de casos y es más efectivo que el tratamiento de vibración simple. Los practicantes pueden usarlo para curar enfermedades que afecten el cuerpo entero al hacer la vibración en *baihui, tanzhong, duqi, mingmen*, etc.

No es necesario conocer la causa de la enfermedad para aplicar este tratamiento. El practicante solo vibra el área afectada. Este método no consume mucho *qi* del *dantian*, y es bastante efectivo. Normalmente se aplica por periodos de 5 minutos, no más de 10.

Tratamiento con *qi* externo que combina *yishi* y *qi*

Este método no hace uso del cuerpo, lo que significa que el practicante que lo va a aplicar puede enviar *qi* utilizando la consciencia, sin necesidad de tocar físicamente. A continuación, se introducen los métodos específicos.

Yishi guía el tratamiento con *qi* interno

Es el método más utilizado en *qigong* actualmente. El practicante guía y envía el *qi* de su *dantian* o canaliza *qi* hacia afuera para que actúe sobre la enfermedad de otros.

En el tratamiento con el *qi* del *dantian*, el practicante reúne y concentra *qi* en el *dantian*, combina *yishi* con el *qi* del *dantian* y luego usa *yishi* para guíar el *qi* del *dantian* hacia su propia mano. Ya en la mano, existen muchas formas de enviar el *qi*.

Cuando se aplica el tratamiento a un área grande, el practicante puede enviar *qi* a través de los puntos de energía *laogong* en el centro de la palma. (Fig. 4-1) Para enviar *qi* concentrado a un punto en específico, el practicante puede usar el Dedo de Espada.

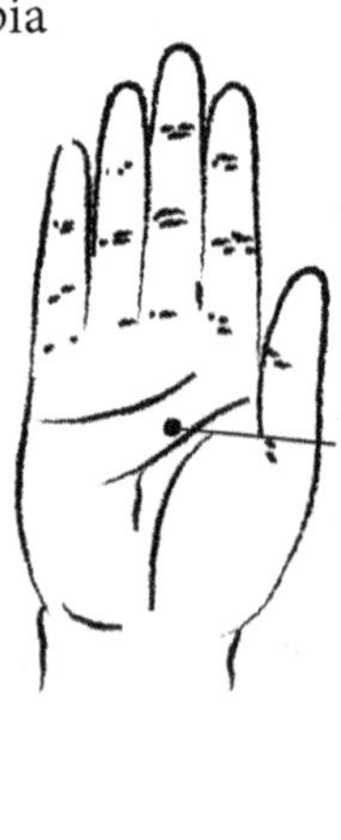

Fig. 4-1

laogong

Estire los dedos índice y medio, y doble los dedos anular y meñique. Presione las uñas de los dedos anular y meñique con el dedo pulgar (Fig. 4-2). O coloque el pulgar en la base del dedo índice para hacer Dedo de Cuchillo (Fig. 4-3). Para presionar los puntos de energía o guiar el *qi* a través de los dedos para hacer la sanación, puede usar el Dedo de Aguja. Doble el meñique sobre la parte trasera del dedo anular. Presione el dedo medio sobre la punta del dedo meñique y dóblelo hacia el centro de la palma. Presione el dedo pulgar sobre la punta del dedo medio, luego el dedo anular sobre la punta del pulgar. Sólo el índice permanece estirado. Las uñas del pulgar, meñique y dedo medio están presionadas y cubiertas (Fig. 4-4).

Fig. 4-2

Una vez que los practicantes cuentan con la habilidad de sanar mediante esta técnica de guiar el *qi* del *dantian*, son capaces de aplicar tratamientos más avanzados que guían el *qi* de los órganos internos y de los canales, dependiendo de la enfermedad.

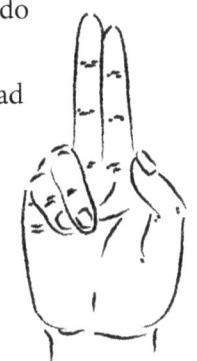

Para realizar el tratamiento con el *qi* del *dantian*, los practicantes necesitan tener una base sólida de *qigong* y ciertos conocimientos médicos. Deben saber qué enfermedad es la que están tratando y sus síntomas. Primero, se diagnostica la enfermedad para después aplicar el tratamiento adecuado específico para esa enfermedad. Los practicantes deberán enviar *qi* caliente cuando el paciente presenta síntomas derivados de factores fríos y enviar *qi* frío cuando el paciente presenta síntomas derivados de factores calientes, fortalecer el *qi* cuando el paciente tiene síndrome de deficiencia y liberar *qi* cuando tiene demasiado *qi* en alguna parte del cuerpo. El practicante puede enviar *qi* al lugar donde se ubica la enfermedad o a los canales o puntos de energía relacionados con la enfermedad. También puede enviar

Fig. 4-3

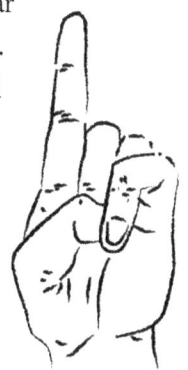

Fig. 4-4

qi a las principales puertas de energía del cuerpo (por ejemplo, *baihui*, *mingmen*, *duqi*). Si el practicante envía *qi* al cuerpo del paciente y logra que el *qi* sea abundante, la salud del paciente mejorará mucho, pero el practicante disipará una buena parte de su propio *qi*. Si en lugar de enviar *qi* de manera general el practicante envía *qi* caliente o frío, agrega o libera *qi*, según se necesite para la enfermedad en cuestión, consumirá menos de su propio *qi* y el tratamiento será más efectivo.

Cómo enviar *qi* del *dantian* para tratar enfermedades

La postura puede ser de pie o sentado. Lleve *qi* hacia el *dantian* bajo. Combine *yishi* y el *qi* del *dantian*, luego guíe el *qi* a la mano y envíe *qi* a la parte del cuerpo del paciente que lo necesite. La mano deberá estar, por lo regular, a 10-20 cm del paciente. Dependiendo de la enfermedad, envíe *qi* frío, tibio o caliente, o fortalezca o libere el *qi* del paciente.

Cómo enviar *qi* caliente o frío

Este método se usa para enfermedades provocadas por factores fríos o calientes. No envíe *qi* inmediatamente después de haberlo guiado a su mano. Sincronice su respiración con la del paciente, el practicante y el paciente inhalan y exhalan juntos.

Si el paciente tiene un padecimiento derivado del frío, envíe *qi* caliente. Use *yishi* para guiar el *qi* hacia afuera de su mano e introducirlo en el área enferma mientras exhala; visualice cómo fluye el *qi* hacia el área enferma como si fuera fuego. El paciente puede sentir cómo penetra el *qi* caliente al área enferma y de inmediato tener una sensación confortable.

Si el paciente tiene un padecimiento derivado del calor, envíe *qi* frío. *Yishi* guía el *qi* hacia afuera desde la mano y entra en el área enferma mientras usted inhala. Al mismo tiempo, visualice cómo fluye el *qi* al área enferma como aire frío. El paciente puede sentir cómo penetra el *qi* frío al área enferma, como aire fresco y refrescante.

Las dos claves para enviar *qi* frío o caliente son la respiración y la visualización. Puede ser que se obtengan ciertos resultados si solo se usa uno, pero se obtendrán los mejores resultados si se combinan los dos elementos de manera habilidosa.

La ventaja del tratamiento con el *qi* del *dantian* es que el practicante envía el *qi* de su *dantian* al cuerpo del paciente. El *qi* del *dantian* no solo cura enfermedades sino que también incrementa la vitalidad del paciente. Mientras más sólida sea la base de práctica del practicante, mejor calidad del *qi*.

Entre las desventajas de este tratamiento encontramos las siguientes:

- El tratamiento con el *qi* del *dantian* consume *qi* del *dantian*. Su práctica deberá limitarse o de lo contrario podrá frenar el progreso del *qigong* y deteriorar la salud del practicante. El practicante debe tener suficiente práctica de *qigong* para mantener su *qi* abundante para autoprotección. Con base en la experiencia del autor, el practicante necesita cuatro horas de práctica de *qigong* para una hora de tratamiento. Por supuesto que el practicante debe tener una base sólida de práctica de *qigong*. Los practicantes que no han fortalecido el *qi* del *dantian* y que dan tratamiento así a pacientes, no tendrán muchos avances, además de que podrán incluso dañar su *shen* y *qi*.
- El tratamiento con el *qi* del *dantian* puede provocar que el *qi* enfermo del paciente entre al cuerpo del practicante. Este riesgo puede presentarse en especial cuando se libera el *qi* excesivo. Cuando el *qi* del practicante se fusiona con el *qi* enfermo para sacarlo del cuerpo del paciente, el practicante corre el riesgo de introducir ese *qi* a su propio cuerpo. El *qi* que entra al cuerpo del practicante y no se limpia de inmediato se volverá un factor potencial de enfermedad que, en combinación con otros factores, puede provocar una enfermedad más adelante.

Métodos para desechar el *qi* enfermo

Existen muchas formas de desechar el *qi* enfermo, tales como usar árboles, agua, etc. Aquí describiremos principalmente el uso de la práctica de *qigong* para desechar el *qi* enfermo.

De pie, coloque un pie adelante, el otro atrás, los pies paralelos a aproximadamente 10 cm de distancia. El talón del pie de adelante debe estar alineado con la punta del pie de atrás. Normalmente, los hombres colocan el pie izquierdo adelante, las mujeres el pie derecho. Extienda los brazos hacia el frente en posición horizontal a la anchura de los hombros. Las palmas miran hacia abajo para conectar *yishi* con el *qi* de la tierra.

Coloque su centro de gravedad en el pie de atrás, luego cámbielo al pie de adelante. Levante el talón del pie de atrás manteniendo la parte delantera del pie en el piso. Luego, cambie su centro de gravedad al pie de atrás y baje el talón para que todo el pie esté apoyado en el piso. Mientras mueve su peso hacia atrás, mueva los brazos en círculo hasta el pecho con las palmas hacia abajo, hacia el mismo lado que el pie de adelante. Por ejemplo, las mujeres que tienen el pie derecho adelante mueven los brazos en círculo hacia la derecha al ir hacia atrás.

Al mover su centro de gravedad hacia el frente, mueva los brazos hacia adelante en círculo hacia el otro lado. Los hombres con el pie izquierdo adelante mueven los brazos en círculo a la izquierda al ir atrás y hacia la derecha al ir hacia adelante. El movimiento de los brazos es en forma de círculo similar a sentir un círculo de *qi* en *taiji quan* (Fig. 4-5).

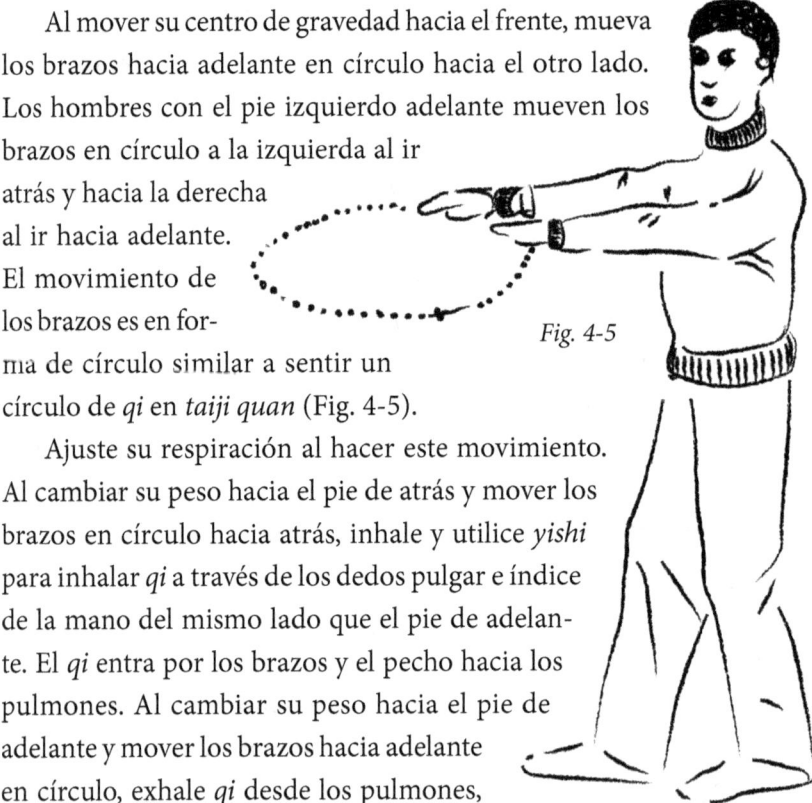

Fig. 4-5

Ajuste su respiración al hacer este movimiento. Al cambiar su peso hacia el pie de atrás y mover los brazos en círculo hacia atrás, inhale y utilice *yishi* para inhalar *qi* a través de los dedos pulgar e índice de la mano del mismo lado que el pie de adelante. El *qi* entra por los brazos y el pecho hacia los pulmones. Al cambiar su peso hacia el pie de adelante y mover los brazos hacia adelante en círculo, exhale *qi* desde los pulmones, a través del pecho y los brazos, y libérelo por los dedos pulgar e índice de la mano del mismo lado que el pide de atrás. Practique este ejercicio durante 10-15 minutos después de aplicarle tratamiento a un paciente. Es una forma de liberar el *qi* enfermo y practicar *qigong* al mismo tiempo.

Los puntos clave de este ejercicio son:

- Use *yishi* para conectar los centros de las palmas con el *qi* de la tierra.
- Al exhalar, envíe el *qi* enfermo hacia afuera de manera consciente. Al inhalar, traiga *qi* puro del cielo al interior del cuerpo de manera consciente.

Se requiere cumplir dos condiciones para guiar el *qi* de los órganos internos y de los canales para hacer sanación. Una es contar con una base sólida de *qigong* en la que los canales de todo el cuerpo estén abiertos. La otra es usar un mudra en particular. Las dos son muy complicadas y no aptas para su uso extendido.

Tratamiento con circulación de *qi*

Con este método, los practicantes guían el *qi* para que circule por su cuerpo y el cuerpo del paciente para sanación. Incluye la circulación cara a cara y la circulación de lado y de frente. Cuando se usa este método para diagnosticar enfermedades, se le llama diagnóstico de circulación.

Circulación cara a cara

El practicante y el paciente deben colocarse de pie, de frente uno al otro. El practicante lleva el *qi* hacia el *dantian*, combina *shen* y *qi* y luego guía el *qi* hacia arriba a la cabeza y lo libera a través de *baihui* hacia el cielo. Luego, juntos guían *qi* del cielo para introducirlo al cuerpo del paciente por *baihui*, a través del cuerpo y luego hacia la tierra por los puntos de energía *yongquan* del paciente. Entonces, el *qi* entra por el cuerpo del practicante a través de *yongquan* y sube hasta *baihui*. De esta forma, el *qi* circula a través de los cuerpos tanto del practicante como del paciente.

Durante la circulación, el *qi* enfermo entra a la tierra y no entra al cuerpo del practicante. Cuando el *qi* circula por el cuerpo del paciente, el *qi* del paciente se ajusta y su enfermedad sana. Debido a que la circulación cara a cara requiere que el practicante guíe el *qi* del *dantian* hacia la punta de la cabeza y hacia afuera, muchos practicantes temen que afecte su *shen*, por lo que prefieren la circulación de lado.

Circulación de lado y de frente

El practicante y el paciente deben colocarse de pie uno al lado del otro, con un pie al frente y uno detrás. El practicante coloca una mano sobre el *dantian* y levanta la otra mano para liberar el *qi* hacia arriba por el centro de la palma o los dedos de la mano, para después guiar el *qi* hacia la punta de la cabeza del paciente. El *qi* entra al cuerpo del paciente y sale por el pie de atrás. El *qi* continúa a través de la tierra y entra al cuerpo del practicante a través de su pie de enfrente, luego pasa por su cuerpo hacia el centro de la palma. En esta circulación de lado y de frente, el *qi* no entra por *baihui* (Fig. 4-6).

En ambos tipos de circulación, cara a cara y de lado y de frente, el *qi* del practicante pasa a través del cuerpo del paciente de arriba a abajo y circula de regreso hacia el cuerpo del practicante, de manera que casi no consume *qi*. Conforme el *qi* pasa por el cuerpo del paciente, el practicante necesita enfocar *yishi* para que penetre la zona enferma y mueva y libere el *qi* enfermo hacia la tierra. El tratamiento de circulación es también un método del Zhineng Qigong. Pero en el Zhineng Qigong, el practicante no comienza en el *dantian*; de hecho, durante la circulación no se involucra el *dantian*. El practicante reúne *qi* del espacio entre él y el paciente y luego lo envía al punto de energía *baihui* del paciente. El *qi* pasa a través del cuerpo del paciente hacia *yongquan* en las plantas de los pies y luego hacia afuera, hacia la tierra. El *qi* regresa al cuerpo del practicante por *yongquan*, pasa por todo su cuerpo y sale por *baihui* y continúa circulando. Se puede también usar este método para hacer circulación de lado y de frente, y para crear un campo de *qi*.

Fig. 4-6

En la sanación con circulación, ya sea que utilice el *qi* del *dantian* bajo o reúna *qi* directamente del universo infinito, el practicante no necesita conocer los síntomas del paciente, es suficiente que lleve a cabo la circulación de *qi*.

Absorber y liberar la enfermedad

El practicante se fusiona con su *shen* y *qi* y envía *qi* al cuerpo del paciente para fusionarlo con el *qi* enfermo ahí. Luego, el practicante absorbe este *qi* enfermo en su cuerpo, creando un estado de enfermedad. Por ejemplo, si el paciente tiene dolor de estómago, el practicante presentará un dolor de estómago cuando absorba el *qi* enfermo en su cuerpo. Después del tratamiento, el sanador necesita practicar *qigong* para transformar el *qi* enfermo en *qi* sano. Cuando el sanador sienta que ha regresado su buena salud, el paciente también se recuperará.

Cuando aprendí este tratamiento de un maestro, pregunté: "Cuando sacamos el *qi* enfermo del paciente, ¿por qué no lo desechamos en lugar de meterlo a nuestro cuerpo?" El maestro respondió: "Los Bodhisattvas deben tomar el sufrimiento de todos los seres vivos. Es la única forma de alcanzar el nivel de Bodhisattva". Y luego pregunté: "Buda y los Bodhisattvas son muy compasivos. Quieren que otros se liberen del sufrimiento y encuentren la felicidad. Si liberamos el *qi* enfermo de los pacientes hemos alcanzado este objetivo, ¿por qué entonces necesitamos tomar el *qi* enfermo y meterlo a nuestro cuerpo? ¿No es poco útil eso, además de que podemos crearnos problemas a nosotros mismos?". El maestro se mostró descontento y me reprendió: "Esto viene de nuestros ancestros. ¿Te atreves a querer cambiarlo? Si practicas el Dao no debiera importarte tu propia vida. Si no eres capaz de aceptar este pequeño sufrimiento, ¿cómo puedes alcanzar el gran Dao?".

Lo comprendí después. Cuando usamos este método de sanación, en realidad no metemos el *qi* enfermo en nuestro cuerpo y lo transformamos. Lo que ocurre es que nuestra habilidad especial de diagnóstico opera por reacción sensorial cuando llevamos a cabo la sanación. Para cuando me di cuenta de esto, el maestro por desgracia había muerto. Siempre recomiendo evitar este método.

Tratamiento de inducción

Los practicantes con buen *gongfu* pueden usar este método. Sentados, hombro con hombro con el paciente, comenzar a practicar *qigong*. Cuando *shen* y *qi* se fusionen en una totalidad de armonía, usar *yishi* para fusionarse con el paciente y continuar la práctica. El paciente por lo general se recuperará después de la práctica.

El mecanismo de este tratamiento es que un campo particular de *qi* se forma alrededor del practicante durante la práctica de *qigong*. Cuando el practicante se fusiona con el paciente, su campo de *qi* también se fusiona con el del paciente, lo que crea una resonancia similar al cuerpo del paciente. El campo fuerte de *qi* del practicante produce la transformación del *qi* del paciente. En los tiempos antiguos, los maestros Zen de alto nivel usaban este método con frecuencia para tratar emperadores y funcionarios. Dado que no se movían ni hablaban, la gente pensaba por error que su poder venía del Buda y de los Bodhisattvas.

En un experimento sobre este tratamiento, se usó equipo infrarrojo para registrar el movimiento del *qi* corporal del practicante durante la meditación. Colocaron a un niño junto al sanador y le pidieron que se sentara en silencio mientras lo monitoreaban. Al poco rato, el equipo mostró un movimiento de *qi* en el cuerpo del niño similar al del maestro de *qigong*. Este proceso tiene algunas semejanzas con la inducción electroestática y, por lo tanto, lo llamo tratamiento de inducción.

Tratamiento con la consciencia

El tratamiento con la consciencia es un tratamiento avanzado con *qi* externo. Pareciera que no debiera llamarse tratamiento con *qi* externo porque sólo usa la consciencia y no involucra el *qi*. Pero debido a que la Teoría de la Totalidad Hunyuan del Zhineng Qigong establece que la consciencia es una forma especial de *hunyuan qi*, el tratamiento con la consciencia debe clasificarse como tratamiento con *qi* externo.

El mecanismo del tratamiento con la consciencia incluye lo siguiente:

- Usa la información de totalidad de *yishi* para reunir *hunyuan qi* para dar tratamiento. Este es un proceso de sanación más lento.
- La información de totalidad de *yishi* afecta directamente la información de enfermedad para restaurarla a un estado de salud, lo que trae cambios rápidos.

El tratamiento con la consciencia incluye el tratamiento con la consciencia pura y el tratamiento con la luz de la consciencia.

Tratamiento con la consciencia pura

En este método, el practicante piensa que la enfermedad del paciente desaparece, y el paciente se recupera por completo. En tiempos antiguos, esta era el método de sanación más difícil que los maestros pasaban a sus discípulos porque no existen posturas ni movimientos que enseñar, a diferencia de otros métodos de sanación con *qi* externo. Los antiguos enfatizaban que el aprendizaje de este método dependía del nivel de introspección de la persona.

En este método, la actividad de *yishi* es la misma que en la vida diaria. La experiencia en general de la gente es que la actividad diaria de *yishi* no puede curar enfermedades. Esto se debe a que pocas personas se entrenan para enfocar su intención y existen muy pocos ejemplos de este tipo de tratamiento en la vida diaria. En consecuencia, nuestro marco de referencia no contiene información sobre el control de *yiyuanti* sobre la actividad de vida, lo que lo hace que este método sea difícil de comprender a cabalidad.

Desde que introdujimos la Teoría de la Totalidad Hunyuan, en especial la teoría de la consciencia, hemos comprendido una parte del *yiyuanti* y de la actividad de *yishi*, lo que hace que este método sea más fácil de aprender. De hecho, si un practicante puede comprender la teoría detrás de este tratamiento, es fácil entender su sentido. Algunas personas lo aplican tan pronto lo conocen. Una voluntad férrea es la clave del éxito de este tratamiento. Siempre que el practicante cuente con una buena base y esté dispuesto a dar tratamiento con la consciencia, los resultados serán satisfactorios. No existe un método específico para este tratamiento. Sus principios son: enfocar *yishi*, pensar que el paciente se ha recuperado o pensar que la enfermedad ha desaparecido y que las funciones son normales, sanas.

Por ejemplo, un paciente tiene un tumor y el practicante puede simplemente pensar que el tumor ha desaparecido, o visualizar que se ha sacado el tumor con un cuchillo, se ha usado equipo para disolverlo o que el tumor se transforma (*hua*) hasta desaparecer. Para las úlceras, el practicante puede simplemente pensar que se ha curado o visualizar la piel dañada como sana y tersa o que está creciendo piel sana. Para huesos rotos, el practicante puede simplemente pensar que el hueso roto se ha curado y que regresa a la normalidad, puede visualizar que el hueso roto está soldado o fusionado, etc.

Por lo general es mejor no imaginar o visualizar escenarios complicados. Incluso si el practicante tiene conocimientos médicos avanzados, no deben usarlos para pensar sobre cómo se lleva a cabo la sanación. Dado que el proceso del cambio físico es lento con la medicina común, pero muy rápido cuando se usa el tratamiento con la consciencia, los mecanismos para ambos son diferentes.

El tratamiento con la consciencia pura no se ve afectado en caso de que el practicante y el paciente estén lejos uno del otro, ni si el paciente está escondido y el practicante no puede verlo. Esto se debe a las características particulares de la actividad de la consciencia.

El practicante del tratamiento con la consciencia pura no debe diferenciar entre enfermedades ni debe tener opinión alguna sobre la enfermedad. Debe creer que todas las enfermedades se pueden curar con *yishi*. Durante el tratamiento con la consciencia, no debe pensarse sobre cómo *yishi* entra al cuerpo o cómo trata la enfermedad, simplemente se piensa en el resultado. Esto se debe a que la consciencia está ya en el área afectada cuando el pensamiento aparece. Si el practicante piensa otra vez en cómo entrar al área enferma, el flujo de *yishi* se rompe y no funciona con efectividad.

El tratamiento con la consciencia pura puede sanar problemas desde lejos o estando cerca. El practicante no necesita saber la ubicación y el estado específico del paciente. El tratamiento con la consciencia pura puede aplicarse a cualquier paciente si se sabe su nombre o si se le otorga al practicante algún tipo de enlace al paciente. Por ejemplo, Zhang San presenta cáncer de tiroides. El practicante puede tratar el cáncer pensando que este desaparece, incluso si Zhang San está a miles de kilómetros de distancia y el practicante no conoce a Zhang San. La gran gama de habilidades de la consciencia está determinada por las características materiales de *yishi*, sus características de información de totalidad y sus características de selección. Existen muchas personas con el nombre de Zhang San en el país, ¿todas esas personas se verán afectadas? La respuesta es no, porque el Zhang San que está recibiendo el tratamiento es una persona en específico, la consciencia del practicante eligió directamente a este Zhang San con base en la información que otros le proporcionaron. En el estado de habilidades especiales, *yishi* va más allá del tiempo y el espacio físicos, lo que significa que no tiene noción de la distancia. Los antiguos decían que un pensamiento contiene 3,000 universos.

En el caso de la sanación y el diagnóstico a distancia, el practicante sólo necesita enviar una instrucción. Esta instrucción incluye la información de totalidad del paciente dada por los intermediarios. La consciencia del practicante usa esta información para trabajar directamente con el paciente en cuestión.

Tratamiento con la luz de la consciencia

La luz de la consciencia se refiere a la combinación de *yishi* con la visión, en donde la visión se mueve con la guía de *yishi*. Dado que la visión es una reacción a los rayos de luz, una banda especial de ondas electromagnéticas, la luz de la consciencia no es una actividad de la consciencia pura. En comparación con la actividad de la consciencia pura, la luz de la consciencia tiene más características materiales. Sin embargo, la luz de la consciencia no sólo es una combinación de consciencia y ondas electromagnéticas.

El tratamiento con la luz de la consciencia se refiere a un tipo de sanación donde la luz de *yishi* se usa para iluminar y hacer brillar la enfermedad. En este tratamiento, el practicante por lo general inunda el área afectada con la luz de la consciencia. *Yishi* guía la visión junto con la información de sanación. El punto clave es que los tres elementos deben actuar dentro del área enferma de forma instantánea para que el proceso de sanación sea total en el momento en que la luz de *yishi* entre.

El tratamiento con la luz de la consciencia actúa sobre la enfermedad y la cambia al instante. No es continuo. La luz de la consciencia es como un pulso que tiene un impacto sobre la enfermedad. Puede realizarse una o varias veces.

Los practicantes deben ver la enfermedad como *qi*. La luz de *yishi* debe ir directamente a través del área afectada para transformar y dispersar, de manera que se restablezca la salud. El tratamiento con la luz de la consciencia es distinto del tratamiento en el que se envía *qi* con los ojos. El uso de los ojos para enviar *qi* requiere que *yishi* guíe el *qi* de adentro de los ojos hacia afuera; es un proceso de pensamiento en el que el *qi* interno se envía hacia afuera. Pero la sanación con la luz de la consciencia no usa el pensamiento de usar los ojos para enviar el *qi* hacia afuera. Sólo se usa *yishi* para centrar la visión y que actúe sobre la enfermedad, y la visión no es un proceso de pensamiento de ir de adentro hacia afuera.

SECCIÓN III
Tratamiento con el *qi* externo propuesto por el Zhineng Qigong

Introducción

El tratamiento con el *qi* externo en el Zhineng Qigong se basa en la experiencia recogida del tratamiento con el *qi* externo del *qigong* tradicional. Es un tratamiento nuevo que combina el uso de las habilidades especiales con el *qigong*. En él, el practicante usa *yishi* con el *hunyuan qi* natural, no con el *qi* del *dantian*.

Entre sus características se encuentran:

- No requiere una base muy profunda de *qigong*. Los practicantes pueden dar tratamiento con el *qi* externo una vez que hayan aprendido el método de Levantar y Verter el Qi. En la ciencia del Zhineng Qigong, el tratamiento con el *qi* externo es una de las técnicas más básicas.
- El tratamiento con el *qi* externo no daña el *qi* del practicante ni su progreso; de hecho, mejora su *gongfu*.

- Los practicantes no necesitan conocer los síntomas del paciente para dar el tratamiento. Sólo necesitan enviar *hunyuan qi* junto con buena información de consciencia para obtener buenos resultados. La gente puede usar este método sin necesidad de contar con conocimientos médicos avanzados.
- Los métodos son simples y fáciles de comprender, por lo que se han popularizado.

El tratamiento con el *qi* externo en el Zhineng Qigong combina la consciencia y el *qi*, en donde la consciencia guía el *qi*. El practicante puede enviar *qi* al cuerpo del paciente a través del tacto; combinando directamente el *qi* con la consciencia para que actúe sobre la enfermedad; enviando consciencia pura al área enferma para transformar el *qi*; enviando *qi* a un objeto (como el agua) para que éste actúe sobre el paciente. Una diferencia importante es la fuente del *qi* que se usa en el tratamiento en el Zhineng Qigong. El tratamiento del *qigong* tradicional utiliza principalmente el *qi* del *dantian*, mientras que el Zhineng Qigong usa el *hunyuan qi* de la naturaleza. El tratamiento con el *qi* externo en el Zhineng Qigong puede hacerse a gran escala, a través del método de organizar el campo de *qi* que se describe en la siguiente sección. El tratamiento con el *qi* externo en el Zhineng Qigong es muy diferente del tratamiento con el *qi* externo tradicional.

Fundamentos teóricos del tratamiento con el *qi* externo en el Zhineng Qigong

El tratamiento con el *qi* externo en el Zhineng Qigong es una parte muy importante de la ciencia del Zhineng Qigong. La teoría subyacente es la Teoría de la Totalidad Hunyuan, teoría sobre la que se basa la ciencia del Zhineng Qigong y en la que se basa el tratamiento con el *qi* externo. La Teoría de la Totalidad Hunyuan establece:

Todo en el universo es una forma de hunyuan qi.

Los objetos visibles son un estado concentrado de *hunyuan qi*. El *qi* invisible es *hunyuan qi* esparcido y es la forma más presente de *hunyuan qi*. Es amorfo y está distribuido en forma uniforme. Cada nivel de materia tiene su propio *hunyuan qi* invisible. Por ejemplo, existe el *hunyuan qi* de los humanos, de las flores, del pasto, de los árboles, de los ríos, de los océanos, de las estrellas, del sol, de la luna y el *hunyuan qi* original. La práctica y el tratamiento de sanación con el *qi* externo del Zhineng Qigong se centran en el *hunyuan qi* humano y en el *hunyuan qi* original. El *hunyuan qi* humano es el más avanzado y complicado de los distintos niveles de *hunyuan qi* que hay. Existe sólo en los seres humanos. El *hunyuan qi* original es el *hunyuan qi* más elemental y puro que existe. Llena el universo entero. Es la fuente y el sustento de la generación y la transformación (*sheng hua*) de todo.

El Zhineng Qigong se centra en estos dos tipos de *hunyuan qi*, el nivel más alto y la fuente. Esto significa que la práctica del Zhineng Qigong incluye todos los niveles de *hunyuan qi* en el universo, ya que estos dos tipos de *hunyuan qi* abarcan todas las características de todos los niveles de *hunyuan qi*. Cuando los tipos de *hunyuan qi* se combinan pueden actuar en los demás niveles. Por ejemplo, en el nivel de *yin-yang*, en el nivel de los cinco elementos, en el nivel *bagua* y en el nivel físico. Cuando la consciencia se combina con el *hunyuan qi* original puede curar las enfermedades, prolongar la vida y desarrollar la sabiduría. Específicamente en la sanación con *qigong*, los practicantes no necesitan tener conocimientos claros sobre los síntomas del paciente y pueden sanar todo tipo de enfermedades, ya sea de los órganos internos, de los órganos sensoriales, de los tejidos y la estructura del cuerpo, ya sea que deriven de deficiencias o de excesos, del frío o el calor, etc.

Proceso *hunhua* constante del *hunyuan qi*

La teoría del *hunyuan* (混元) establece que el *hunyuan qi* se mueve y se transforma constantemente en el universo. Esto sucede en los distintos niveles del *hunyuan qi* y entre ellos, y en distintas entidades, especialmente en los seres vivos.

En los seres humanos, las criaturas más avanzadas, existe un proceso *hunhua* (混化 fusión y transformación) de su propio *qi* con el *hunyuan qi* externo.

En términos generales, existen dos tipos de procesos *hunhua*. El primero es el proceso *hunhua* natural de todas las estructuras espaciotemporales existentes. Este es un proceso lento. El segundo es un proceso *hunhua* consciente guiado por la intención del *yishi* humano. Este *hunhua* es particular de los seres humanos y es un proceso rápido.

Usamos ambos para hacer *hunhua* en el tratamiento con qigong. En el primer tipo de proceso, seleccionamos un buen lugar (con buen *fengshui*) y buena medicina (hierbas, animales, minerales) para el tratamiento. Es una forma natural de hacer que el *hunyuan qi* haga *hunhua* con la estructura espaciotemporal de otras cosas. El *qigong* tradicional usa este enfoque predominantemente. El segundo tipo es usar la consciencia en combinación con el *hunyuan qi* para realizar el tratamiento. Los practicantes de *qigong* tradicional principalmente usan la consciencia en combinación con el *qi* del *dantian* para hacer el tratamiento. Cuando los practicantes cultivan el *qi* del *dantian* para hacerlo abundante, su *yishi* hace *hunhua* (se fusiona y transforma) con su propio *hunyuan qi*. Una vez que este *qi* es abundante, *yishi* puede guiarlo fácilmente; este *qi* contiene información de vida humana muy poderosa y de alta calidad. Cuando *yishi* guía ese *qi* hacia el cuerpo del paciente, el efecto *hunhua* traerá buena salud de manera natural.

Cambio visible e invisible (*you wu xiang sheng* 有无相生) dentro de los objetos.

Toda sustancia física pasa por un proceso constante de transformación del *hunyuan qi* invisible a uno con forma y de visible a *hunyuan qi* invisible. Esto significa que todo objeto cambia a cada momento. En forma similar, un estado de falta de salud dentro del cuerpo humano también cambia todo el tiempo. El paso clave en el tratamiento con el *qi* externo del Zhineng Qigong es este proceso de transformación. Si se añade buena información y *qi* suficiente al proceso, toda enfermedad puede cambiar y curarse.

La actividad de *yishi* es el contenido y el proceso de la actividad de *yiyuanti*

Yiyuanti es el nivel de *hunyuan qi* humano más avanzado, poderoso y efectivo. Es extremadamente sutil, uniforme y sensible, por lo que puede fusionarse activamente con el *hunyuan qi* de cualquier otro nivel y además guiar su transformación. Puede cambiar la materia visible a *qi* invisible y el *qi* invisible a materia visible. En el tratamiento con el *qi* externo del Zhineng Qigong, los practicantes usan activamente *yishi* para fusionarse con el *hunyuan qi* original más básico y guiar el *qi* hacia el cuerpo del paciente; pueden, además, usar la información de *yishi* para cambiar algo. Es por esto que la actividad de *yishi* es tan valuada en el tratamiento con el *qi* externo en el Zhineng Qigong.

¿Por qué el tratamiento del *qigong* tradicional que usa el *qi* del *dantian* en un paciente puede curar enfermedades sin usar información específica de consciencia? Porque el *qi* del *dantian* del practicante ha sido procesado por la consciencia y contiene ya elementos de consciencia. Esto significa que el practicante no necesita añadir información específica sobre la curación de la enfermedad.

El tratamiento con el *qi* externo en el Zhineng Qigong usa el *hunyuan qi* natural que no contiene *hunyuan qi* humano, lo que significa que no contiene características de consciencia. El *hunyuan qi* natural se introduce libremente al cuerpo humano y se fusiona y transforma dentro de él, pero no puede cambiar el orden natural de las funciones del cuerpo. Si la consciencia logra fusionarse con el *hunyuan qi* y lo guía para realizar la transformación de acuerdo con los deseos de *yishi*, esta transformación logrará cambiar la enfermedad de manera rápida. El uso activo de la consciencia es la razón principal por la que el tratamiento del Zhineng Qigong actúa de forma más rápida que el tratamiento del *qigong* tradicional.

Existen varios niveles diferentes de *hunyuan qi* en el universo. ¿Por qué el tratamiento con el *qi* externo propuesto por el Zhineng Qigong elige el *hunyuan qi* original en lugar de otros niveles, como el *hunyuan qi* de las flores, del pasto, de los árboles, de los ríos, del sol, de la luna, de las estrellas, etc.? En primer lugar, el *hunyuan qi* original está en todas partes y es inagotable. En segundo, el *hunyuan qi* original es el nivel de *qi* más sutil y uniforme, de manera que la información de la consciencia puede cambiarlo fácilmente. Los demás niveles de *hunyuan qi* tienen características estables específicas que hacen más difícil su transformación y por lo tanto, es más complicado usarlos para sanación.

Algunos métodos de *qigong* usan el *hunyuan qi* de la materia física para practicar y para dar tratamiento con *qi* externo, por ejemplo, el *qi* de los árboles o del sol o de la luna. Piensan que pueden enfocarse mejor y reunir *hunyuan qi* de la materia física. Pero no es así. El *hunyuan qi* de cualquier tipo reunido por la consciencia es invisible. Cuando el practicante centra y enfoca su *yishi* en un cierto nivel de *hunyuan qi*, *yishi* puede fusionarse con ese tipo de *hunyuan qi* y usarlo. *Yishi* puede fusionarse y utilizar cualquier nivel de *hunyuan qi* en el que se centre. De hecho, es más fácil reunir *hunyuan qi* original que reunir otros niveles de *hunyuan qi*. Los practicantes no necesitan enfocar su *yishi* en un objeto en específico, sólo se fusionan con el vacío.

La función de guía de *yishi*
La Teoría de la Totalidad Hunyuan establece que la actividad de la consciencia humana tiene una influencia en la actividad de vida humana a través de *yishi*, ya que éste guía el *hunyuan qi* del cuerpo. *Yishi* también opera directamente con el *hunyuan qi* original. Su función como guía se hace evidente en el tratamiento propuesto por el Zhineng Qigong.

Métodos de tratamiento con el *qi* externo en el Zhineng Qigong

Existen muchas formas de tratamiento con Zhineng Qigong. Sin embargo, la esencia de todas ellas es el foco en la función de guía de la consciencia. En otras palabras, todos los tratamientos buscan permitir que *yishi* guíe el *qi* para tratar la enfermedad. Lo ideal es que el practicante pueda comprender esta esencia y use *yishi* directamente, no otras formas de sanación. Sin embargo, muchas personas no pueden comprender esta esencia por completo y necesitan un procedimiento específico para practicar, mismo que se introduce a continuación.

Tratamiento con La Qi

En la sanación con La Qi (拉气) el practicante usa las manos para reunir *hunyuan qi* natural y enviarlo al área enferma para restablecer la salud. Es un método simple y sencillo de sanación. Deriva de los movimientos de La Qi y de los movimientos de levantar y verter del método de Levantar y Verter el Qi. Sabemos que el jalar el *qi* y verter el *qi* son la esencia del método de Levantar y Verter el Qi y la base para reunir *qi* para dar tratamiento. Existen tres formas de movilizar el *qi* en el método de Levantar y Verter el Qi: horizontal, vertical y jalar y empujar. Estas tres formas de movilizar el *qi* se mueven en las tres dimensiones del *qi*. Esto significa que incluyen el *qi* de todas partes y que el *qi* puede reunirse de manera uniforme y efectiva. La práctica de La Qi en el método de Levantar y Verter el Qi fortalece las conexiones de *qi* entre las manos y el *qi* externo, y también reúne *hunyuan qi* natural alrededor de las manos, lo que es bueno para enviar *qi* hacia el cuerpo. Los practicantes pueden usar el *qi* que han reunido para sí mismos o para tratar enfermedades de otros. De manera que la práctica de Zhineng Qigong y el tratamiento con el *qi* externo de esta disciplina son una y la misma cosa.

Al hacer sanación con La Qi para otros, no hay necesidad de practicar el método completo de Levantar y Verter el Qi. Use La Qi horizontal y vertical para reunir *qi*, luego haga jalar y empujar el *qi* a través del área enferma. Para facilitar el uso, los practicantes pueden simplificar el movimiento horizontal y vertical y hacer círculos suaves y uniformes.

Para realizar este tratamiento correctamente, debe practicar La Qi consistentemente para lograr una fuerte sensación de *qi* alrededor de las manos.

Cómo realizar sanación con La Qi

Relaje las manos, coloque las palmas frente al pecho, los centros de las palmas uno frente al otro; abra y cierre los brazos desde los codos para jalar *qi* entre las manos lenta y uniformemente; centre la atención de *yishi* en el espacio entre las dos palmas; fusione *yishi* con el *hunyuan qi* externo; reúna *hunyuan qi* externo en una bola de *qi* haciendo abrir y cerrar varias veces. Puede tener una fuerte sensación de *qi* al hacer esto, como si no pudiera abrir y cerrar las manos. Puede dar tratamiento al paciente una vez que la sensación de *qi* es fuerte. Divida la bola de *qi*, una mitad en una mano y la otra mitad en la otra mano, coloque las manos a los costados del paciente. Abra y cierre y vierta el *qi* a través del área enferma sin tocar al paciente. Puede también hacer jalar y empujar con una mano. Con la mano que contiene una mitad de la bola de *qi*, rote en el área enferma o empuje hacia adelante y jale hacia atrás a través de ese área. Al hacer el movimiento de jalar *qi* en rotación ya sea con dos manos o con una, piense que está enviando la bola de *qi* de sus manos al área enferma.

No se enfoque en los puntos de energía *laogong* al hacer abrir y cerrar o jalar *qi*, ya que eso puede llevar el *qi* del *dantian* hacia afuera por esos puntos. No es necesario hacer abrir y cerrar con las manos antes del tratamiento una vez que tenga experiencia en este método, ya que el *hunyuan qi* externo puede reunirse de manera instantánea al rotar las manos.

Fig. 4-7

Puede realizar el tratamiento con La Qi en movimientos circulares en cualquier área donde exista un problema. (Fig. 4-7)

Por ejemplo, para indigestión, úlceras gástricas, gastritis atrófica, otros tipos de inflamación del estómago, cáncer de estómago, etc., el practicante únicamente necesita hacer jalar *qi* en movimiento circular en el estómago y pensar que el problema del estómago ha desaparecido y que el estómago está sano. Al sanar un tumor o un espolón óseo, piense que se han transformado en *qi* y que han desaparecido. Al sanar un hueso roto, piense que el *qi* se ha reunido para volverse materia y soldar el hueso roto.

En el tratamiento con La Qi, el practicante básicamente envía *qi* al área enferma o envía *qi* a través de los puntos de energía importantes como *duqi*, *mingmen* y *hunyuanqiao*, para que luego se expanda y llene todo el cuerpo. También puede verterse el *qi* a todo el cuerpo, como por ejemplo, desde *baihui* hasta *yongquan*.

Puntos clave para el tratamiento con La Qi

1. La enfermedad puede curarse sólo cuando la consciencia pasa a través del área enferma. Cuando los practicantes envían *qi* hacia ese lugar, usan *yishi* para guiar el *qi* para que se abra desde el centro y se cierre en ese punto. Una vez que el área enferma está totalmente abierta, por completo, sin impedimentos, la enfermedad desaparece.
2. El tratamiento con *hunyuan qi* busca convertir el *qi* enfermo en *qi* sano, y no desechar el *qi* enfermo fuera del cuerpo. Los practicantes deben tener esto en cuenta cuando realicen el tratamiento de jalar *qi*. El *qi* enfermo es un campo de *qi* patológico que existe en el cuerpo. Cuando la gente está sana, las células están perfectamente alineadas y el *qi* que las rodea también forma un campo de *qi* armonioso. Pero cuando la gente cae enferma, las funciones de las células cambian y el campo de *qi* también se desorganiza. En algunos tipos de *qigong*, el tratamiento busca desechar el *qi* enfermo y la enfermedad se cura cuando el campo de *qi* enfermo ha desaparecido. En el Zhineng Qigong, el tratamiento busca enviar *hunyuan qi* al área enferma a través de *yishi* en combinación con buena información para cambiar la estructura y las funciones de las células y restablecer la salud. Esto hará que el campo de *qi* también esté sano. Así, cuando usamos la sanación con La Qi

sólo necesitamos pensar "salud perfecta, salud perfecta, salud perfecta". Repita esto con total atención, piense y visualice "salud perfecta" muchas veces.

3. El propósito del tratamiento con *hunyuan qi* es hacer que el paciente enfermo esté sano. Así, después de dar la sanación, no pregunte al paciente sobre sensaciones que pueda tener después de que se le envíe *qi*, como dolor, cosquilleo, inflamación, frío o calor en el área enferma. Dirija la pregunta al paciente en tono positivo "¿Ya se siente mejor?". Esta es una forma de confirmar la buena información al mismo tiempo que se revisa el resultado, y también les da a ambos cierta libertad de acción.

En este punto, si usted le dice al paciente que se mueva un poco y sienta que el área enferma está llena de información positiva, su consciencia se combinará con el *qi* para ir a esa área y se producirá un cambio más profundo y un mejor resultado. Puede entonces también decir "Muévase un poco, ¿ya se siente mejor?". El paciente que sienta dolor por lo general no se atreverá a moverse ya que su consciencia no es capaz de fusionarse con el *qi* que se le ha enviado. Sin embargo, si sí se mueve, su consciencia se combinará con el *qi* y, en consecuencia, su enfermedad podrá curarse.

Al paciente con una enfermedad muy grave o terminal, dígale que empiece con movimientos suaves, gentiles, que no haga grandes esfuerzos. Si le dice que haga un movimiento brusco se sentirá presionado y no se atreverá a moverse mucho. Por ejemplo, la sanación con *qi* en un brazo roto debe provocar una recuperación inmediata. Pero requiere de una buena cooperación por parte del paciente. Si la consciencia del paciente es muy estable y considera que su brazo está sanado, y lo mueve con normalidad, se combinará el *qi* que usted le ha enviado con la consciencia y el cuerpo del paciente para formar un campo de *hunyuan qi* de totalidad y garantizar que las funciones vuelvan a ser sanas. Si la consciencia no ordena que el brazo dañado se mueva, la consciencia no podrá combinarse con el *qi* en el área dañada para que pueda recuperar las funciones. En este caso, aunque envíe mucho *qi*, será difícil lograr una recuperación inmediata. El pensamiento común nos dice que uno no debe mover un hueso roto, que será muy doloroso, por lo que la gente no se atreve a seguir la sugerencia del sanador de mover el brazo. Es un hecho que el paciente no hará el movimiento por sí mismo de manera consciente.

Entonces, ¿qué se debe hacer? Debemos guiar al paciente para que comience a mover los dedos suavemente; si no siente dolor, entonces que mueva la muñeca; si aún no siente dolor, entonces que mueva todo el brazo; si sigue sin sentir dolor, se le indica que cargue algo con el brazo. El guiar al paciente paso a paso lo ayudará a sentir menos miedo y se logrará un buen resultado de sanación; pero es importante no pedirle que haga movimientos bruscos. Si no quiere hacer los movimientos, no lo critique, no le diga que su mente está bloqueada, que su comprensión no es buena, "no conectamos bien". Estas palabras tendrán un impacto negativo en el paciente y no siguen uno de los requisitos del *qigong*: que el practicante de *qigong* debe ayudar a las personas desde el corazón, con compasión.

4. El método de tratamiento no tiene una forma fija en particular. Sea flexible y cree diferentes formas de hacer sanación. Por ejemplo, combine el *qi* con *yishi* para hacer los movimientos de jalar y empujar, use la acupuntura de *qi* u otras formas de guiar el *qi* para sanar la enfermedad. Estos son sólo ejemplos para la mejor comprensión de este método; pueden crearse muchas otras formas de tratamiento. El estilo más común y frecuente es rotar las manos o hacer jalar y empujar el *qi* en el área enferma.
5. Los practicantes deben tener confianza en el tratamiento. Esto es de suma importancia. Si el practicante tiene dudas sobre el tratamiento, su consciencia tendrá bloqueos y no será capaz de enviar *qi* para penetrar el área enferma. El efecto de la consciencia

es enorme. Si se fuerza a sí mismo a hacer la sanación contra su voluntad, los resultados por lo general serán pobres. Cuando tiene muchas ganas de hacer la sanación y se siente confiado de hacerla, los resultados por lo general serán muy buenos.

Lo que es más, la confianza del paciente y de los que están a su alrededor también tiene un impacto en la eficacia del tratamiento. El paciente que crea que el *qigong* puede curar su enfermedad y que tenga buena información en su consciencia puede aceptar el *qi* y la información del tratamiento que le envíe el practicante en forma positiva. Cuando el paciente piensa que su enfermedad no puede curarse y tiene dudas sobre el tratamiento con *qigong*, esta idea negativa se asienta con terquedad en *yishi* y tiene dificultades para aceptar el *qi* externo y la información. Incluso si la enfermedad se cura, puede regresar si el paciente duda del tratamiento y sus resultados.

Por ejemplo, una reportera vino a visitarnos cuando fuimos a la provincia de Xinjiang a enseñar *qigong* en 1986. Nos dijo que no creía en el *qigong*. Tenía un tumor en el cuello y, aunque no creía en el *qigong*, nos pidió que le aplicáramos el tratamiento. Por lo general no doy tratamiento a otros, especialmente a aquellos que no creen en el tratamiento con *qigong*. Sin embargo, para apoyar el desarrollo del *qigong* en Xinjiang accedí a aplicarle el tratamiento. Le pedí que bajara la cabeza. Cuando siguió las instrucciones y bajó la cabeza, le dije que la enfermedad estaba curada. Se tocó donde estaba el tumor y cuando se dio cuenta de que había desaparecido se sorprendió mucho. Ya que no creía en el *qigong*, su consciencia tendería a resistir el tratamiento. Pero al bajar la cabeza, aceptó mi instrucción, y con este movimiento le envié *qi* al tumor y este desapareció. Sin embargo, cuando regresó a su casa pensó "Es imposible que un tumor desaparezca así. A lo mejor el tumor se metió". Así que se tocaba y presionaba el área con frecuencia. Las personas a su alrededor también estaban escépticas y se acercaban a tocar el área. Esto hizo que el tumor reapareciera, aunque más pequeño. La reportera vino a verme para que le aplicara el tratamiento de nuevo. ¿Por qué había regresado el tumor? Cuando la gente tiene una enfermedad, las estructuras y los tejidos cambian y el campo de *qi* alrededor de ellos también cambia. Cuando *yishi* guía el *qi* hacia el tumor y lo hace desaparecer, el campo de *qi* original del tumor no se ha ido por completo y la información de la enfermedad todavía está registrada en *yishi*. Aunque el tumor físico ya no está, su información y campo de *qi* todavía existen.

Esto es similar a la fotografía infrarroja que puede registrar la imagen de una persona en una habitación vacía después de que la persona haya salido. Existe un campo electromagnético de origen en el universo que está en el fondo. El campo electromagnético de una persona altera este campo de fondo y permanece en él por un periodo de tiempo después de que la persona ha salido de la habitación. En la misma forma, aunque el tumor ha desaparecido, su campo de *qi* todavía está ahí. Cuando un paciente sigue pensando que el tumor puede estar ahí, la información de la consciencia reúne más *qi*, lo que hace que se vuelva a formar el tumor. Esta es la razón por la que un tumor que ha desaparecido puede regresar.

¿Cómo debe uno manejar esta situación? Por lo general, las dudas del paciente vienen de la falta de comprensión del tratamiento con *qi* externo. Necesitamos explicarles con claridad la sanación con *qigong* y enviarles más sanación. *Yishi* llevará *qi* al área enferma y la llenará para eliminar el problema. Una vez que se haya eliminado, continúe llenando el área con un campo de *qi* de buena información para que cambie el campo de *qi* viejo por completo; de esa manera, la enfermedad no regresará.

El efecto de realizar el tratamiento de jalar *qi* no solo se basa en las habilidades del practicante. El campo de *qi* circundante también ejerce una influencia. El Zhineng Qigong toma en cuenta la influencia del campo de *qi* colectivo. La gente practicó el

Método de Cuerpo Mente durante cinco años en el Centro Shi Jia Zhuang Zhineng Qigong. Durante este tiempo, el campo de *qi* se volvió cada vez más fuerte. La práctica en este campo de *qi* mejora rápidamente, al igual que el *gongfu*, y la sanación es más efectiva. Cuando nos conectamos con un campo de *qi* fuerte como este para aplicar el tratamiento de jalar *qi*, ese campo de *qi* se moviliza. Los practicantes sienten la diferencia en la eficacia del tratamiento entre hacer la sanación solos y conectarse y usar ese campo de *qi* para hacer sanación.

El tratamiento de jalar *qi* es una habilidad básica del Zhineng Qigong. Los practicantes pueden dominarla después de tan solo unos días de práctica, aunque no es un parámetro para medir su nivel de *gongfu*. El tratamiento de jalar *qi* puede incrementar la confianza del practicante. Usa el *hunyuan qi* natural, por lo que no daña el *qi* del practicante. Además, el tratamiento con *qi* externo es también una forma de mejorar nuestro nivel de *qigong*. Este tratamiento solo necesita que el practicante envíe *qi* a las áreas donde el paciente tiene una salud deficiente. Dado que el *hunyuan qi* sano que nos rodea separa al paciente y al practicante entre sí, y dado que el practicante piensa directamente que la enfermedad se transforma a un estado de salud, el *qi* enfermo del paciente no puede transmitírsele al practicante.

Tratamiento con circulación
Incluye la circulación cara a cara, la circulación de lado y de frente, reunir *qi* y enviar *qi*. Los primeros dos métodos son similares a los de la circulación del *qi* del *dantian*, por lo que no los describiremos aquí, solo explicaremos el tratamiento de reunir *qi* y enviar *qi*.

El paciente y el practicante están de pie o sentados. El practicante levanta un brazo ligeramente, el centro de la palma hacia arriba o hacia afuera para reunir *hunyuan qi* original del universo infinito. Use la otra mano para enviar *qi* al paciente (Fig. 4-8). El objetivo de este tratamiento es que el practicante reciba *hunyuan qi* original y se lo envíe al paciente.

Fig. 4-8

El cuerpo del practicante actúa como conducto: *yishi* se fusiona con el *qi* externo que luego pasa a través de los cuerpos de ambos. No se envía *qi* del *dantian*, por lo que este método no consume el *hunyuan qi* interno del practicante.

Tratamiento de *yishi* y *qi* combinados

Este método no requiere actividad física alguna. *Yishi* se combina con el *hunyuan qi* para pasar al cuerpo del paciente y curar su enfermedad.

Puede usarse la imaginación para este tratamiento. El practicante puede visualizar un cuchillo de *qi* que corta la enfermedad, usar una aguja de *qi* para hacer acupuntura o visualizar alguna forma de superar la enfermedad. Por ejemplo, en un caso de asma provocado por clima frío, el practicante descubrió que no era muy efectivo enviar *qi* de forma directa. Entonces, el practicante fusionó su *yishi* con el *qi* y visualizó un atizador de hierro muy caliente que entraba a la tráquea para abrirla, y tuvo resultados inmediatos. Esto se debió a que el pensar en imágenes puede hacer que se reúna *qi* fácilmente: el practicante piensa activamente en lo que está haciendo, de manera que el movimiento en el *yiyuanti* es mayor y más poderoso, lo que significa que sus efectos se incrementan de forma natural.

Este tratamiento se puede usar para enviar *qi* directamente al paciente. También para enviar *qi* a una persona de *qi* vacía. En este caso, el practicante proyecta el área enferma del paciente en la persona de *qi* vacía y envía *qi* al área enferma para sanar al paciente. Esto se puede usar para la sanación a distancia.

Cuando usamos este método de tratamiento, también podemos usar *yishi* para guiar el *qi* en todas direcciones hacia el cuerpo del paciente para eliminar todos los bloqueos. El paciente se pondrá bien de forma natural.

Tratamiento con agua cargada de información

El practicante toma cualquier contenedor con agua, le envía *qi* e información para crear agua con información y usa el agua para curar enfermedades. A esto se le llama tratamiento con agua cargada de información. Se utilizó por primera vez en el Centro Shi Jia Zhuang Huaxia de Zhineng Qigong en 1985. Un maestro de *qigong* llamado Yanxin se mostró muy interesado en este método de tratamiento y lo popularizó, volviéndolo muy famoso en los círculos de *qigong* de China.

¿Qué cambios ocurren cuando se le envía *qi* al agua? ¿Cambia de verdad el agua o se almacena *qi* en ella? Los experimentos científicos de los últimos años han demostrado que sí ocurren cambios. Un experimento realizado en la Universidad Tsinghua demostró que el *qi* externo cambia el plano de polarización del láser del agua y altera el Espectro de Raman. Otro experimento en la escuela de medicina de Guangxi demostró que el *qi* externo provoca cambios en el espectro infrarrojo del agua. Estos cambios duraron por más de 100 días. Además, el agua de *qi* puede afectar el agua ordinaria que esté cerca. Esto demuestra que el *qi* externo produce cambios en el agua, y que el *qi* almacenado en el agua retiene el estado modificado del agua.

En el Centro Huaxia de Capacitación de Zhineng Qigong se usó el agua cargada de información en experimentos con ratas blancas. Había 40 ratas en cada experimento, 20 en el grupo experimental y 20 en el grupo control, con las mismas condiciones de vida. Las ratas del grupo experimental tomaron agua cargada de información y las del grupo control agua ordinaria. Después de tres meses, se midió el peso de las ratas y su rendimiento en laberintos. Las ratas que habían ingerido agua cargada de información pesaban más que las del grupo control. En un inicio, las ratas del grupo experimental no corrieron hacia los laberintos donde se había colocado alimento. Después, se les privó de alimento por tres días y demostraron que su rendimiento fue muy superior al del grupo control. Esto sugiere que las ratas del grupo experimental estaban menos hambrientas debido al *qi* extra que habían ingerido, por lo que no tenían incentivo de entrar al laberinto. Además, cuando sufrieron fractura de huesos, las ratas del grupo experimental se recuperaron más rápido que las del grupo control.

Todos estos resultados son consistentes con el efecto esperado del agua cargada de información. Demuestran que las diferencias entre el agua cargada de información y el agua ordinaria se deben al *qi*. Estos experimentos demuestran que el agua de *qi* puede alterar organismos vivos, lo que fundamenta su uso para sanación.

Para hacer agua cargada de información, ponga agua en un contendor y use *yishi* para enviar *qi* al agua durante 5-10 minutos. La actividad de la consciencia es crucial en este proceso. Los practicantes pueden enviar diferente información de consciencia dependiendo de las necesidades. Información diferente traerá cambios diferentes al agua y sus efectos variarán. La consciencia envía *qi* junto con información. Los practicantes pueden enviar *qi* al agua directamente u organizando un campo de *qi*. Mientras más segura y clara sea la intención de la consciencia, mejores serán los resultados.

El agua mágica del *qigong* tradicional es similar a esta. En el Zhineng Qigong, explicamos el agua cargada de información en términos científicos, lo que hace que sea más fácil de comprender y de usar. Sin embargo, algunas personas que han aprendido Zhineng Qigong y comprenden cómo hacer agua cargada de información hacen creer a otros que es un proceso complicado y misterioso y presumen haberlo inventado ellas mismas con el fin de ganar dinero y volverse famosas. Este comportamiento viola el código moral del Zhineng Qigong. Por ejemplo, algunas personas preparan agua de *qi* usando la teoría del *yin-yang* en lugar de la teoría del *hunyuan qi*. Preparan una botella de agua, ponen sus manos encima y piensan que el agua está tibia o fría, luego dicen que han preparado agua cargada de información. El agua cargada de información puede beberse, aplicarse a la piel o usarse para darse un baño.

Otros métodos de tratamiento con *qi* externo

Existe una variedad de métodos de tratamiento con *qi* externo además de los descritos anteriormente. Algunas personas envían *qi* y consciencia a un objeto en específico, lo que se denomina objeto cargado de información. Algunas otras envían *qi* y consciencia a una foto o caligrafía, lo que se denomina foto o caligrafía cargada de información. Otras usan el *qi* y la consciencia en el proceso de cantar una canción, lo que se llama cantar para enviar información. Otras más envían *qi* y consciencia a discos, lo que se denomina discos cargados de información, y así sucesivamente. Todas estas son formas de aplicación del *hunyuan qi* externo y son el contenido más básico del Zhineng Qigong. Cualquiera que intente hacerlas parecer como algo misterioso se desvía de la actitud científica del Zhineng Qigong.

SECCIÓN IV
Organizar un campo de *qi* y dar tratamiento con el campo de *qi*

El método de organizar un campo de *qi* (*zu chang* 组场) es una forma nueva y rápida de enseñar *qigong* y de dar tratamiento con *qigong*. El Zhineng Qigong lo introdujo al mundo. En años recientes, el Zhineng Qigong ha usado el campo de *qi* para enseñar, dar conferencias, dar tratamiento con *qigong*, hacer investigación científica, etc., con muy buenos resultados. La organización del campo de *qi* para dar tratamiento es solo una manera de usarlo, pero es el aspecto más conocido hoy en día. Este método se popularizó hace más de 10 años y, desde entonces, ha sido ampliamente aceptado por muchas otras ramas del *qigong*. Muchos maestros de *qigong* organizan un campo de *qi* cuando dan una clase, lo que trae mejores resultados y produce una gran influencia en los participantes. Sin embargo, mucha gente no tiene muy claro lo que significa organizar un campo de *qi* y tienen distintas visiones sobre este método. Algunos piensan que es una forma de sugestión sicológica, histeria colectiva, efecto de resonancia, etc.

Lo que es más, existen varias formas de organizar un campo de *qi*. Algunas personas utilizan la teoría del *yin-yang* para organizar un campo de *qi*. Otras la teoría de los Cinco Elementos. Otras más la teoría del *bagua*, y así sucesivamente.

¿Qué es un campo de *qi*? ¿cómo se desarrollaron la teoría y los métodos del campo de *qi*? La confiabilidad de sus efectos requiere una explicación detallada, sin la cual no sería fácil organizarlo en forma positiva.

Organizar un campo de *qi* es un método nuevo desarrollado por el Zhineng Qigong. Nuestros experimentos demuestran varios beneficios de hacerlo. Cuando se usa para enseñar *qigong*, hace posible la enseñanza "corazón a corazón" [comprensión más allá de las palabras o el lenguaje corporal]. Cuando se usa para dar tratamiento significa que uno puede hacer sanación para muchas personas al mismo tiempo. Para dar una clase de *qigong*, ayuda a mejorar la memoria, el *gongfu* y la salud de las personas. Cuando se usa un campo de *qi* para investigación científica, hay pruebas contundentes de que se producen cambios benéficos en comparación con los resultados que se obtienen cuando no se organiza el campo de *qi*. Se puede organizar un campo de *qi* para mejorar la producción industrial, agrícola, forestal, ganadera y pesquera.

Existen muchas pruebas de que la organización de un campo de *qi* es un avance importante en la historia del *qigong* en nuestro país. En este libro proporcionamos información detallada sobre la organización del campo de *qi* y su uso para dar tratamiento.

Introducción a la organización del campo de *qi*

El significado de la organización de un campo de *qi*
Un campo de *qi* es diferente de la palabra "campo" en el sentido de la ciencia moderna. Entre los significados de campo en la física se incluyen:

- Una forma invisible de energía distribuida en el espacio.
- El cambio de gradiente de una sustancia invisible alrededor de toda forma física. Cuando el campo cambia con el tiempo, se le llama campo variable. Cuando el campo no cambia con el tiempo, se le llama campo estático.

El campo de *qi* de la ciencia del *qigong* no corresponde a ninguno de los anteriores. La Teoría de la Totalidad Hunyuan establece que un campo de *qi* es la presentación invisible de las características de totalidad de un objeto, que incluye el contenido de los dos tipos de campos mencionados arriba (el campo de *qi* invisible que rodea al objeto contiene la misma información de totalidad del objeto al que rodea).

El Zhineng Qigong creó el término "*zu chang*" [crear/organizar un campo de *qi*] con un significado específico. "Zu" significa crear u organizar; "chang" significa un campo de *qi*. Para organizar un campo de *qi*, el practicante usa *yishi* para unificar su *qi*, el *hunyuan qi* natural y el *hunyuan qi* de personas y objetos en un lugar en particular, en una totalidad *hunyuan*, y llena ese espacio con esa totalidad *hunyuan*. A esto se le llama organizar un campo de *qi*.

Los beneficios de un campo de *qi* se determinan por su fuerza, densidad y calidad, y por qué tan bien se fusionan y transforman las cosas [especialmente las personas] con él. Un campo de *qi* organizado tiene muchos usos. Puede usarse para dar tratamiento, enseñar *qigong*, dar una conferencia, etc. Sea cual sea su uso, su creador debe tener un fuerte deseo de crearlo, debe entrar en un buen estado de *qigong* y debe usar ese estado para hacer que el campo de *qi* sea más fuerte enviando información para lograr la transformación hacia los objetivos planteados.

Efectos de la organización de un campo de *qi*

El campo de *qi* del Zhineng Qigong se ha usado para enseñar *qigong*, dar tratamiento, dar conferencias, hacer investigación científica, etc. Hablaremos ahora de cómo funciona el campo de *qi* en los distintos niveles de la materia.

Efectos en el cuerpo humano

Los experimentos demuestran que un campo de *qi* organizado tiene efectos benéficos en las funciones del cuerpo humano y puede usarse para tratar varias enfermedades. Cooperamos con el profesor Yang Zi Bin de la Fundación del Instituto Médico de la Academia China de Ciencias Médicas para investigar los efectos de un campo de *qi* en la función cardiovascular medida con un dispositivo de parámetro cardiovascular o TP-CBS. Realizamos cinco fases de pruebas entre 1989 y 1992 y recolectamos más de 18,000 mediciones. Los resultados demostraron que el campo de *qi* del Zhineng Qigong claramente mejora la función cardiovascular, incluidas la presión sistólica, la presión diastólica, la resistencia vascular periférica, el volumen de expulsión, el gasto cardíaco, la viscosidad de la sangre, la elasticidad de los vasos sanguíneos, etc.

Efectos en animales

En 1991, el Hospital Guangzhou 157 condujo experimentos con animales con un campo de *qi* del Zhineng Qigong. Colocaron ratas blancas en el Salón de Conferencias de la Ciudad de Zhongshan donde se estaba dando una conferencia sobre el campo de *qi* del Zhineng Qigong. Se midió la función inmune de las ratas al 3er, 7o y 13o días. La función inmune del grupo experimental fue claramente más alta que la del grupo control que no estuvo presente en la conferencia, y apenas comenzó a disminuir en el 13o día. Otro experimento llevado a cabo por la mencionada Fundación del Instituto Médico junto con el Centro Huaxia de Capacitación del Zhineng Qigong demostró una inhibición de la metástasis de carcinoma en un 85%.

Efectos en plantas

El uso del campo de *qi* en la agricultura ha producido grandes logros en todo el país. Se han llevado a cabo decenas de experimentos en China. El área más grande que se ha cubierto con un campo de *qi* es de 150 mu (10 hectáreas).

Efectos en células

La Academia China de Ciencias Médicas, en cooperación con el Centro Huaxia de Capacitación del Zhineng Qigong, llevó a cabo con éxito un experimento usando un campo de *qi* para suprimir la división y el crecimiento de células cancerosas, y también investigar sobre la luminiscencia de las células neuronales. En un experimento llevado a cabo por el Departamento de Biología de la Universidad de Lanzhou, el grupo experimental de pacientes con daños en el nervio ciático recibió tratamiento con la organización de un campo de *qi*. Se recuperaron 2-3 días antes que los pacientes del grupo control.

Efectos en sustancias inorgánicas

En experimentos llevados a cabo en el Colegio Shi Jia Zhuang Tie Dao, se utilizó el campo de *qi* para hacer dos tipos de losas de concreto prefabricado. La fuerza de compresión se incrementó en un 7.9% y 8.5%. En un experimento llevado a cabo por el Centro Huaxia de Capacitación del Zhineng Qigong se usó agua cargada de información para alimentar ratas (12 lotes de 40 ratas cada uno). Evidentemente mejoraron las medidas de peso, inteligencia y recuperación ósea en el grupo experimental en comparación con el grupo control.

La teoría de la organización de un campo de *qi*

La organización de un campo de *qi* (*zu chang*) se basa en la Teoría de la Totalidad Hunyuan, específicamente en la teoría del *hunyuan qi* y en la teoría del *yiyuanti*. Es una extensión del tratamiento con la consciencia y con *qi*, un tipo de tratamiento con *qi* externo del Zhineng Qigong.

La Teoría de la Totalidad Hunyuan explica que la consciencia humana no solo puede guiar nuestro propio *hunyuan qi*, sino que también puede en cierta medida dirigir el *qi* para que realice los siete movimientos: abrir y cerrar, reunir y dispersar, salir y entrar, y transformar. Usamos esas leyes para organizar un campo de *qi*. Para hacer esto, *yishi* reúne *hunyuan qi* natural en cierto lugar, e incrementa así la fuerza y la densidad de su *qi*.

Cuando organizamos un campo de *qi*, usamos la consciencia y el lenguaje para movilizar el *hunyuan qi* de todas las personas presentes para que se fusionen y formen una totalidad *hunyuan* "*ren zai qi zhong, qi zai ren zhong*", en donde el campo de *qi* de cada persona se intensifica. (En el campo de *qi*, las personas están dentro del *qi* del campo y el *qi* del campo está dentro de las personas). La persona que ha organizado el campo de *qi* usa la transformación de su propio campo de *qi*, junto con las palabras que pronuncia para guiar, para influir en el campo de *qi* y en todos los que estén dentro de ese campo.

Los efectos de un campo de *qi* organizado están determinados por tres factores.

- El *hunyuan qi* natural. La calidad y cantidad del *hunyuan qi* en el campo de *qi* determina su efectividad. En otras palabras, si el "*feng shui*" (风水) del ambiente es bueno, significa que el *hunyuan qi* es abundante y que el campo de *qi* será más efectivo.
- El *gongfu* del que ha organizado el campo de *qi*. Cuando el *gongfu* de la persona que organiza el campo de *qi* es alto, su capacidad de reunir *hunyuan qi* es más fuerte.
- La sincronización de las actividades de *yishi* de los participantes. Si están bien sincronizadas, el campo de *qi* será más efectivo.

Si observamos estos tres factores, el primer factor es la base, el segundo el núcleo y el tercero la clave. Decimos que el segundo es el núcleo porque cuando las bases de *qigong* de la persona que organiza el campo son sólidas, eso puede compensar la deficiencia del *feng shui* del lugar. Las habilidades de la persona que organiza el campo puede movilizar la consciencia de los participantes para que trabajen al unísono, lo que incrementa la armonía del campo de *qi*. Un buen *gongfu* también puede mejorar la calidad del campo de *qi*.

Podemos explicar el mecanismo de la organización de un campo de *qi* si usamos el ejemplo del láser. Reunir *hunyuan qi* natural es como aprovechar la energía que produce un láser. El ajustar la consciencia y el *qi* de los participantes incrementa el orden del campo de *qi*. El organizador del campo de *qi* es como un átomo de láser que determina las características del láser que se genera.

Existen dos posibilidades cuando se organiza un campo de *qi*. Una es cuando un grupo de practicantes de bajo nivel de *qigong* organizan el campo de *qi* para muchas personas. Ninguno de ellos tiene un *qi* fuerte, ni la habilidad de reunir *hunyuan qi* natural. Pero debido a que unen sus consciencias para pensar de la misma manera al mismo tiempo, pueden movilizar el *qi* de todos los presentes para formar un campo de *qi* fuerte.

La segunda posibilidad es cuando una persona con un alto *gongfu* organiza el campo de *qi* para muchas personas. Tiene la habilidad de reunir abundante *hunyuan qi* natural. Al mismo tiempo, su propio campo de *qi*, como la sinergia del átomo de láser que activa el poder del láser, unifica el *qi* de todos los presentes para crear un campo de *qi* increíblemente poderoso.

Para ayudar a las personas a comprender mejor el efecto del campo de *qi*, usamos la analogía del láser, pero debemos tener en cuenta que son diferentes. En primer lugar, organizar un campo de *qi* es un proceso *hunhua* complicado. El campo de *qi* que se establece se forma a través del *hunhua* de los tres factores arriba mencionados [*hunyuan qi* natural, el del que organiza el campo, la actividad de *yishi* de los participantes]. Además, el campo de *qi* organizado está en constante *hunhua* con las demás cosas que están dentro del campo de *qi*. Durante el proceso de *hunhua*, las instrucciones de la consciencia de la persona que organiza el campo desempeñan el papel de guía. Su nivel de *qigong* guía todo el campo de *qi* hacia un estado uniforme. Las instrucciones que dicta determinan la densidad del campo de *qi* y su nivel de *gongfu* decide la calidad del campo de *qi*.

Los efectos de un campo de *qi* reflejan el nivel de *gongfu* del creador, pero también de todo lo demás que está dentro del campo de *qi*. Los efectos serán diferentes aunque sea la misma persona que organiza si lo hace con diferentes personas, animales, plantas o sustancias inorgánicas. Los participantes no aceptan pasivamente el efecto del campo de *qi*, también tienen una influencia sobre él. Cuando los participantes son vigorosos, están enfocados, en sintonía con el líder, el campo de *qi* se fortalece. De lo contrario, el campo de *qi* se dispersará o debilitará. En términos generales, los participantes que fortalecen el campo de *qi* se benefician de él a su vez.

Cuando organizamos un campo de *qi* para animales, las reglas del mundo natural por lo general operan, pero el campo de *qi* también se verá influenciado en cierto grado por las emociones de los animales (como enojo, nerviosismo, miedo, etc.). Los efectos de un campo de *qi* creado para plantas o sustancias inorgánicas están completamente determinados por la persona que organiza el campo. En resumen, los efectos de organizar un campo de *qi* están determinados por el *hunhua* de ese campo de *qi* con otros objetos. El grado de *hunhua* está determinado por el grado de sincronización de los dos. En el caso de plantas o sustancias inorgánicas que no tienen consciencia, la persona que organiza el campo debe simplemente usar *yishi* para producir la transformación. Sin embargo, una vez que estos objetos se han transformado, su transformación puede a su vez influenciar el campo de *qi*. Cuando la gente se transforma, la influencia en el campo de *qi* es todavía mayor.

La experiencia ha demostrado que el tratamiento con el campo de *qi* es por lo general más efectivo que el tratamiento individual. En el tratamiento individual, el *yishi* y el *qi* del practicante interactúan con los del paciente. Si el *yishi* del practicante no actúa junto con el del practicante, el tratamiento será menos efectivo. En un campo de *qi* organizado, el *yishi* de la mayoría de los participantes sigue al de la persona que organiza el campo y esto fortalece el campo de *qi*, lo que, por lo general, hace que el tratamiento sea más efectivo que el tratamiento individual. Esto sucede sobre todo cuando los participantes observan los efectos del tratamiento con la organización del campo. Se sienten entusiasmados y comienzan a tener profunda confianza en el campo de *qi*, lo que a su vez lo fortalece. Por esta razón, intensificar constantemente el campo de *qi* puede incrementar la eficacia del tratamiento.

Historia de *zu chang*

La organización del campo de *qi* del Zhineng Qigong se basa en ciertas formas de enseñanza usadas en el *qigong* tradicional que han sido modificadas a la luz de los logros de la ciencia moderna y para satisfacer las necesidades del mundo actual.

Son cuatro las influencias que contribuyeron al desarrollo de *zu chang*.

La primera viene del *qigong* tradicional, en donde el maestro guía la práctica de *qigong* para sus discípulos, sentado frente a ellos y llevándolos por el camino para "conocer al Buda". Como resultado, algunos discípulos afirmaban haber sentido que realmente seguían al maestro para llegar al paraíso. (De hecho, el fenómeno consiste en que los discípulos recibían información de la visualización del maestro, quien creaba una ilusión).

La segunda influencia viene de la práctica en donde el maestro de *qigong* tradicional ayudaba a sus discípulos a mejorar su *gongfu*. En los métodos intermedios del *qigong*, el maestro "alimenta de *qi*" a sus discípulos para ayudarlos en su progreso. En los métodos avanzados de *qigong*, el maestro enseña "corazón a corazón" hacia los discípulos de consciencia pura. (Este es un tipo de comunicación de la consciencia).

La tercera viene de las ideas que me compartieron mis amigos Jiang Bo y Ou Han Rong. Ellos les pedían a los pacientes que se sentaran en círculo, ajustaran la postura, y bebieran té y conversaran con normalidad. Mientras esto sucedía, ellos enviaban *qi* a los pacientes y movilizaban el campo de *qi*.

En cuarto lugar, las técnicas científicas modernas han demostrado que el movimiento del *qi* interno de un maestro de *qigong* puede afectar a los de alrededor y provocar un movimiento de *qi* similar en sus cuerpos.

Combinamos los cuatro elementos arriba mencionados con la teoría del *hunyuan qi* para formular la nueva concepción que ofrece el Zhineng Qigong de la organización de un campo de *qi*. La usamos por primera vez en 1978 y en la primavera de 1981 se usó formalmente para enseñar *qigong*. En 1984 se usó formalmente para tratamiento en grupo en clínicas. En la primavera de 1986 se anunció la organización del campo de *qi* como una de las principales características del Zhineng Qigong.

Cuando se organiza el campo de *qi*, el Zhineng Qigong no presta atención a los detalles del lugar, su contenido y la forma en que están acomodados los objetos. El tratamiento con la organización del campo de *qi* no toma en cuenta el diagnóstico de la enfermedad del paciente y su estado de salud. Cuando organizamos el campo de *qi* para enseñanza y conferencias, no tomamos en cuenta el nivel de los estudiantes. etc. Sólo necesitamos preocuparnos por movilizar el *hunyuan qi* hacia el campo de *qi* y guiarlo hacia el interior de cada una de las personas, y al mismo tiempo, usar *yishi* activamente para dar información positiva y obtener un buen resultado.

Un campo de *qi* organizado no requiere del uso del *qi* del *dantian* para ayudar a los estudiantes. Expande la enseñanza corazón a corazón del *qigong* tradicional. Abre las formas misteriosas de enseñanza del *qigong* tradicional, lo que se conoce como "enseñar a no más de seis oídos". Es importante para establecer al Zhineng Qigong como un método científico, abierto a la sociedad en general, de fácil acceso para todos y como una forma de vida.

La organización del campo de *qi* del Zhineng Qigong ha recibido mucha atención e interés en los círculos del *qigong* a partir de que se inventó. El famoso maestro de *qigong* Yan Xin lo utilizó ampliamente para dar sus charlas, uso que pronto después se difundió por todo China. Por desgracia, mucha gente no comprende el mecanismo y el propósito de la organización del campo de *qi*, y su información del campo de *qi* ha provocado que mucha gente tenga movimientos colectivos espontáneos y pierda el autocontrol, e incluso su equilibrio mental.

Algunas personas desean cambiar la forma en que se organiza el campo de *qi* reemplazando la teoría *hunyuan* con la teoría del *yin-yang*, la teoría de los cinco elementos, el *bagua*, etc. Incluso consideran que es un avance respecto del campo de *qi* propuesto por el Zhineng Qigong. De hecho es como "dibujar una serpiente y ponerle piernas".

Métodos para la organización de un campo de *qi*

Como sabemos, cuando organizamos un campo de *qi*, la persona que lo organiza necesita utilizar *yishi* activamente para reunir *hunyuan qi* natural hacia el campo de *qi* y fortalecerlo, y luego unificar el *qi* de todos para formar una totalidad sincronizada. Se necesitan tres pasos para esto.

Reunir *qi*

Existen diversas formas de reunir *hunyuan qi* natural al campo de *qi*. Se puede usar *yishi* para reunir *qi* de las seis direcciones: adelante, atrás, arriba, abajo, derecha e izquierda. También se puede reunir el *hunyuan qi* de escenarios bellos, como el *qi* del cielo azul hacia abajo y el *qi* de la tierra hacia arriba, hacia el campo de *qi*, etc. El *hunyuan qi* original es extremadamente sutil, pero no debe pensarse que está totalmente vacío, como si no hubiera nada, piense que es *huang huang hu hu* (恍恍惚惚 translúcido, extremadamente fino y puro) y llévelo hacia el campo de *qi*.

Unificar y sincronizar el campo de *qi*

El practicante debe usar *yishi* para fusionar el *qi* de los participantes con el de otras cosas que estén en el campo, para después llevar la consciencia de todos a actuar conjuntamente para movilizar todo el campo de *qi* al unísono. Por ejemplo, pueden rotar el campo de *qi* en el sentido de las manecillas del reloj o en contra de las manecillas del reloj. Pueden rotar en círculos concéntricos de mayor a menor o de menor a mayor; la rotación debe hacerse uniformemente; el número de círculos depende del tamaño del campo de *qi*, pero por lo general es de 6 a 12. Para movilizar mejor el *qi* al hacer esto, el practicante puede mover las manos, usar la luz de *yishi* (*shen guang* 神光) o usar sonidos para fortalecer las habilidades de *yishi*.

Enviar información para alcanzar el objetivo

Una vez que se ha organizado el campo de *qi*, el practicante debe activamente enviar información de consciencia para guiar los cambios deseados. Si el objetivo es la sanación, enviar información de sanación.

Si el objetivo es científico, enviar información relevante. En términos generales, la transformación del campo de *qi* sigue a la información de la consciencia del que lo ha creado.

El campo de *qi* puede organizarse por una persona a favor de muchas personas, por muchas personas a favor de una, por varias personas a favor de muchas o por muchas personas para todos. Independientemente de cuál se siga, todos deben cumplir los requisitos delineados arriba en los tres pasos descritos.

Cuando muchas personas organizan el campo juntas, la sincronización de la consciencia es muy importante. La mejor manera es seleccionar a una persona para que dé las instrucciones y que todos las sigan. También es importante mencionar que algunos practicantes han experimentado el organizar un campo de *qi* a distancia. Establecen un horario para que las personas desde distintos lugares organicen el campo de *qi*, lo que funciona bien también.

Usos de la organización de un campo de *qi*

Tratamiento con el campo de *qi*

El uso de la organización de un campo de *qi* es una extensión del tratamiento con *qi* externo del Zhineng Qigong. Puede usarse para tratar a una persona o a un grupo de personas. El método para crear un campo de *qi* es el descrito anteriormente. Una vez que se ha sincronizado el *qi* en el campo, el practicante puede visualizar una persona de *qi* vacía en el centro del campo de *qi* y enviarle *qi* de la cabeza a los pies con el fin de que el *hunyuan qi* de la cabeza, el torso, los órganos internos y las extremidades sea abundante y fluya libremente, y así mejorar la salud y curar enfermedades.

El tratamiento con la organización del campo de *qi* es la mejor manera de ayudar gente con el Zhineng Qigong. Todos los practicantes de Zhineng Qigong deben adquirir esta habilidad. Sin embargo, muchas personas tienen dudas sobre el tratamiento con la organización del campo de *qi* y piensan que no es posible enviar *qi* para sanar a cientos o miles de personas al mismo tiempo, por lo que no se atreven a intentarlo. De hecho, los mecanismos y métodos para organizar el campo de *qi* son muy simples. Una vez que el practicante domina el tratamiento de jalar *qi* y puede reunir *hunyuan qi* externo sin usar las manos para jalar el *qi*, puede comenzar a dar tratamiento con la organización del campo de *qi*.

En un inicio, los practicantes deben enviar *qi* con el paciente sentado al lado. Una vez que puedan hacer llegar el *qi* al paciente con el movimiento de las manos, puede empezar a alejarse un poco del paciente: cinco metros, diez metros, veinte metros, para practicar la sanación con la organización del campo de *qi*. Si logra distanciarse a veinte metros del paciente, significa que está abarcando una gran área, por lo que puede incluir a mucha más gente. Este es el tratamiento con la organización del campo de *qi* para grupos grandes.

Los practicantes deben estar de frente a los participantes, rotar una o ambas manos en movimientos circulares, en el sentido de las manecillas o en el sentido contrario a las manecillas, pero solo en una dirección. Deberán mantener *yishi* bien concentrado. Esto reúne más y más *hunyuan qi* al campo de *qi* y se fusiona con el *qi* de cada una de las personas para formar un gran campo de *qi*. Un gran campo de *qi* rota siguiendo la guía de la consciencia bien enfocada del practicante. Su *yishi* guía el *yishi* de todos los demás para unificar su propio *qi* con el del campo de *qi*. Esto crea un campo de *qi* colectivo muy poderoso.

Para dar tratamiento a un grupo de personas, use la mano para movilizar el campo de *qi*. Rótela en círculos cada vez más pequeños hacia el centro del campo de *qi*. Visualice a una persona de *qi* en el centro o elija a una persona del grupo y visualícela en estado de cuerpo de *qi*. También puede visualizar su cuerpo de *qi* que se fusiona con el campo de *qi* para llenarlo por completo. Elija una de estas tres opciones para comenzar a enviar *qi* e información para sanación.

En la mayoría de los casos, el practicante envía *qi* a la persona de *qi* vacía que ha visualizado de la cabeza a los pies, parte por parte, guiando con la voz al mismo tiempo. Por ejemplo, mientras se envía *qi* a la cabeza, el practicante dice: "Ahora, enviamos *qi* a la cabeza de todos los presentes, el *qi* y la sangre de la cabeza son abundantes y fluyen libremente, la enfermedad ha desaparecido, todas las funciones se recuperan y son saludables", etc. Las palabras guían a los participantes para que piensen en forma simultánea en la cabeza, sincronizando así la consciencia y el campo de *qi* para que los efectos sean más poderosos. La simplicidad o el detalle del lenguaje depende de cada situación en particular. Algunas veces el lenguaje detallado puede despertar el deseo del paciente a ser sanado e incrementar su confianza para superar la enfermedad. Sin embargo, si las instrucciones son demasiado detalladas y no concuerdan con la enfermedad del paciente, le puede ser difícil concentrarse. Cuando se tienen muchos pacientes en un campo de *qi*, por lo general el practicante no puede dar información para la enfermedad de cada paciente a detalle, por lo que las instrucciones deben ser simples. Si no son muchos los pacientes y el practicante conoce los detalles de la enfermedad de cada paciente, el practicante puede usar un lenguaje más detallado para ayudarlos a recuperarse.

Además, el tratamiento con la organización del campo requiere que el practicante tenga confianza, al igual que en el tratamiento de jalar *qi*. Esta confianza incluye dos aspectos. El practicante debe creer en el gran poder del campo de *qi* mundial del Zhineng Qigong. Además, el practicante debe creer en su capacidad de aplicar el tratamiento.

El paciente que crea profundamente en el poder del campo de *qi* recibirá más *qi* y obtendrá buenos resultados. La organización de un campo de *qi* es muy efectiva para tratar tumores como lipomas (tumores benignos de grasa) y fibromas (tumores benignos fibrosos) porque los pacientes con esos padecimientos por lo general experimentan menos presión sicológica, por lo que la enfermedad no está tan ligada a la consciencia del paciente y puede curarse más fácilmente. En contraste, aunque la neurosis no es una enfermedad grave, los pacientes por lo general piensan que es una enfermedad difícil y eso hace que sea difícil de curar. La eficacia del tratamiento con *qigong* no está determinada por las particularidades de la enfermedad (qué tan grave sea, si es visible o invisible, etc.). En realidad, depende del grado en que la enfermedad se encuentre fijada en la consciencia del paciente.

El tratamiento con Zhineng Qigong privilegia el tratamiento colectivo. Por lo general, sugerimos usar primero el tratamiento con la organización del campo de *qi*, y luego dar tratamiento individual. El campo de *qi* no debe durar mucho tiempo, ya que un campo de *qi* fuerte que dure mucho tiempo puede provocar que algunas personas se desmayen.

Algunas personas piensan que el *qi* enfermo de los participantes puede afectar a los demás que estén dentro del campo de *qi*. Como sabemos, en el Zhineng Qigong usamos el *hunyuan qi* natural para dar tratamiento. Durante el tratamiento, *yishi* trae este *qi* natural para transformar el campo de *qi* y el *qi* interno; el *qi* enfermo se transforma en *qi* sano. No usamos *yishi* para expulsar el *qi* enfermo del cuerpo, sino que purificamos tanto el campo de *qi* como el interior de cada una de las personas. Esto significa que el *qi* enfermo no entra al cuerpo de alguien más.

Enseñar *qigong* en el campo de *qi*

Comience organizando un campo de *qi*. Una vez que unifique el movimiento del *qi*, el practicante puede dar instrucciones para guiar a la persona de *qi* vacía que está en el campo en la práctica de *qigong*. Durante este proceso, el practicante que organice el campo debe seguir sus propias instrucciones para ajustar su estado. Al mismo tiempo, debe proyectar su propia experiencia interna a la persona de *qi* para que se transforme. Así, el practicante que organice el campo de *qi* debe tener una cierta base de *qigong* y contar con experiencia, así como comprender claramente los efectos de los métodos. Esto les ayuda a usar *yishi* para mandar información de manera natural sobre los requisitos de los movimientos y sus efectos. Al hacer esto, no solo guiará bien la práctica sino que también mejorará su propio *gongfu*. No piense que está creando un campo de *qi* para otros practicantes y que usted está separado de ese campo. Debe pensar que juntos organizan el campo de *qi*, se ayudan unos a otros y practican juntos.

Enseñar o dar una charla en el campo de *qi*

Por enseñar nos referimos a cuando un maestro crea un campo de *qi* para dar su clase en una escuela normal. Dar una charla o plática se refiere principalmente a usar el campo de *qi* para compartir los conocimientos y la experiencia del *qigong* con un gran número de gente. Algunas personas dentro del campo de *qi* pueden no conocer el *qigong*. Por lo tanto, la persona que organiza el campo de *qi* necesita primero ganarse la confianza del público. Esa persona puede llevar a cabo algún experimento simple para empezar, como alargar o encoger los dedos de las manos de los presentes. Esto tendrá una influencia en la actitud del público y les ayudará a creer en el *qigong*. De esta forma, el campo de *qi* comenzará a cambiar. Luego, la persona que organiza el campo de *qi* puede guiar al público para que jale *qi* y sienta el *qi*. Durante este proceso, la reputación del practicante es muy importante. Al mismo tiempo, la cooperación del público también es de gran relevancia. Si la persona que organiza el campo de *qi* guía las actividades descritas de forma cuidadosa, concentrada, la charla será exitosa incluso si la gente no conoce al practicante.

El Zhineng Qigong no alienta el uso de los efectos el campo de *qi* para provocar movimientos espontáneos en los participantes, debido a que la experiencia nos ha demostrado que los movimientos espontáneos en el campo de *qi* no son de mayor beneficio que el permanecer en un estado de quietud. Además, los movimientos espontáneos pueden causar desorden en el campo de *qi*. Esto puede tener una influencia en la capacidad de otros de recibir información positiva, y puede también perturbar el estado de consciencia de la persona que organiza el campo de *qi*.

El practicante debe enviar buena información al público cada cierto tiempo para obtener buenos resultados. La charla tendrá mayor éxito si el practicante comienza con una palabras que inspiren a la gente a creer que pueden obtener aquello que deseen.

Organizar un campo de *qi* para investigación científica

Se puede usar la organización del campo de *qi* con la investigación científica para uno o más experimentos al mismo tiempo. Para hacer esto, el practicante necesita fusionar en un solo campo de *qi* a los investigadores, el equipo, los especímenes a ser estudiados y todo lo que se encuentra dentro del área del experimento. La persona que organice el campo de *qi* debe comprender el propósito del experimento o incluso ser capaz de visualizar los resultados deseados. Esto le permitirá dar instrucciones precisas y garantiza buenos resultados con el campo de *qi*.

Tanto en el caso de los experimentos como del tratamiento con el campo de *qi*, la información de *yishi* debe enfocarse directamente en los resultados, no en el proceso de transformación; de lo contrario, será difícil alcanzar los objetivos. Existe una diferencia importante entre los experimentos científicos con *qigong* y los experimentos de la ciencia moderna.

Los experimentos científicos que usan la organización de un campo de *qi* pueden llevarse a cabo en un laboratorio o en forma remota. Aunque el campo de *qi* cubra un área en particular, *yishi* también puede enviar los efectos del campo de *qi* a otro lado. Mientras más grande y fuerte sea el campo de *qi*, mayores serán los efectos. Sin duda, el enviar *qi* en un campo de *qi* grande a muestras que se encuentren lejos por lo general tiene mejores resultados que el que un individuo envíe *qi* a muestras que se encuentren a su lado. Esto demuestra que el poder del campo de *qi* es mayor que el poder individual. Algunas personas no comprenden esto. Piensan que cuando un practicante es capaz de dar una charla y al mismo tiempo llevar a cabo un experimento científico a larga distancia, debe ser porque tiene un alto nivel de *gongfu*.

Organizar un campo de *qi* para incrementar la producción

Se puede organizar un campo de *qi* para incrementar la producción. Esta es una forma fundamental de usar la ciencia del Zhineng Qigong para mejorar la productividad. Dado que el Zhineng Qigong se enfoca principalmente en el uso del *hunyuan qi* original, el *qi* externo en el Zhineng Qigong puede aplicarse de forma exitosa a diferentes niveles de materia y tipos de actividades para lograr los cambios deseados.

Al organizar un campo de *qi* para la producción, los objetos por lo general son no humanos, de manera que el practicante debe ajustar su consciencia para fusionarse adecuadamente con esos objetos. Al mismo tiempo, puede también visualizar los objetos como si fueran personas para fusionarse mejor con ellos. Cuando se organice un campo de *qi* para la producción, uno debe abarcar todo el proceso de producción para formar una totalidad; de esta forma, el poder de la consciencia del practicante debe enfocarse con intención y enviar información de manera repetida, pero no continua, en forma de pulsos fuertes de intención.

El Zhineng Qigong ha usado la organización del campo de *qi* para la agricultura, industria, silvicultura, ganadería y pesca, con excelentes resultados. En experimentos realizados con la organización del campo de *qi* en 1993, la producción de trigo, arroz y frijol se incrementó en un 20% en comparación con los campos de cultivo control. Esto demuestra que el uso extendido de un campo de *qi* organizado es realista y prometedor para la productividad agrícola.

Sin embargo, el uso de la organización de un campo de *qi* para mejorar la producción y la calidad todavía está en fase experimental. La gente necesita realizar pruebas y aclarar cómo es que se obtienen mejores resultados.

Este es el principal objetivo de cada una de las ramas de la ciencia del Zhineng Qigong. El lograr esto cambiará el modo y el estilo de vida, así como el modelo de producción de la humanidad. Esto no es un sueño, es un futuro realista. Si los humanos pueden superar los obstáculos que presentan las ideas fijas tradicionales, la verdadera ciencia del *qigong* se volverá una realidad.

Puntos de energía

BAIHUI	Desde la punta de las orejas, siga la línea hacia arriba hasta la línea media del cuerpo, luego hacia atrás 1 cm.
KUNLUN	1½ cunes debajo de *baihui*, dentro de la cabeza.
QIANDING	1½ cunes delante de *baihui*.
SHANGEN	En la línea central, en el punto medio entre *yintang* y una línea que se forma al unir los ángulos internos de los ojos.
SHANGXING	En la línea central de la frente, 1 cun (3.33 cm aprox.) por arriba de la línea del cabello de la persona promedio.
TIANMEN	Una puerta de energía grande en la coronilla de la cabeza, que incluye *xinmen* y hacia atrás, hacia *baihui*; *tianmen* significa Puerta del cielo.
TIANMU	Punto de energía *yintang*.
TONGZILIAO	1 cun hacia afuera del ángulo exterior del ojo.
YINTANG	En la línea central, en el punto donde se encuentra un triángulo equilátero dibujado con la base en los ángulos internos de los ojos.

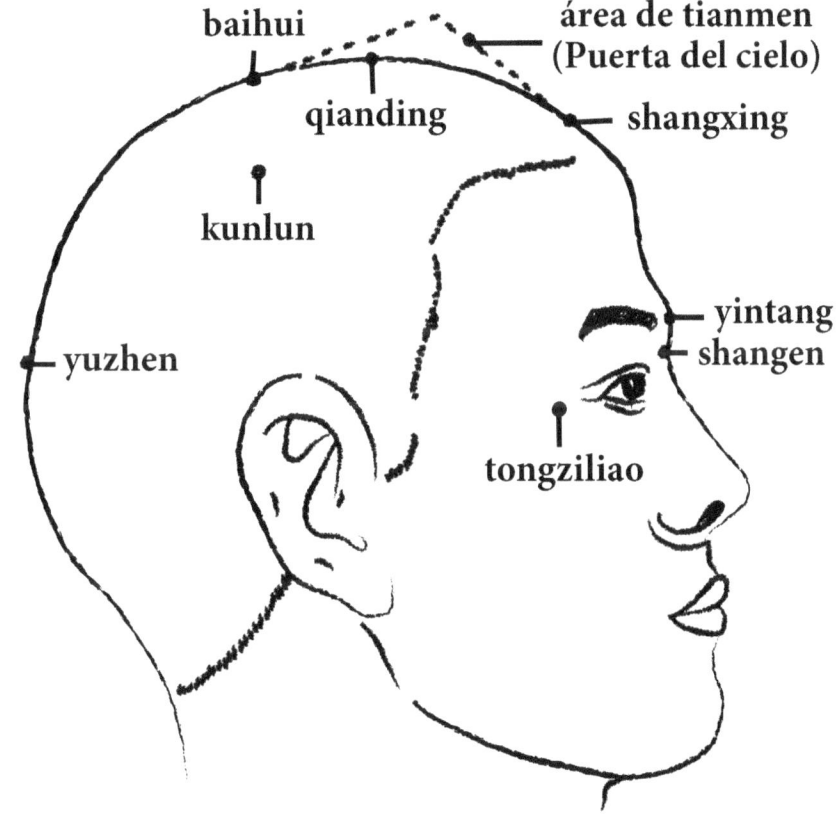

YUZHEN	En el Zhineng Qigong, *yuzhen* se encuentra en la base del cráneo en la línea central en la parte trasera de la cabeza; en medicina tradicional china, *yuzhen* son dos puntos de energía que están a 2½ cunes (8.33 cm aprox.) hacia arriba desde la línea del cabello en la parte trasera de la cabeza, y luego hacia afuera desde la línea media a 1½ cunes.

· ·

DABAO	Debajo de las axilas, en la línea media a los costados del cuerpo, entre la 6a y la 7a costillas; con los brazos colgando hacia los lados, inserte cuatro dedos debajo de la axila y encontrará dabao justo debajo.
DUQI	El ombligo.
HUAGAI	En la línea media del pecho, al nivel de las primeras costillas.
JINGMEN	Justo debajo de las puntas de las 12as costillas.
MINGMEN	Entre las vértebras L2 y L3.
SHENZHU	Entre las vértebras T3 y T4 (borde inferior de la T3).
TANZHONG	El punto medio entre los pezones en los hombres, entre la 4a y la 5a costillas.

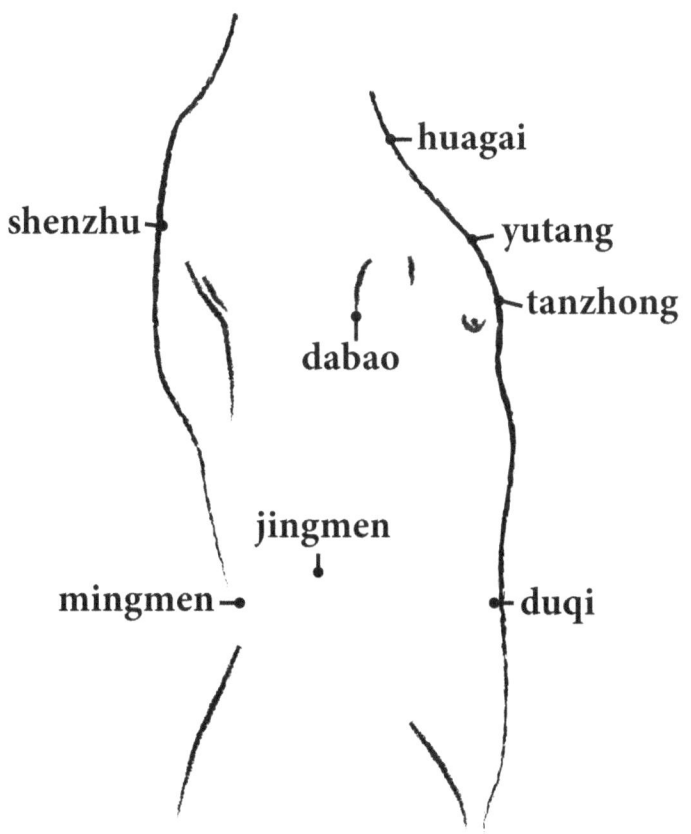

YUTANG	En la línea media del pecho, entre la 3a y la 4a costillas.

....

LAOGONG	Cierre el puño, el punto se encuentra donde la punta del dedo medio toca la palma.
DALING	El punto medio de la línea que va a lo largo de la base de las palmas, en la articulación de la muñeca.

....

YONGQUAN	El centro del hueco que está en la base del pie, a un tercio del camino hacia atrás desde el punto que se encuentra entre la base del 2o y 3er dedos de los pies hacia el talón.

....

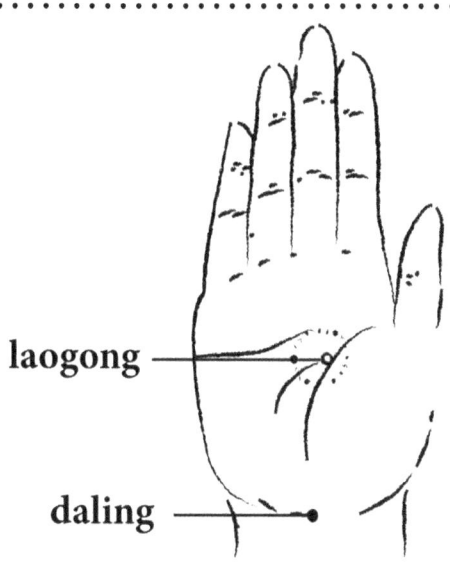

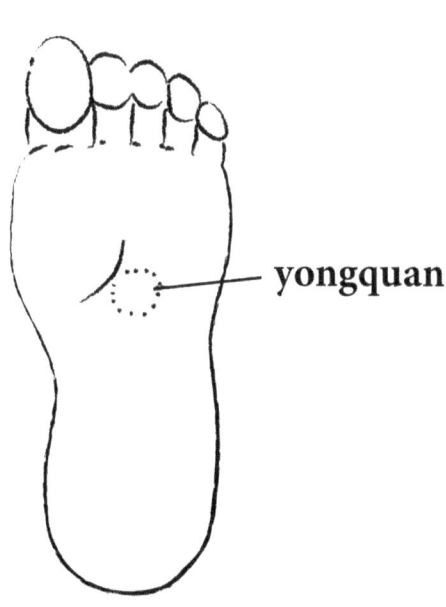

HUIYIN En el punto medio entre los dos orificios yin (ano y uretra), 1½ cunes (5 cm aprox.) hacia arriba desde la piel del perineo.

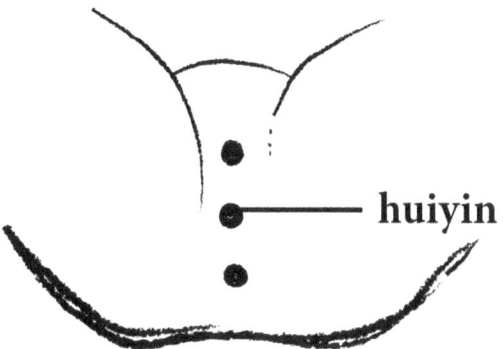

Publicaciones relacionadas en inglés

Chen KW, Liu T, Zhang H, and Lin Z. (2009). An analytical review of the Chinese literature on Qigong therapy for diabetes mellitus. *Am J Chin Med*. Vol 37, (no. 3), pp. 439–457.

Chen KW, Shiflett SC, Ponzio NM, He B, Elliott DK, and Keller SE. (2002 Oct). A preliminary study of the effect of external qigong on lymphoma growth in mice. *J Altern Complement Med*. Vol.8, (no. 5), pp. 615–621.

Chen KW, Perlman A, Liao JG, Lam A, Staller J, and Sigal LH. (2008 Jul 25). Effects of external qigong therapy on osteoarthritis of the knee. A randomized controlled trial. *Clin Rheumatol*. [consulta: 2008 Dec]. Vol. 27, (no. 12), pp. 1497–1505. DOI: 10.1007/s10067-008-0955-4. Disponible en https://link.springer.com/article/10.1007/s10067-008-0955-4

Chen KW. (2004 Jul-Aug). An analytic review of studies on measuring effects of external QI in China. *Altern Ther Health Med*. Vol. 10 (no. 4), pp. 38–50.

Jahnke R, OMD, Larkey L, PhD, Rogers C, Etnier J, PhD, and Fang Lin. (2010 Jul 1). A Comprehensive Review of Health Benefits of Qigong and Tai Chi. *Am J Health Promot*. Vol 24, (no. 6), pp. 1–25.

Lee MS, Yang SH, Lee KK, and Moon SR. (2005 Dec). Effects of Qi therapy (external Qigong) on symptoms of advanced cancer: a single case study. *Eur J Cancer Care (Engl)*. Vol 14, (no. 5), pp. 457–462.

Lee MS, Pittler MH, and Ernst E. (2007 Nov 1). External qigong for pain conditions: a systematic review of randomized clinical trials. *J Pain*. Vol. 8, (no. 11), pp. 827–831.

Lu Z. Scientific Qigong exploration. *Amber Leaf Press*. Malvern, 1997

Rogers C, APRN-BC, CNOR, Larkey L, PhD, CRTT, and Keller C, PhD, RN-C, FNP. (2008 August 7). A Review of Clinical Trials of Tai Chi and Qigong in Older Adult. *West J Nurs Res*. Vol. 31, (no.2), pp. 245–279.

Shao L, Zhang J, Chen L, Zhang X, Chen KW. (2009 May 18). Effects of external qi of qigong with opposing intentions on proliferation of Escherichia coli. *J Altern Complement Med*. Vol. 15, (no. 5), pp. 567–571.

Shin YI, Lee MS. Qi therapy (external qigong) for chronic fatigue syndrome: case studies. *Am J Chin Med*. 2005;33(1):139-41.

Yan X, Li F, Dozmorov I, Frank MB, Dao M, Centola M, and Cao W, and Hu D. (2012 Apr). External Qi of Yan Xin Qigong induces cell death and gene expression alterations promoting apoptosis and inhibiting proliferation, migration and glucose metabolism in smallcell lung cancer cells. *Mol Cell Biochem*. Vol. 363, (no. 1–2), pp. 245–255.

Yan X, Lin H, Li HM, Traynor-Kaplan A, Xia ZQ, Lu F, Fang Y, and Dao M. (1998). Structure and property changes in certain materials influenced by the external qi of qigong. *Materials Research Innovations*. Vol. 2, pp. 349–359.

Yan X, Shen H, Loh C, Shao J, Yang Y, Lu C. A longitudinal study about the effect of practicing Yan Xin Qigong on medical care cost with medical claims data. *Int J Econ Res*. 2013;10(2):391–403

Yan X, Shen H, Jiang H, Zhang C, Hu D, Wang J, and Wu X. (2006 Jun 27). External Qi of Yan Xin Qigong differentially regulates the Akt and extracellular signal-regulated kinase pathways and is cytotoxic to cancer cells but not to normal cells. *Int J Biochem Cell Biol*. Vol. 38, (no. 12), pp. 2102-13.

Yan X, Shen H, Jiang H, Hu D, Zhang C, Wang J, and Wu X. (2010 Jan 12). External Qi of Yan Xin Qigong Induces apoptosis and inhibits migration and invasion of estrogenindependent breast cancer cells through suppression of Akt/NF-kB signaling. *Cell Physiol Biochem.* Vol. 25, (no. 2–3), pp. 263–70.

Yang KH, Kim YH, and Lee MS. (2005 Jul). Efficacy of Qi-therapy (external Qigong) for elderly people with chronic pain. *Int J Neurosci.* Vol. 115, (no. 7), pp. 949–963.

Yount G, Solfvin J, Moore D, Schlitz M, Reading M, Aldape K, and Yifang Qian. (2004 Mar 15). In vitro test of external Qigong. *BMC Complement Altern Med.* Vol. 4, (no. 5).

Wang CW1, Chan CL, Ho RT, Tsang HW, Chan CH, and Ng SM. (2013). The effect of qigong on depressive and anxiety symptoms: a systematic review and metaanalysis of randomized controlled trials. *Evid Based Complement Alternat Med.* Vol. 2013. Article ID 716094.

Los traductores

Del inglés al español

Mariana de la Vega

Mariana de la Vega se certificó como instructora de Zhineng Qigong en el 2018 por el Beijing Wisdom Center, como instructora MingJue en el 2020 con el maestro Wei Qifeng y como guía de la Psicología de las percepciones interiores en el 2021 con el maestro Zhen Qingchuan. Desde entonces se ha entregado a esta ciencia y a su práctica.

Por su profesión como traductora, ha participado en la edición y traducción de libros sobre Zhineng Qigong, técnicas de meditación y relajación, y como intérprete de los maestros Wei Qifeng, Qiu de Ming, Zhang Qing, Zhen Qingchuan, Ooi Kean, entre otros.

Del chino al inglés

Wei Qi Feng

Wei Qi Feng ha practicado Zhineng Qigong desde que lo conoció en la adolescencia. A la edad de 19 años, era ya estudiante del segundo curso intensivo de dos años para instructores ofrecido por el Dr. Pang en 1992, en donde no en pocas ocasiones recibió instrucción directa del mismo Dr. Pang. Después de graduarse, trabajó en el Departamento Editorial y con frecuencia guiaba la práctica diaria de los 500-600 integrantes del personal del Centro Huaxia. Más adelante, se mudó a un Departamento de Sanación y ha continuado dedicando su vida al Zhineng Qigong desde que dejó el Centro Huaxia.

Wei ha estado trabajando con estudiantes occidentales desde el 2008 y ha dado instrucción en el extranjero desde el 2011. Él y otros colegas instructores también organizan retiros y capacitación de instructores en China para occidentales. Su propósito es lograr un mundo en armonía basado en los principios y la cultura del Zhineng Qigong.

Patricia Fraser

El Zhineng Qigong ha sido central en la vida de Patricia desde 1999. La intención de profundizar en su práctica y expandir sus conocimientos la llevó a estar involucrada en las traducciones del Dr. Pang, comenzando con el libro de una charla muy importante, «Usar yishi».

Patricia se tituló de la maestría en sociología. Su tesis versó sobre la educación y la crianza de niños en China. Obtuvo una licenciatura en Estudios Religiosos que despertó su interés en el budismo y en las creencias religiosas y las corrientes filosóficas chinas.

Este libro, *Habilidades Especiales*, es la tercera traducción que Wei y Patricia hacen sobre la obra del Dr. Pang. Se une a la colección de *Los métodos de la ciencia del Zhineng Qigong* y *Métodos posteriores del Zhineng Qigong y el Taiji*, que cubren casi todos los métodos del Zhineng Qigog y el material teórico relacionado.

Glosario

Palabras y conceptos chinos importantes

Nota: Tonos chinos - Existen cuatro tonos en chino mandarín:

1o alto constante —
2o ascendente ╱
3o descendente y ascendente ✓
4o descendente ╲

Ban yun 搬运 – la habilidad de *yishi* de mover objetos.

Cun – una unidad de medida tradicional china. Un cun estandarizado es de 3.3 cm. Sin embargo, el cun tradicional toma en cuenta las diferencias en el tamaño del cuerpo y todavía se usa en el *qigong* y para los diagramas de los puntos de acupuntura. Para medir en su propio cuerpo, doble las falanges del dedo medio. Un cun es la distancia entre los dos pliegues del dedo medio correspondientes a las articulaciones inerfalángica distal y proximal.

Dantians 丹田 – grandes centros de *qi* en el cuerpo donde se reúne el *qi*. Existen tres *dantians* en el cuerpo: bajo, medio y alto, y tienen distintas funciones y niveles de *qi*:

Dantian bajo - el centro en el que el *hunyuan qi* del cuerpo se reúne, ubicado entre *duqi* y *mingmen*. Cuando usamos el término *dantian* en este libro, por lo general se refiere al *dantian* bajo.

Dantian medio - en el *qigong* tradicional, se ubica dentro del pecho, detrás de *tanzhong*; cuando presionamos *dabao* en Levantar y Verter el Qi, enviamos *qi* a este *dantian*.

Dantian alto - el centro en el que se reúne el *hunyuan qi* de *shen*, ubicado entre *yintang* y *yuzhen*.

Daode 道德 – *dao* es *hunyuan qi* y *de* es su función. Existen cuatro niveles de daode en los humanos: daode natural, daode social, daode natural-social y daode de la libertad social. La moral por lo general se manifiesta en el nivel del daode social.

Gan ying 感应 – reacción sensorial a cosas externas (en este libro, principalmente a humanos).

Gan zhi 感知 – *yishi* recibe directamente información y sabe cosas.

Gongfu 功夫 – el nivel del cuerpo, la mente y el *qi* de una persona.

Huang huang hu hu, kong kong dang dang – describe un buen estado de *qigong*, vacío pero no vacío; su significado puede únicamente conocerse experimentándolo.

Hunhua 混化 – *hun* significa fusionarse y *hua* significa transformarse; *hunhua* es tanto un sustantivo como un verbo.

Hunyuan qi 混元气 – *Hunyuan qi* es una formación de totalidad que manifiesta la naturaleza fundamental de toda totalidad. Es un estado de *hunhua* de la materia, *qi* o energía, e información que existe en distintos niveles, incluidos:

El *hunyuan qi* original (*hunyuan qi yuanshi*) 原始混元气 - el nivel fundamental puro, uniforme, no diferenciado del *hunyuan qi*; no tiene límite y es la fuente de todo.

El *hunyuan qi* natural - el *qi* de las entidades naturales, esto es, de todo lo que no está hecho por el hombre.

Hunyuanqiao 混元窍 – el palacio de *Hunyuan* (qiao significa palacio); el centro del *hunyuan qi* de los órganos internos, detrás del estómago en el área del páncreas y alrededor.

Jing 精 – tiene distintos significados: el cuerpo físico, visible (al que se hace referencia muchas veces cuando se habla de *qi* y *shen*); *qi* muy puro y fino; la esencia de una persona, como se usa en la práctica daoísta y en la medicina tradicional china; se refiere principalmente a los fluidos sexuales, a las hormonas, al esperma y a los óvulos.

Mu – un mu = 0.06 hectáreas o 0.165 acres.

Qi 气 – la base de todo cuanto existe en el universo - todo es una forma de *qi*; el término también se usa en un sentido más estricto para referirse al *qi* invisible a un nivel que incluye energía.

Qi inherente – *qi* e información del óvulo y el espermatozoide de la madre y el padre fusionados juntos, más el que se absorbe en el vientre de la madre; después del nacimiento, este *qi* se almacena en el palacio de *Mingmen* (hacia dentro de *mingmen* en la parte trasera del *dantian* bajo). La práctica de Zhineng Qigong nos permite reponer el *qi* inherente con beneficios para la salud y la longevidad.

Ser verdadero – la integración de la actividad de *yiyuanti* y *yishi*; la esencia del ser verdadero es *yiyuanti* en sí mismo. Puede sentirse y comprenderse mejor a través de la práctica del *qigong*.

Shen 神 – en el Zhineng Qigong se refiere a *yishi* o a la consciencia.

Teoría de la Totalidad Hunyuan 混元整体理论 – desarrollada por el Dr. Pang, es la teoría base del Zhineng Qigong. Su descripción de las leyes del unvierso, la vida humana y la consciencia se basa en las habilidades especiales. (Ver la Introducción).

Tou shi 透视 – la habilidad de ver a través de los objetos.

Yishi 意识 – el contenido y movimiento de *yiyuanti* (ver la Introducción).

Yiyuanti 意元体 – el *hunyuan qi* del cerebro humano y de las células nerviosas. (Ver la introducción).

Habilidades especiales
Las técnicas de la ciencia del Zhineng Qigong

Impreso en los talleres de
Litográfica Ingramex S. A. de C. V.
Centeno 195, Col. Valle del Sur,
Alc. Iztapalapa, C. P. 09819,
Ciudad de México.

es un sello editorial asociado a:

www.neisa.com.mx

www.ingramcontent.com/pod-product-compliance
Lightning Source LLC
LaVergne TN
LVHW060135080526
838202LV00050B/4117